CW01653880

les Cahiers du Programmeur

Java/XML

Dans la collection
Les Cahiers du programmeur

Les Cahiers du programmeur Java 1.4 et 5.0
Emmanuel **PUYBARET** – N°11478, 2004. Avec CD-Rom.
À travers plus de cinquante mini-applications et la création d'un forum de discussion, le développeur débutant apprendra à installer le SDK, à utiliser Java et sa bibliothèque standard, à recourir aux applets, servlets et JSP, exploiter une base de données, concevoir des interfaces graphiques, faire de la programmation multi-threading… CD-Rom offert avec Eclipse et JBuilder X.

Les Cahiers du programmeur PHP 5
PHP objet et XML.
Stéphane **MARIEL** – N°11234, 2004.
L'étude de cas, une application IRC de rencontre sur le Web, tire parti de tout ce qu'offre PHP 5 : design patterns et objets, création de documents XML à la volée, transformation XSL pour des sites accessibles même depuis votre téléphone mobile, utilisation de SQLite…

Les Cahiers du programmeur Zope/Plone
K. **AYEVA**, O. **DECKMYN**, P.-J. **GRIZEL**, M. **RÖDER**
N°11393, 2004, 216 pages.
Du cahier des charges jusqu'à la mise en production, cette deuxième édition montre comment créer et personnaliser un site intranet d'entreprise avec Plone 2.0. Le développeur découvrira comment gérer différents types de contenu, mettre en œuvre des services de workflow et d'indexation, gérer les droits, les interfaces utilisateur et les formulaires.

Les Cahiers du programmeur UML
Pascal **ROQUES** – N°11070, 2002.
UML est un outil simple et universel : nullement réservé aux applications Java ou C++, il peut servir à modéliser des sites Web marchands, dont la complexité en fait des candidats naturels à la modélisation. Toutes les étapes de conception sont décrites, abondamment illustrées et expliquées, à travers une démarche située à mi-chemin entre processus lourd et processus léger.

Les Cahiers du programmeur ASP.NET
Thomas **PETILLON** – N°11210, 2003.
Ce cahier décrit la mise en place d'une base de données publiée et éditable via ASP.NET en VB.NET et C#. Le développeur apprendra à manipuler des données XML, mettre en œuvre des services Web, sécuriser et déployer la base.

Les Cahiers du programmeur PHP/Java Script
Philippe **CHALEAT** et Daniel **CHARNAY** – N°11089, 2002.
En une douzaine d'ateliers pratiques, allant de la conception d'aides multi-fenêtrées en JavaScript à la réalisation de services Web, en passant par les templates PHP et les annuaires LDAP, on verra qu'autour de formulaires HTML, on peut sans mal réaliser des applications légères ergonomiques et performantes.

Les Cahiers du programmeur PostgreSQL
Services Web professionnels avec PostgreSQL et PHP/XML.
Stéphane **MARIEL** – N°11166, 2002.
Ce cahier montre comment réaliser simplement des services Web avec PostgreSQL, PHP et XML. Le développeur apprendra à modéliser sa base, tirer parti de la richesse de PostgreSQL (transactions, procédures stockées, types de données évolués…), optimiser ses performances et en automatiser l'administration, sans oublier la réalisation d'un affichage dynamique avec XSLT.

À paraître dans la même collection

J.-P. **LEBOEUF** – **PHP/MySQL** – N°11496, 2e édition 2004

J. **MOLIERE** – **J2EE** – N°11574, 2e édition 2005.

Chez le même éditeur

B. **MARCELLY**, L. **GODARD**
Programmation OpenOffice.org
Macros OOoBASIC et API
N°11439, 2004, 700 pages.

R. **HERTZOG**
Debian GNU/Linux
N°11398, 2004, 300 pages (coll. Cahiers de l'Admin)

E. **DREYFUS**
BSD, 2e édition
N°11463, 2004, 300 pages (coll. Cahiers de l'Admin)

L. **DERUELLE** – **Développement J2EE avec Jbuilder**
N°11346, 2004, 726 pages avec CD-Rom.

H. **BERSINI**, I. **WELLESZ.**
L'orienté objet. Cours et exercices en UML 2 avec Java, Python, C# et C++
N°11538, 2004, 520 pages (collection Noire)

A.-L. **QUATRAVAUX**, D. **QUATRAVAUX** – **Réussir un site web d'association… avec des outils gratuits !**
N°11350, 2004, 340 pages.

S. **BLONDEEL**, D. **CARTRON**, H. **SINGODIWIRJO**
Débuter sous Linux avec Knoppix et Mandrake
N°11559, 2005, 440 pages.

S. **GAUTIER**, C. **HARDY**, F. **LABBE**, M. **PINQUIER**
OpenOffice.org 1,1 efficace
N°11348, 2003, 336 pages avec CD-Rom.

Renaud **Fleury**

les Cahiers du Programmeur

Java/XML

Avec la contribution
de Caroline **de Vasson**,
de Frédéric **Baudequin** et Gaël **Thomas**

EYROLLES

ÉDITIONS EYROLLES
61, bd Saint-Germain
75240 Paris Cedex 05
www.editions-eyrolles.com

À ma famille,
Particulièrement ma grand-mère qui me manque beaucoup,
Une pensée spéciale pour ma marmotte,
Merci beaucoup,

Renaud Fleury

Avant Propos

Internet, entré depuis quelques années dans l'entreprise, mûrit aujourd'hui, à travers la diffusion des nouvelles technologies, nombreuses et souvent concurrentes. Les deux critères de distinction pour les partager seraient certainement leur connectivité et leur simplicité d'utilisation.

Au départ utilisé comme langage dans le monde du système embarqué, Java, sous la norme J2EE, apparaît comme une technologie majeure du monde Internet actuel. Couplé au métalangage XML, il s'impose aux entreprises comme l'alternative à la technologie .NET de Microsoft.

Apparu en février 1998, XML est devenu une pierre angulaire des nouvelles applications Internet. Du langage de configuration au transport de données interapplication, en passant par le langage de présentation de données, XML est un langage simple d'aspect. Muni de grammaires (DTD – XML-Schema) pour faciliter la validité des données qu'il transporte, XML peut aujourd'hui être manié par de nombreux langages à différentes fins. Toutefois, XML ne peut être considéré comme la solution à tous les problèmes de développement ! Enfin, derrière cette simplicité d'utilisation, se cache une somme de connaissances dans des domaines divers et variés.
Pour surmonter cela, l'utilisateur dispose d'un certain nombre de projets Open Source. La communauté Open Source est constituée de développeurs, d'architectes, de consultants… qui mettent en commun leurs connaissances sur des sujets, des problèmes qu'ils ont rencontrés au cours de leur vie professionnelle et qu'ils tentent de résoudre via des projets. La plupart de ceux-ci sont référencés sur le site web de SourceForge. Toutefois, beaucoup meurent ou ne vivent guère longtemps car non maintenus par leurs auteurs ou non suivis par la communauté. L'Open Source n'est pas une démocratie mais une méritocratie !

▸ http://sourceforge.net

Ce cahier du programmeur tente d'exposer, au travers d'une étude de cas et de l'utilisation d'outils Open Source et de frameworks dédiés, le panorama des possibilités offertes par les technologies XML et Java. D'autres technologies, telles que PHP couplées à MySQL existent mais ne répondent pas forcément à l'attente de professionnels et d'utilisateurs exigeants en ce qui concernent les coûts de développement, de déploiement, de réutilisation et de maintenance.

C'est dans cette optique que le monde libre, avec la technologie J2EE couplée à XML, présente des solutions aptes à concurrencer voire surpasser celles du commerce tant sur le plan fonctionnel que technique.

Quel est l'objectif de cet ouvrage ?

De nombreux domaines sont couverts par les normes XML et J2EE. Cet ouvrage a pour objectif de ne pas tous les couvrir mais de les faire découvrir de façon ludique tout en gardant une mesure professionnelle. Ainsi, après avoir planté le décor par les spécifications du cahier des charges de l'application que nous développerons ensemble, nous installerons la plate-forme de développement, Eclipse accompagnée de Tomcat, et des frameworks les plus communs pour une application Java/XML Open Source : Log4J, JUnit, Xerces, Xalan.

Nous serons ainsi fin prêts pour l'exploration de ce monde appelé J2EE.

C'est à travers ce long voyage panoramique de technologies et d'outils que vous vous familiariserez avec la technologie XML au service de Java avec XML-Schema, le data-binding, et les transformations XSL. Un rappel sur la manipulation des servlets et des JSP vous permettra d'appréhender les architectures J2EE, sur lesquelles se fondent de nombreux frameworks. On poursuivra notre étude de cas par l'exploration des bases de données XML natives et des services web.

Pour agrémenter et architecturer ces connaissances, vous apprendrez au fil de l'eau les meilleures pratiques à mettre en œuvre dans des projets J2EE, les différentes parties des architectures n-tiers, l'utilisation adéquate de frameworks incontournables tels que Struts.

En un mot, l'objectif unique de ce livre : *vous* aider à mener à bien tous vos projets, utilisant du XML, dans le monde J2EE !

POUR ALLER PLUS LOIN

La norme J2EE

- http://java.sun.com/j2ee/

Les frameworks Java / J2EE

- http://jakarta.apache.org/

Les Design Patterns

- http://hem.passagen.se/gumby/cs/patterns.html

Tout ce que vous avez voulu savoir sur XML

- http://www.xmlfr.org

Les outils pour manier XML

- http://xml.apache.org

À qui s'adresse cet ouvrage ?

Ce livre est destiné à toute personne désirant développer un site basé sur XML en technologies J2EE ou désirant accroître sa culture dans ces domaines. Ce livre peut être lu comme un roman qui réserverait à chaque page une nouvelle découverte. Il aborde une majorité de thèmes techniques de manière ludique tout en gardant l'esprit professionnel. Il concerne donc les développeurs juniors et seniors, les architectes et chefs de projets, ainsi que les consultants et directeurs techniques souhaitant découvrir ou approfondir leur connaissance de l'architecture J2EE/XML.

Qui dit Java, dit objet et donc méthodologie. La notion est lâchée : méthodologie et qualité. Pour satisfaire cette exigence, chaque projet Java et donc indirectement J2EE utilise UML (*Unified Modeling Language*). Sans ce langage certes austère et contraignant et sans appliquer des règles rigoureuses de gestion de projets (diagramme de Gantt, cycle en V, méthodologie XP…) il est clair qu'un projet Java et donc J2EE ne peut aboutir avec succès.

Il est donc nécessaire au préalable de prévoir le workflow de son site web ainsi que les objets métiers qui vont interagir au sein de l'application. C'est ce que nous ferons lors de la présentation du projet que nous allons développer ensemble tout au long de cet ouvrage.

B.A.-BA La méthodologie XP, eXtreme Programming

Méthodologie allégée utilisée pour la gestion de projets. Basée beaucoup plus sur la pratique, que sur des règles précises, elle comporte les points suivants :

- le travail en équipe : les développeurs codent dans la même pièce que le chef de projets et des réunions très fréquentes avec le client sont faites pour valider une fonctionnalité du projet
- les tests d'intégration et unitaires au sein du développement
- la lisibilité et la qualité du code accrues pour le client
- le fonctionnel modifié à la volée par le client

Cette méthodologie ne fonctionne que sur des projets impliquant seulement une dizaine de développeurs au maximum et demande un découpage précis et des interdépendances modulaires bien analysées.

Comment lire cet ouvrage ?

Si ce livre est pour vous un moyen de vous familiariser avec l'architecture et les outils J2EE/XML, suivez-en alors le parcours initiatique. Il vous prend par la main, depuis l'expression du besoin du client jusqu'au déploiement de l'application sur le serveur d'exploitation.

Si vous êtes débutant en programmation objet et en Java et qui plus est, si vous avez une première expérience web, rendez-vous directement aux différents chapitres techniques nécessaires à votre projet.

Enfin, si vous êtes plutôt fonctionnel ou que vous désirez avoir une vision d'ensemble du sujet, vous vous intéresserez aux parties théoriques plutôt qu'aux outils utilisés qui les mettent en pratique.

Remerciements

Écrire un livre est une belle expérience, que je souhaite à tous les passionnés de technologie. Je souhaite à cette occasion remercier Caroline de Vasson pour son aide, ses multiples relectures et contributions techniques, Jérôme Molière pour m'avoir fait découvrir que Struts n'est pas unique au monde, Nicolas Delsaux pour nos discussions passionnées sur les patterns objet, sans oublier mes amis, Laurent Goichot, un chef de projet talentueux, Jérôme Denanot et Cédrik Lime, deux architectes objet, pro Mac, qui ont réussi à me convertir à Cocoa !

Je remercie enfin toute l'équipe d'Eyrolles (Frédéric, Anne, Sophie, Gaël), qui m'ont permis de m'exprimer à travers ce cahier, et surtout Muriel qui a rendu possible le doux rêve d'un écrivain : se faire publier.

Bonne lecture à tous,

Renaud Fleury

renaud.fleury@free.fr

Table des matières

chapitre 1

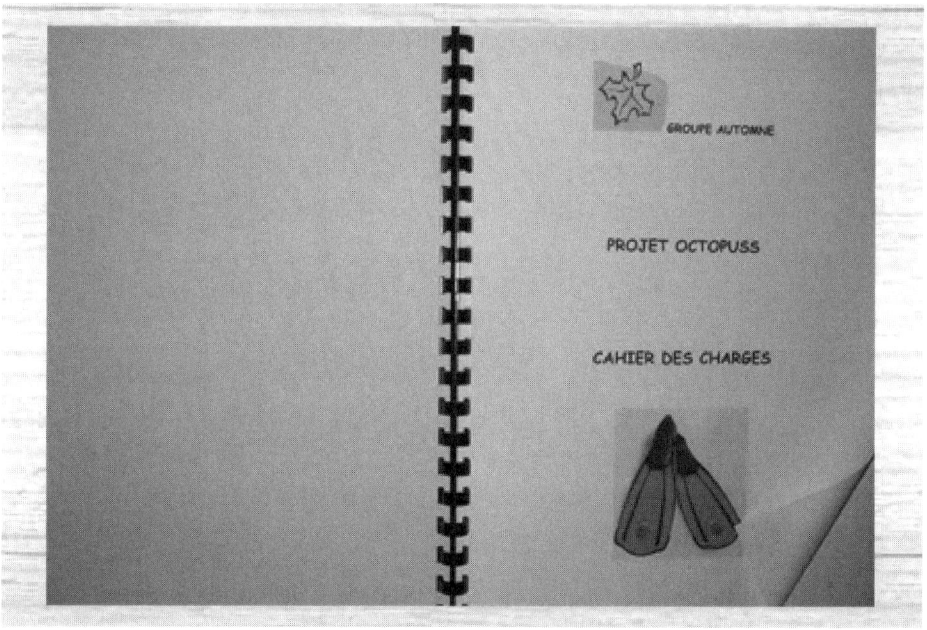

Cahier des charges

Souvent synonyme de contrat entre la maîtrise d'ouvrage et la maîtrise d'œuvre, le cahier des charges constitue le référentiel de tout projet. Le client y définit les spécifications du contexte (l'existant et les besoins fonctionnels), le projet attendu et la méthodologie à utiliser pour le développement.

SOMMAIRE

MOTS-CLÉS

- Cahier des charges
- J2EE
- XML
- Architecture multicouche
- Méthodologie XP
- UML
- Octopuss

Le cahier des charges

Il s'agit de l'élément essentiel à la réussite de tout projet. Les projets web n'échappent pas à cette règle malgré leur facilité apparente. En effet, des applications web peuvent se révéler aussi difficiles et complexes que des projets client/serveur classiques ou client lourd.

Le cahier des charges représente la trame de tout le développement d'une application. Il est souvent le contrat entre un client et un prestataire. Il est donc très important de le décrire finement, de le découper en de multiples modules et de ne pas oublier de faire une matrice des services offerts par l'application décrite et de lister toutes les interactions utilisateur demandées pour la qualité de l'application. À partir de ce cahier des charges s'enchaîne un ensemble de périodes décrit dans un processus nommé cycle en V.

Les principales phases sont :

- l'analyse, la conception et la modélisation des besoins exprimés dans le cahier des charges ;
- le développement de la solution retenue ;
- les tests unitaires de chaque fonctionnalité / déploiement / recette de la solution avec le client.

B.A.-BA **Le cycle en V**

Le cycle en V est une méthodologie classique de conduite de projet. Le cahier des charges constitue la réponse d'un prestataire à un appel d'offres d'un client. Ce cycle se base sur l'écriture de nombreux documents pour faciliter le codage.

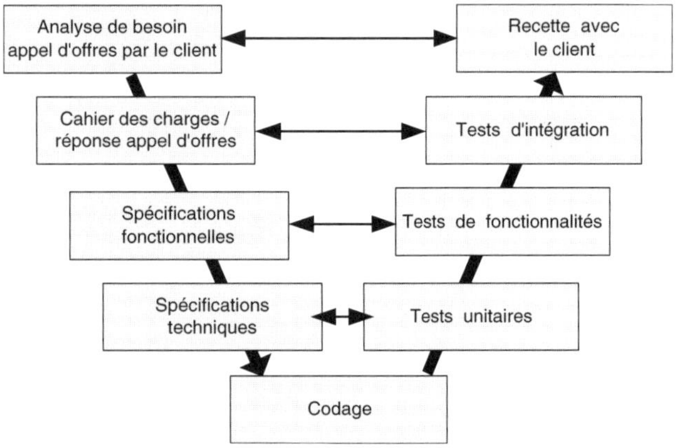

Figure 1–1 Le cycle en V

POUR ALLER PLUS LOIN **Le cycle en Y**

Il existe de nombreuses méthodologies de conduite de projet. Une mise en œuvre, autre que le cycle en V, est celle appelée T2UP (*Two Tracks Unified Process*). Celle-ci s'articule autour de l'architecture du projet en proposant un cycle de développement en Y :

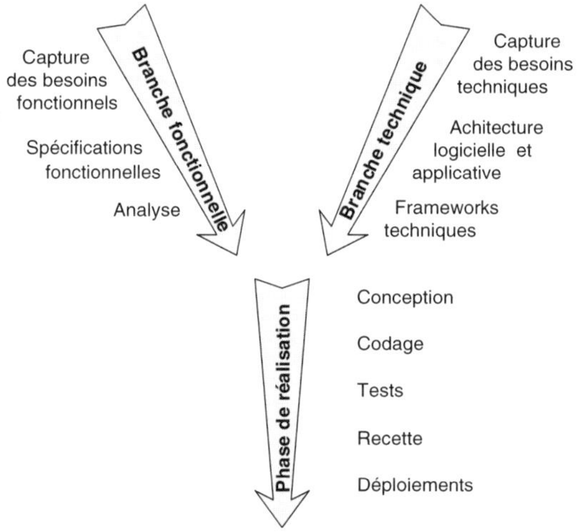

Figure 1–2 Cycle en Y

Pour plus d'informations sur le cycle en Y, vous pouvez vous reporter à l'ouvrage de Pascal Roques, *UML en action*, aux éditions Eyrolles.

La proportion dans le cycle de vie des phases de tout projet utilisant les technologies objet est respectivement en pourcentage, de 40/20/40 voire 40/30/30 si les développements sont longs ou complexes. Le cahier des charges est donc un élément essentiel pour le bon déroulement d'un projet.

Un autre des éléments primordiaux pour un projet de site web, est la mise à plat de toute l'architecture du site à développer avec le détail des services offerts.

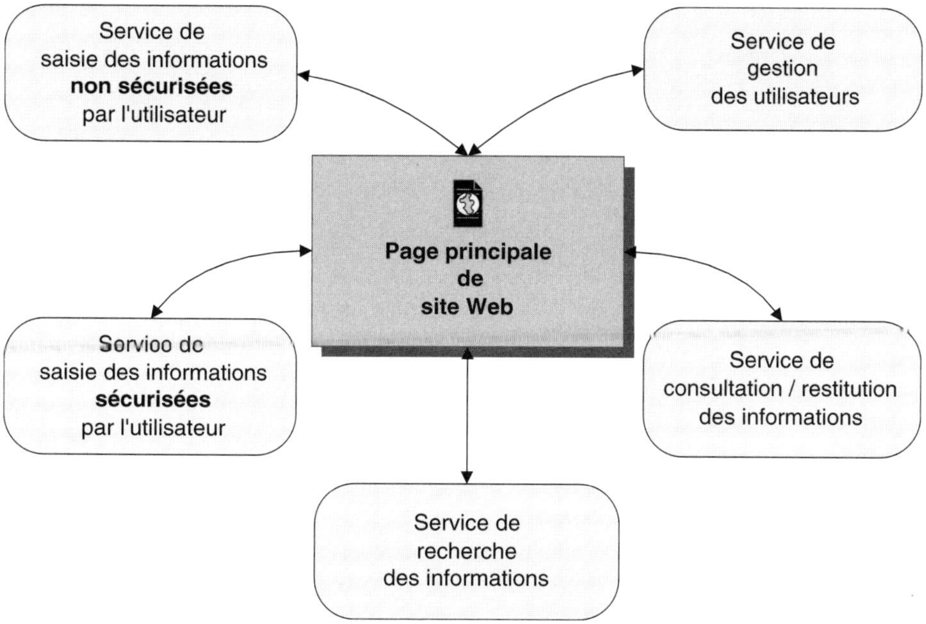

Figure 1–3
Architecture type de site web

Pour vous familiariser avec l'environnement des sites web décrits ci-dessus, vous allez jouer le rôle d'un responsable d'équipes techniques à qui est confiée la mission délicate de trouver une solution informatique à moindre coût pour un ensemble de sites vitrines commerciaux.

Exposition du contexte métier

Pour un responsable technique, le plus difficile dans un projet informatique est de saisir et de cibler tous les besoins du client dans le cahier des charges. C'est pourquoi celui-ci peut parfois nécessiter plusieurs versions, et ce tant qu'il n'est suffisamment précis pour être compris dans sa totalité et sans ambiguïté. L'un des rôles du responsable est quant à lui, de traduire le besoin du client en spécifications techniques.

Internet a totalement séduit le monde des entreprises. Quelle entreprise n'a pas aujourd'hui son propre site ? Il est donc clair pour le client final que ce n'est pas la technique utilisée qui fera la différence, mais la qualité et l'originalité des services offerts. Toutefois, le choix de la technique aidera beaucoup à ce but final.

ÉTUDE DE CAS Cahier des charges

Le groupe Automne vient récemment d'acquérir deux nouvelles enseignes commerciales, l'une dans le domaine de la grande distribution et l'autre dans le domaine multimédia. Il possédait déjà deux autres magasins, dans le prêt-à-porter et le bricolage. Dans un souci d'homogénéisation, d'une meilleure reconnaissance du groupe par le client et afin de factoriser les différents développements, il a été décidé d'utiliser un seul modèle type de site en ligne, permettant l'achat sécurisé de l'ensemble de ces produits. Cet outil a été baptisé Octopuss. Toutefois, chaque magasin en ligne devra garder son identité, via sa propre charte graphique.

Quelques définitions utiles !

- J2EE, *Java 2 Enterprise Edition* : norme de développement Java dédiée aux applications web pour entreprise ;
- XML, *eXtensible Markup Language* : métalangage à base de balises ;
- FTP, *File Transfert Protocol* : protocole basique de transfert de fichier ;
- HTTP, *HyperText Transfer Protocol* : protocole de transmission dédié aux clients et serveurs web.

Ici, le groupe Automne a pris la décision d'utiliser un modèle générique pour l'ensemble de ses sites commerciaux. La valeur ajoutée pour ce groupe consiste donc à disposer d'un outil unique pour concevoir tout nouveau site d'e-commerce dans le futur. Il suffira d'en décliner une instance avec sa propre charte graphique pour en créer un nouveau. Un autre avantage de cet outil réside aussi dans sa modification qui impactera automatiquement l'ensemble de ses instances. Le choix de l'utilisation de la programmation objet prend ici tout son sens par ses caractéristiques de réutilisation, de généricité et d'ouverture. Nous verrons dans les prochains chapitres comment l'offre J2EE et XML à travers les outils Open Source peut y répondre.

À LA LOUPE Pourquoi Java côté serveur ?

Le langage objet, par ses caractéristiques de réutilisation, est un concept qui séduit beaucoup. Dans ce cadre, Java est devenu un langage incontournable dans les solutions Internet actuelles.

- Portabilité : les spécifications du langage Java sont indépendantes des plates-formes (principe de la machine virtuelle).
- Faible densité du *byte code* : à l'origine, Java est un langage de systèmes embarqués (OAK).
- Robustesse : Java gère la mémoire en interne (mécanisme du *garbage collector*).
- Orientation réseau : il existe de nombreuses API (HTTP, FTP, communication entre objets Java distants, notion d'*applets*).
- Multitâche : Java présente les notions de *threads* et de processus, adaptées pour tout ce qui est serveur.

EXPERTISE Pourquoi XML est-il important dans le développement d'applications d'entreprises ?

XML est un métalangage portable, qui offre un degré d'interopérabilité sans précédent. Par essence et suivant une norme d'encodage qui est par défaut UTF-8, XML présente le moyen de transporter des données sur toutes les plates-formes. Couplé à Java, la portabilité n'en devient que plus évidente. La technologie XML offre de nombreuses possibilités dépassant le simple fait de pouvoir transporter des données. Son architecture à balises génériques lui confère le pouvoir de formater des documents suivant une norme bien précise. Des normes dites de standards horizontaux, comme OAGIS, et des normes plus spécifiques dites verticales, comme ebXML, le prouvent. Les normes dites horizontales permettent de définir des flux XML où des fonctionnalités courantes de l'entreprise sont préférées (indépendantes du métier : envoi de factures, commandes), tandis que les normes verticales sont plus ciblées sur un public, un marché en particulier. Un comité nommé OASIS régit ces ensembles de normes de flux XML.

OAGIS
- http://www.openapplications.org/

ebXML
- http://www.ebxml.org/

OASIS
- http://www.oasis-open.org/

Détail des services offerts

ÉTUDE DE CAS Cahier des charges

Octopuss offrira plusieurs fonctionnalités à l'utilisateur comme la gestion d'un panier, sa sauvegarde sur plusieurs sessions et sa restitution, la description des différents produits proposés à la vente, des commentaires de clients et du service technique du magasin sur ces produits. Un système sécurisé, fiable, sans tierce personne permettra au client de régler ses achats s'il désire payer en ligne. Enfin, un outil de planification de livraison à domicile sera mis à sa disposition.

Définition du besoin fonctionnel

Tout est dit ! On voit nettement toutes les fonctionnalités à implémenter dans l'outil Octopuss afin de répondre aux services demandés. Le plus difficile, désormais, est d'effectuer les bons choix techniques !

XSLT, eXtensible Stylesheet Language Transformation

Langage fonctionnel de transformation de documents XML sous différents formats possibles.

Les produits vendus par le groupe Automne sont si hétérogènes (produits de bricolage, de prêt-à-porter, de multimédia...) qu'il est permis d'envisager l'utilisation d'une unité unique de restitution d'information pour l'ensemble. Le langage XML semble parfaitement adapté à ce besoin du fait qu'il permet d'assembler dans une structure uniforme des données métiers différentes. En effet, la combinaison de XML à XSLT fournit la solution idéale à celui-ci pour la présentation de produits.

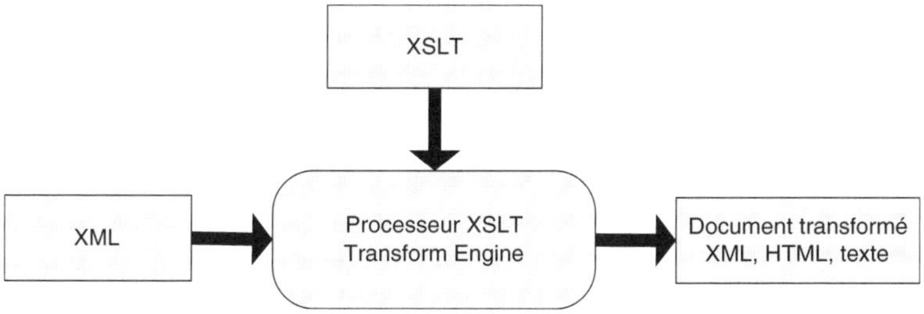

Figure 1–4
Processus de transformation XML

Vision technique du besoin de la sauvegarde

Le cahier des charges précise aussi pour le module utilisateur, la possibilité de sauvegarder et de restituer des informations (panier, commentaires, descriptions produits). Généralement, chaque entreprise dispose de bases de données au sein de leur LAN, dans un système appelé SGBD. Les SGBD les plus connus sont dans le commerce Oracle, DB2 et Sybase, et dans le monde de l'Open Source, MySQL et PostgreSQL.

LAN, Local Area Network

Réseau interne physique d'une entreprise.

SGBD, Système de Gestion de Base de Données

Un SGBD est le stock des données physiques d'une entreprise. Son accès est souvent un goulot d'étranglement ! Il faut donc en simplifier et optimiser l'accès.

Pour Octopuss, une refonte totale du modèle de bases de données s'impose ! En effet, les données d'une application sont de différents types ; elles peuvent aussi bien provenir des données concernant l'identification d'un utilisateur que des données métiers propres à l'application. Une première solution pour Octopuss serait d'une part, de fusionner l'ensemble des produits à vendre dans une base de données XML native, d'autre part d'utiliser une base de données relationnelle classique pour gérer le panier, l'authentification des utilisateurs et les commentaires liés au produit. Pour des raisons de simplicité d'accès et d'homogénéité du mode de stockage, nous utiliserons la base de données XML native eXist comme solution unique de sauvegarde.

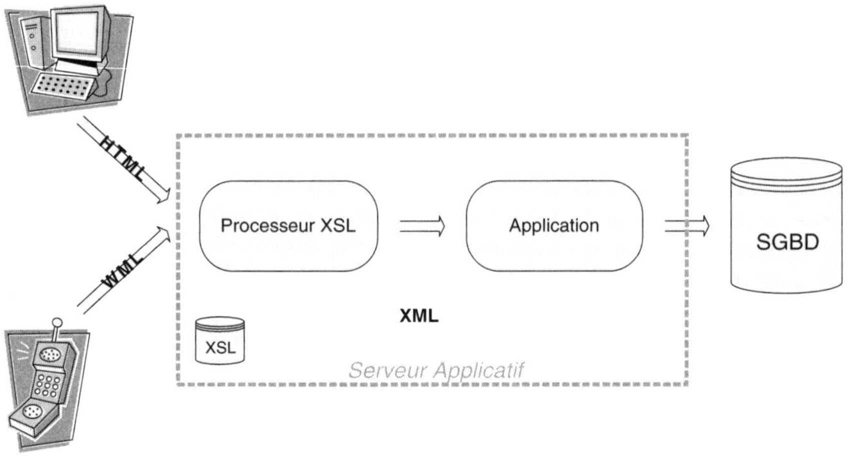

Figure 1–5 Architecture multicouche XML

HTTPS, HyperText Transfer Protocol Secure

Protocole HTTP sécurisé.

SSL, Secure Socket Layer

Procédé de sécurisation des transactions et des *sockets* pour l'échange de données via Internet.

Sécurité

Enfin, pour le module sécurisé de saisie d'information, nous utiliserons le protocole SSL pour le transport d'information entre le navigateur web et le serveur d'applications via le protocole HTTPS. L'utilisation de frameworks de chiffrement sera étudiée dans le cadre des échanges de données via les services web. L'architecture multicouche permet une grande souplesse quant à la possibilité de distribuer chaque composant métier sur de multiples serveurs physiques. Ainsi le stockage de données peut se trouver sur une autre machine que le serveur d'applications. Il est donc nécessaire d'utiliser des protocoles de communication sécurisés pour garantir tant l'intégrité que la pérennité des données.

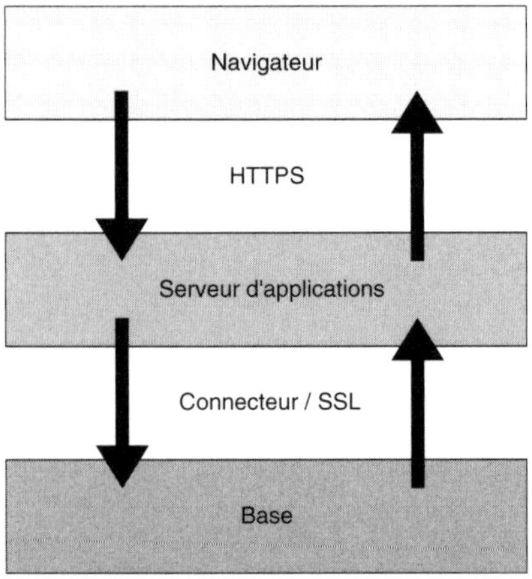

Figure 1–6 Connexion sécurisée

Définition du besoin d'une console d'administration

ÉTUDE DE CAS Cahier des charges

Octopuss met à la disposition des responsables de chaque magasin en ligne, des outils permettant la gestion des produits et des stocks, la gestion et le suivi de clientèle (historique des achats commandés, des courriers électroniques d'information…), ainsi que la modération des commentaires des utilisateurs.

Chaque outil générique dispose en général d'un module d'administration. Celui-ci se base sur le principe bien connu du CRUD d'objets métiers. En effet, nous avons identifié l'objet métier représentant l'utilisateur et celui représentant chaque produit du site. La console permettra de connaître la liste, la création, la recherche, la mise à jour et la suppression d'un produit tout en faisant la corrélation entre celui-ci et les utilisateurs. Par exemple, en saisissant un identifiant de produit, on pourrait connaître la liste des utilisateurs l'ayant acheté et désirant recevoir des avis commerciaux. La console d'administration pourrait faire office aussi de module de statistiques. Nous étudierons au chapitre 5 un panel de frameworks de présentation qui sont bien souvent la base du développement de certains aspects de ce genre de produits, dont les spécificités doivent être mises noir sur blanc dès le cahier des charges, même si le client omet de les décrire !

CRUD, Create Research Update Delete

Principe générique de création, recherche, mise à jour et suppression.

Besoin d'interopérabilité : une solution, les services web

> **ÉTUDE DE CAS Cahier des charges**
>
> Dans un souci d'homogénéisation interenseigne, une interface générique devra être mise en place pour connaître l'état du stock général d'un produit ou réserver pour un point de vente donné.

Originalité du produit : la gestion des stocks via les services web ! En effet, dans notre étude de cas, pour détailler plus spécifiquement ce que sont les services web et les protocoles mis en jeu, nous utiliserons un service web pour l'interrogation et la mise à jour de bases de données : ceci constituera le socle du service de gestion de stock et de réservation.

Il est temps, maintenant que le cahier des charges a été compris et décrypté sous un angle informatique, de décrire les spécifications techniques détaillées pour chacun des modules sous-jacents.

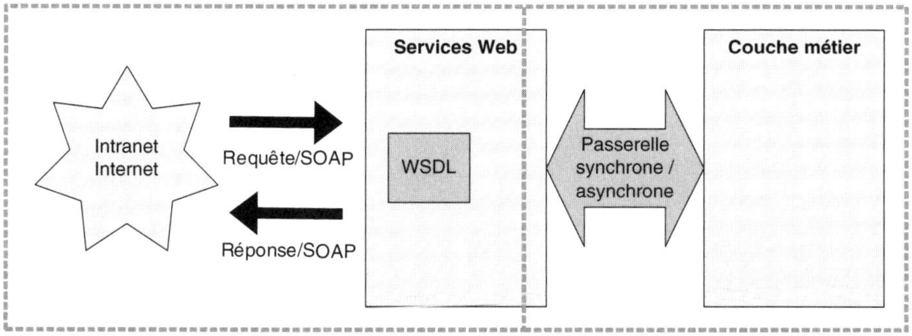

Figure 1–7
Exemple de service web

Accompagnateurs du cahier des charges : méthodologie et qualité

Du fait de l'ampleur des spécifications possibles du cahier des charges utilisateur pour les différents modules identifiés, on privilégiera les petites itérations dès la phase d'analyse. Ceci s'appuie sur la méthodologie XP. Cela signifie notamment que les spécifications fonctionnelles d'une application peuvent évoluer durant la réalisation du projet, ce qui est souvent le cas en entreprise !

La mise en œuvre de cette méthodologie reposera sur une utilisation simplifiée et adaptée du langage UML. Elle sera ainsi principalement destinée aux équipes de développement afin de garantir au maximum la qualité des échanges et des réalisations.

Afin de s'assurer de la productivité, de la réutilisation et de la « maintenabilité », une application web basée sur les technologies objet requiert la définition d'une architecture multicouche logique. Cette architecture organise les interactions entre objets et définit la répartition des différents composants dans l'application. On a l'habitude de regrouper les objets en classe, les classes en packages et les packages en couche. Les couches permettent de présenter l'architecture de l'application. Les équipes de réalisation s'attribuent des responsabilités sur le développement de chaque couche. Aussi, si la modélisation est indispensable, la construction d'une architecture multicouche est un critère de qualité dans le cadre d'un développement objet.

XP, eXtreme Programming

Comme toute méthode de développement, l'Extreme Programming propose un cadre pour l'ensemble des aspects du projet logiciel, de l'analyse des besoins aux tests en passant par la conception. Mais à la différence de processus prédictifs, XP ne se fonde pas sur une définition exhaustive et précoce des besoins. En découle une redéfinition de la relation entre clients et fournisseurs, avec de surprenants résultats en termes de qualité de code, de délais... et de retour sur investissement !

Bénard et al., Gestion de projet Extreme Programming, Eyrolles 2002.

Premier découpage grossier : le multicouche

Le modèle multicouche le plus couramment utilisé est le modèle en cinq couches, qui isole les aspects transactionnels d'un système d'information des aspects fonctionnels d'une application et des contraintes liées à la technologie cliente. Ce modèle ne s'applique pas à toutes les situations, en particulier pour les applications non pérennes ou ponctuelles, mais il permet de qualifier une application en termes de réutilisation, de « maintenabilité » et d'évolution.

La figure 1-8 illustre les différentes possibilités de regroupement en couches pour l'architecture d'une application.

Le modèle proposé pour Octopuss est composé de quatre couches (cas 5 de la figure 1-8) :

- les données physiques : données dans la base XML (eXist) ;
- le *mapping* : couche d'accès aux données physiques à travers différents connecteurs ;
- la logique fonctionnelle de l'application et les composants métier propres à Octopuss ;
- la couche cliente constituée d'une couche de présentation et de navigation.

POLÉMIQUE Avantages/Inconvénients du multicouche

Il est évident que chaque décomposition en couches logiques du système permet d'avoir pour chacune une architecture qui lui est propre. Ce modèle propose donc un cadre de conception systématique, qui vise à l'industrialisation de la production de logiciels. Ses avantages sont donc :

- évolution du logiciel développé en dissociant le fonctionnel du transactionnel ;
- maintenance du logiciel développé, en attribuant des responsabilités par couche ;
- réutilisation de certaines couches du logiciel développé, en assurant un faible couplage entre celles-ci.

Qui dit avantages dit inconvénients :

- Surcoût documentaire : chaque couche est indépendante et demande donc une documentation qui définit ses interfaces avec les autres couches.
- Surcoût de réalisation : pour un service ou une fonctionnalité, il faut modifier plusieurs couches et coder plusieurs éléments (éventuellement par des personnes différentes).
- Surcoût des outils : il est nécessaire d'avoir un outil spécialisé par couche.

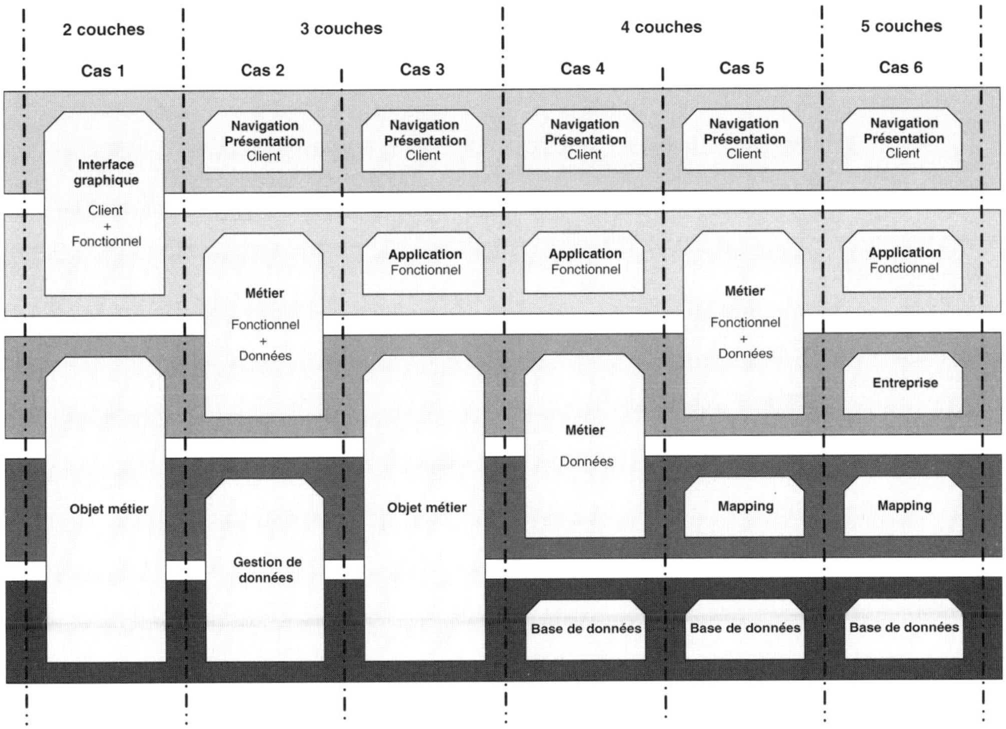

Figure 1–8 Les différents modèles multicouches

Le découpage en quatre couches du projet Octopuss découle du *refactoring* des objets de l'application. Ces derniers ne sont pas des objets métiers réutilisables au sein des applications du groupe Automne. Pour obtenir un tel découpage pour une application, il faut souvent faire des compromis entre la beauté du modèle objet réutilisable, la portée de l'application et les délais imposés.

Zoom sur la méthodologie du passage du fonctionnel au technique

L'étape suivante, et non des moindres pour des spécifications techniques, est de détailler les entrées/sorties de chaque module de l'application qui sera ensuite architecturée en multicouche. Le modèle objet aide beaucoup, par les designs patterns identifiés au cours de nombreux projets. Toutefois, il est toujours délicat de connaître avec précision les paramètres requis et les flux pour une couche donnée à travers un cahier des charges. La méthodologie XP avec retour vers le client prend ici tout son sens ; il ne faut pas hésiter à expliciter une spécificité d'un module via une note technique en addendum du cahier des charges.

Prenons par exemple le module d'authentification et explicitons-le en détail. Pour cela, nous allons utiliser le langage bien connu des concepteurs objets : UML.

UML, Unified Modeling Language

Notation permettant de modéliser un problème de façon standard. Ce langage est né de la fusion de plusieurs méthodes existant auparavant (OMT, Booch...). Il est devenu désormais la référence en termes de modélisation objet.

Fonctionnel désiré pour le module d'authentification

Voici le diagramme de cas lié à ce module :

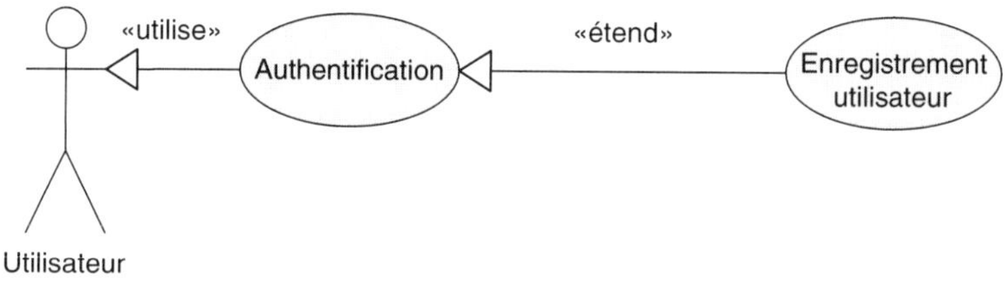

Figure 1–9
Exemple de diagramme de cas

Objets identifiés

Un diagramme de classes possible qui en découle est le suivant :

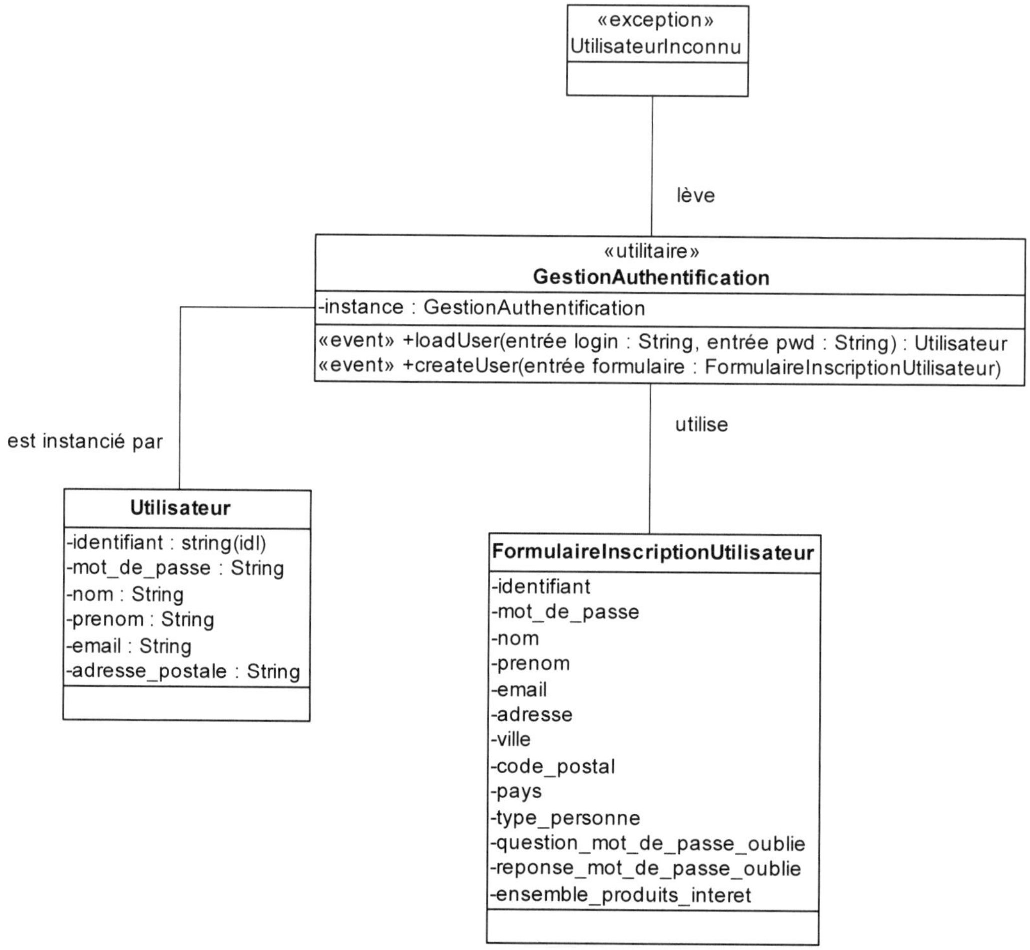

Figure 1–10 Exemple de diagramme de classes d'authentification

À travers ce diagramme, deux classes apparaissent : l'une symbolise une exception levée par la méthode `loadUser`, l'autre le formulaire d'inscription d'un nouvel utilisateur. Attention, ce diagramme n'est là qu'à titre d'exemple : il n'existe pas un seul et unique modèle objet correct pour la conception d'une spécification fonctionnelle, mais plusieurs. Tout dépend d'où l'on se place et de ce que l'on désire conceptualiser. Ainsi, à partir d'un diagramme de cas d'utilisation où l'on a identifié deux cas (l'authentification et l'enregistrement d'un nouvel utilisateur), on les factorise au sein d'une classe unique qui répond au schéma classique du pattern de fabrique de services.

Agencement des cas d'utilisation lié au fonctionnel

Voyons maintenant un diagramme de séquences possible (en effet, tout dépend des spécifications fonctionnelles précisées par le cahier des charges) :

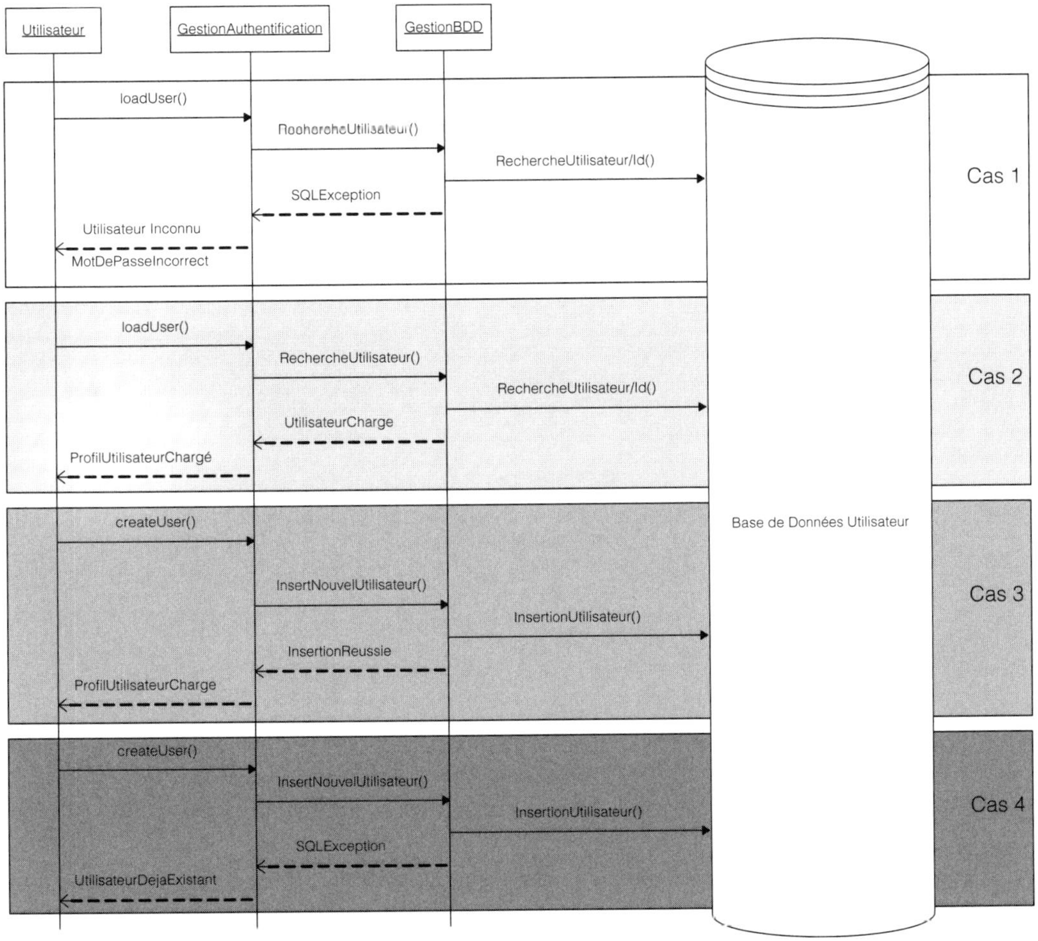

Figure 1–11 Modèle de séquençage de l'identification

Après être passé du modèle de cas d'utilisation au modèle statique de classes, vous aviez déjà pu remarquer quelques apparitions de notions sous-jacentes comme la manipulation de formulaires d'inscription. Il en va de même lorsque l'on passe d'un diagramme statique de classes à un diagramme dynamique de séquences. Nous voyons apparaître des classes ne se situant pas au même niveau, d'où la segmentation des classes en couches.

Intégration au modèle multicouche

La figure 1-12 représente un exemple de modèle à cinq couches du module d'authentification. Il est clair qu'un utilisateur n'est pas forcément une donnée métier de l'entreprise ; c'est pourquoi on peut réduire à une seule couche les couches métier et entreprise en les fusionnant. Ce choix s'appliquera au développement multicouche de l'application Octopuss car dans notre étude de cas, il n'existe pas de données métiers propres ! Pour donner un exemple de données métiers, il suffit de citer l'objet « Contrat » pour le système d'information d'une société d'assurance. Celui-ci sera décoré d'une certaine vue pour l'application « facturation cliente » et d'une autre vue pour l'application « déclaration de sinistres ».

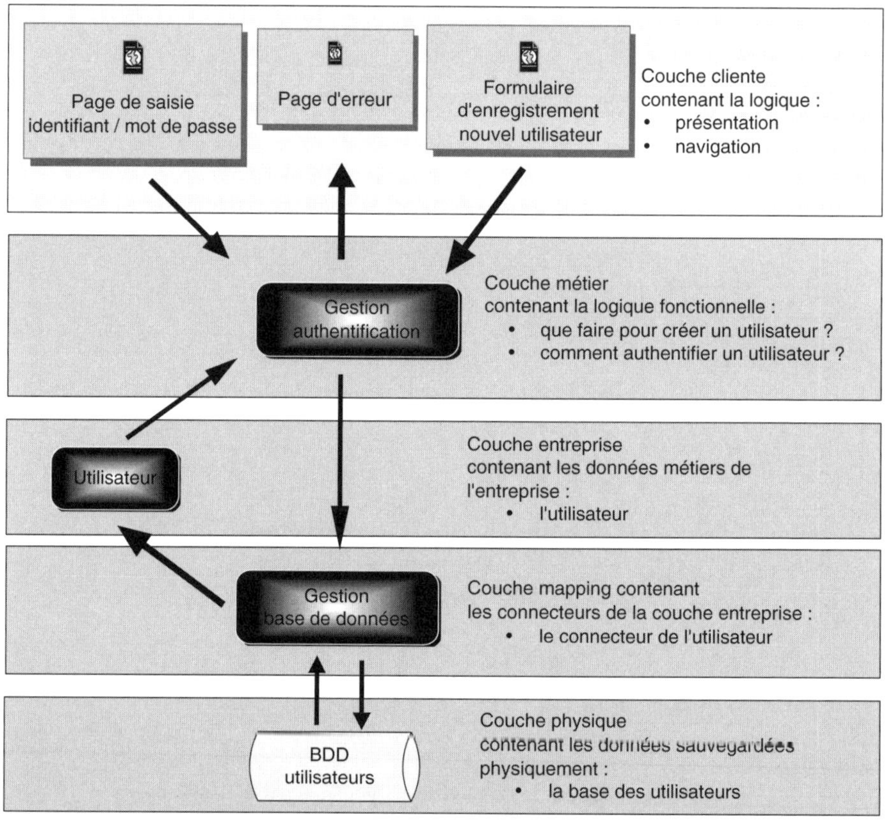

Figure 1–12
Module d'authentification basé sur le modèle à cinq couches

Pour conclure sur ce cahier des charges, les diagrammes de cas d'utilisation pour l'application Octopuss sont illustrés par les figures 1-13 et 1-14.

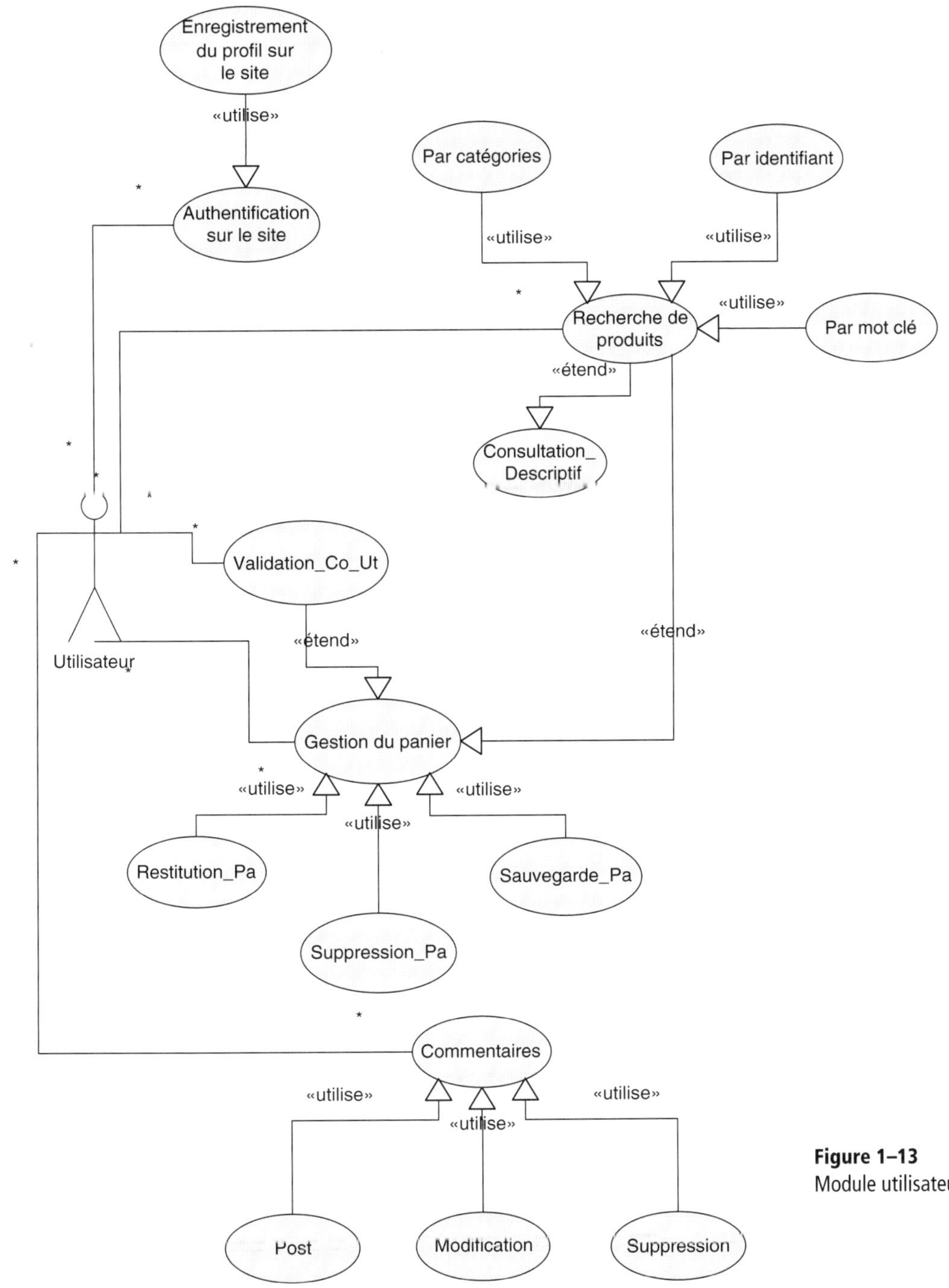

Figure 1–13
Module utilisateur d'Octopuss

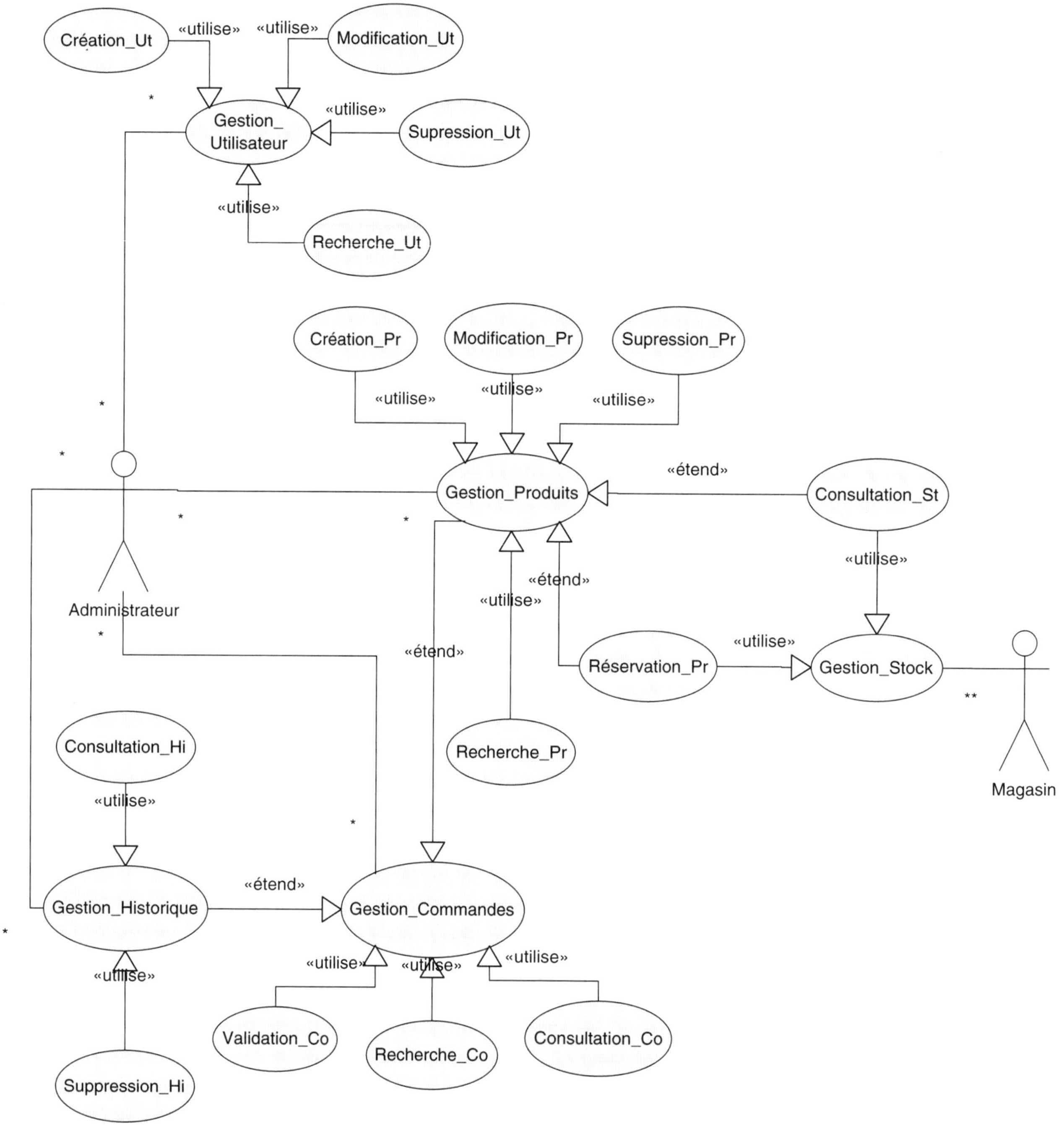

Figure 1–14 Module de la console d'administration d'Octopuss

En résumé...

Le cahier des charges se découpe en plusieurs phases : les spécifications fonctionnelles exprimées par le client, puis les spécifications techniques. Pour éviter toute confusion sur une spécification, il est souvent utile d'ajouter des addenda pour que tout soit clair, sans ambiguïté possible pour la phase des spécifications techniques. Pour cela, de nombreux allers-retours entre le client et le chargé de projet sont souvent nécessaires car le cahier des charges constitue la plupart du temps le contrat entre celui-ci et le prestataire. Pour aider à développer ces phases, il existe de nombreuses méthodologies adaptées au besoin du type de projet. Pour les projets web basés sur la technologie J2EE, UML avec ses différents diagrammes permet de modéliser tous ses modules du plus générique au plus proche du code.

chapitre 2

Installation de l'environnement de développement

SOMMAIRE

MOTS-CLÉS

- J2SDK
- Eclipse
- Tomcat
- Ant
- Log4J
- JUnit
- Octopuss

Un bon travail nécessite l'utilisation de bons outils et de bons matériaux. Ce chapitre a pour but de dresser la liste des frameworks et la configuration de l'environnement de travail à mettre en place pour le développement du projet de notre étude de cas.

Le projet est lancé. Il faut maintenant déterminer quels outils le groupe Automne va utiliser pour effectuer ses développements. Le kit de développement nécessaire à toute application Java, le J2SE de Sun, sera installé ainsi qu'un environnement de développement associé, Eclipse. L'application Octopuss fonctionnera sur un serveur d'applications Tomcat, utilisé en tant que serveur de développement. Enfin, des frameworks Open Source viendront ajouter des fonctionnalités de développement supplémentaires en termes de rapidité de développement, de facilité de réalisation, de tests unitaires et de débogage.

J2SE, Java 2 Standard Edition

Kit contenant le noyau de Java ainsi que des outils (compilateurs, débogueur, etc.) pour développer des applications simples. Il était appelé auparavant SDK (*Java Simple Developpement Kit*, par opposition à J2EE SDK).

Installation des outils de développement Java

J2SE de Sun

Le SDK contient :

- des outils de développement : situé dans le répertoire `bin`, le cœur de Java se compose d'outils et d'utilitaires qui aident à développer, exécuter, déboguer et documenter tout programme Java ;
- un environnement d'exécution (JRE) : le répertoire `jre` contient une implémentation de l'environnement d'exécution d'une plate-forme Java 2 pour l'utilisation du SDK. Ceci inclut une machine virtuelle Java, des bibliothèques de classes ainsi que d'autres fichiers qui supportent l'exécution de programmes écrits en Java ;
- des *applets* et des applications de démonstration : des exemples de programmation avec leur code source sont fournis. Ceci inclut entre autre Swing, ainsi que des classes Java originelles contenant des informations d'architecture de débogage ;
- des fichiers supplémentaires : dans le répertoire `include` sont disposés des `header files` selon le format reconnu par le C/C++ pour l'utilisation de JNI (*Java Native Interface*).

Le code source des classes du SDK est placé dans le fichier `src.zip`.

Le J2SE est téléchargeable depuis le site Java de Sun. La documentation liée au J2SE est aussi disponible dans un module à part dans la même page.

▸ http://java.sun.com/j2se/1.4.2/download.html

Attention à ne pas oublier de positionner la variable d'environnement `JAVA_HOME` sur le répertoire d'installation du J2SE. En ce qui concerne l'installation du J2SE, vous pourrez vous reporter au :

📖 *Cahier du programmeur Java 1.4 et 5.0* de Emmanuel Puybaret, Eyrolles 2004

JRE, Java Runtime Environment

Le JRE correspond au cœur de l'environnement de production de toute application Java. Sans cela, aucune application Java ne peut être exécutée sur un système.

Avantages et inconvénients du J2SE

Le SDK est un framework de développement à lui seul. Cet ensemble de classes n'est ni plus ni moins qu'une gigantesque API d'un langage qui s'appuie sur une machine virtuelle pour l'exécution de tout programme. De plus, le SDK de Sun fournit par défaut l'ensemble des outils nécessaires à la compilation et à l'exécution de tout programme Java. Enfin, l'aide en ligne du SDK est réellement bien faite et propose des exemples qui se révèlent fort utiles.

Ces outils fonctionnent, malheureusement, en ligne de commande avec une interface pour le moins complexe et non intuitive. Néanmoins, avec un peu de pratique, il est tout à fait possible de développer en Java à l'aide du seul compilateur de base. Il est cependant beaucoup plus aisé de faire appel à un environnement de développement intégré ou IDE.

Il existe de nombreux IDE pour Java. Le plus connu est JBuilder de Borland (Inprise). Même s'il est payant, force est de constater que cet outil a atteint aujourd'hui une maturité impressionnante. Toutefois, un autre environnement est en plein essor : Eclipse. Ce dernier permet de développer dans n'importe quel langage, aussi bien en Java qu'en C# ou en PHP. Il présente l'énorme avantage d'être un logiciel libre et totalement gratuit.

IDE, Integrated Development Environment

Outil permettant de gérer et d'organiser ses projets dans un langage spécifique. On peut le comparer à un assistant graphique pour le développement.

Eclipse : plate-forme à tout faire

Eclipse est un outil dont l'utilisation première est le développement d'applications. Son originalité réside dans sa modularité et son ouverture, grâce à une architecture basée sur des plug-ins, ce qui lui confère la possibilité d'être utilisé pour des besoins fort éloignés du développement, comme un automate de tâches Ant par exemple.

HISTORIQUE Projet Eclipse

Eclipse est un projet cédé par IBM à la communauté Open Source en novembre 2001. Il est soutenu activement par un ensemble d'éditeurs reconnus :

- Industry leaders Borland
- IBM
- MERANT
- QNX Software Systems
- Rational Software3
- Red Hat
- SuSE
- TogetherSoft3
- Webgain

qui forment « the Eclipse Community ».

Installation

L'installation de la plate-forme Eclipse peut paraître très simple au premier abord : l'unique prérequis est d'avoir déjà installé le JRE ou le SDK sur votre machine, version 1.3 ou plus. En effet, Eclipse a été en majeure partie développé en Java et il a besoin de l'environnement d'exécution de ce dernier pour se lancer.

Lors de l'arrivée sur la page de téléchargement de l'outil après avoir choisi un site miroir, l'utilisateur est confronté au choix de la version de l'outil à utiliser. Pour cela, il dispose de :

- la dernière version livrée ;
- la dernière version stable ;
- la dernière version d'intégration des développements de l'outil ;
- la dernière version de la nuit.

Cela peut laisser perplexe l'utilisateur débutant…

Après avoir choisi une version, un nouveau dilemme s'offre à lui : le choix cornélien de récupérer un package contenant toutes les fonctionnalités d'Eclipse ou de se créer un Eclipse sur mesure en ne téléchargeant que certains plug-ins.

Pour télécharger Eclipse, rendez-vous sur :
- http://www.eclipse.org/downloads/index.php

EXPERTISE Eclipse

Avant d'aller plus loin sur l'architecture d'Eclipse, expliquons quelques termes sur le sujet.

- *plug-in* : petite unité de fonctionnalités supplémentaires pour Eclipse. Un exemple typique est un éditeur pour HTML. un second exemple plus fin est une classe permettant de créer des fichiers ZIP pour l'export.
- extension : contribution à un plug-in existant : par exemple une vue présentant les préférences de l'éditeur HTML.
- *extension point* : comme son nom l'indique, il s'agit de noms d'entités ouverts pour des contributions ultérieures d'un plug-in.
- *plug-in fragment* : *add-on* fonctionnel et technique d'un plug-in. Un plug-in logique est fait d'un plug-in de base et de fragments. Ces derniers sont utilisés pour une isolation liée à des dépendances du système d'exploitation ou encore pour l'internationalisation.

Chaque plug-in :

- contribue à un ou plusieurs point(s) d'extension du noyau.
- définit optionnellement de nouveaux points d'extensions.
- dépend d'un ensemble d'autres plug-ins.
- contient du code Java et d'autres fichiers de ressources.
- peut exporter des API Java pour des plug-ins.
- réside dans son propre répertoire sous `%ECLIPSE_HOME%/plugins/`.

Tous les détails d'un plug-in se trouvent dans son manifeste (fichier `plugin.xml`) comme les contributions et le code implémentant les contributions d'autres plug-ins.

Eclipse est basé sur une architecture bien particulière comme le montre la figure 2-2.

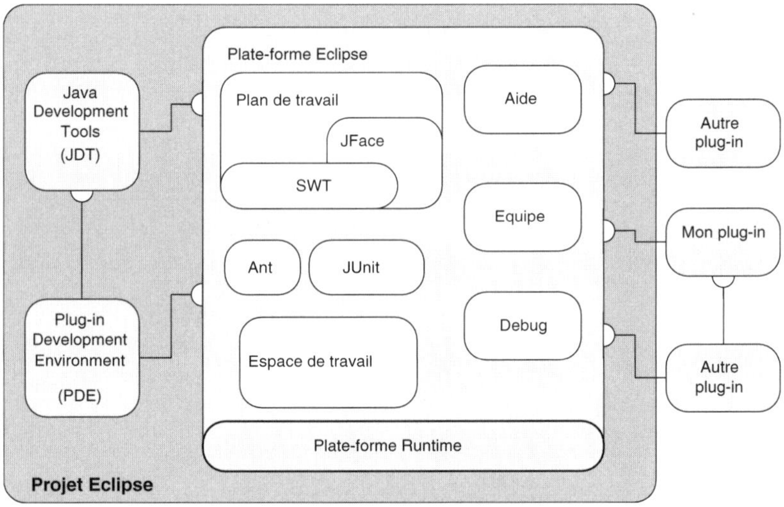

Figure 2–1 L'architecture d'Eclipse

On constate que le cœur de la plate-forme d'exécution se résume à un micronoyau : toutes les fonctionnalités sont fournies par les plug-ins tiers tels que le JDT (*Java Development Tools*). Lorsqu'Eclipse démarre, voici les étapes exécutées par le noyau :

- découverte de tous les plug-ins installés sur le disque ;
- vérification que les extensions déclarées pour chaque plug-in sont conformes aux points d'extensions déclarés ;
- construction de la base des registres pour les plug-ins ;
- écriture de cette base dans l'espace de travail sur le disque pour le prochain redémarrage.

> Chaque plug-in dispose de son propre `ClassLoader` qui permet ainsi de charger ses propres classes avec leur politique de sécurité. Aussi chaque plug-in n'est-il activé qu'au moment où il est sollicité. Ceci évite les longs démarrages…
> Ainsi, Eclipse n'est pas seulement un simple IDE pour Java mais aussi une plate-forme universelle à usages multiples, dépendant de l'application et des plug-ins chargés au démarrage.
> La plate-forme Eclipse offre un certain nombre d'options intéressantes pour tous ceux qui développent et déboguent des parties de cet IDE. La ligne de commande courante est de la forme suivante :
> `eclipse [platform options] [-vmargs [Java VM arguments]]`
> où les options de la plate-forme sont :
> - `-application <app id>` : identifie l'application à faire fonctionner. Par défaut, c'est le plan de travail d'Eclipse qui est lancé. Les applications sont déclarées par les plug-ins qui implémentent les points d'extension fournis par l'interface suivante : `org.eclipse.core.runtime.applications`.
> - `-boot <boot code path>` : définit le chemin au plug-in de lancement (par exemple. `boot.jar`). Ceci est nécessaire uniquement lors du changement du chemin relatif aux fichiers `startup.jar` et `boot.jar`.
> - `-consolelog` : redirige la console d'erreurs du système d'exploitation vers celle utilisée dans Eclipse.
> - `-data <workspace path>` : définit le chemin de l'espace de travail sur lequel Eclipse doit être lancé.
> - `-debug [options file path]` : met la plate-forme en mode `debug`, charge les options de débogage contenues dans le fichier passé en paramètre. Si aucun fichier n'est donné en argument, Eclipse cherche, dans son répertoire d'installation et dans le répertoire `.metadata` de l'espace de travail, le fichier nommé `.options`.
> - `-dev [classpath entries]` : met la plate-forme en mode de développement. Les entrées du `classpath` optionnelles, séparées par des virgules, sont ajoutées au `classpath` de chaque plug-in. Les entrées du `classpath` redondantes ou inexistantes sont éliminées.
> - `-nosplash` : lance Eclipse sans l'écran de présentation (*Splash Screen*).
> - `-os <os-id>` : définit l'identifiant du système d'exploitation sur lequel est lancé Eclipse. Par défaut, Eclipse détecte par lui-même ce paramètre. Toutefois, dans certaines situations, ceci est nécessaire. L'identifiant est fourni par l'API : `Platform.getOS`.
> - `-vm <vm path>` : spécifie la machine virtuelle Java à utiliser pour faire fonctionner Eclipse. Le chemin spécifié à la JVM est relatif par rapport à l'exécutable Eclipse.
> - `-ws <ws-id>` : définit le système de fenêtres utilisé pour la plate-forme sur laquelle est lancé Eclipse. Par défaut, Eclipse détecte par lui-même ce paramètre. Toutefois, dans certaines situations, celui-ci est nécessaire. L'identifiant est fourni par l'API : `Platform.getWS`.
>
> Tous les arguments suivants `-vmargs` sont passés directement à la JVM comme arguments, c'est-à-dire avant d'appeler la classe à exécuter.

Il est toujours préférable d'utiliser la dernière version stable en téléchargeant le SDK complet d'Eclipse.

Il ne vous reste donc qu'à télécharger la version d'Eclipse qui correspond à votre système d'exploitation (Win32, Linux, Solaris, Aix, HP-UX, Mac OS). Toutes ces versions sont téléchargeables sous forme de fichiers ZIP. Après téléchargement, il suffit de décompresser l'archive. Enfin, à son lancement, Eclipse se charge de créer un dernier répertoire, généralement appelé `workspace`, qui servira d'espace de travail et où il stockera vos préfé-

Il est aussi parfaitement possible de spécifier en ligne de commandes un nouvel espace de travail pour une nouvelle application.

rences ainsi que les sources, les ressources et les exécutables de vos applications. Eclipse s'affiche alors (figure 2-1) :

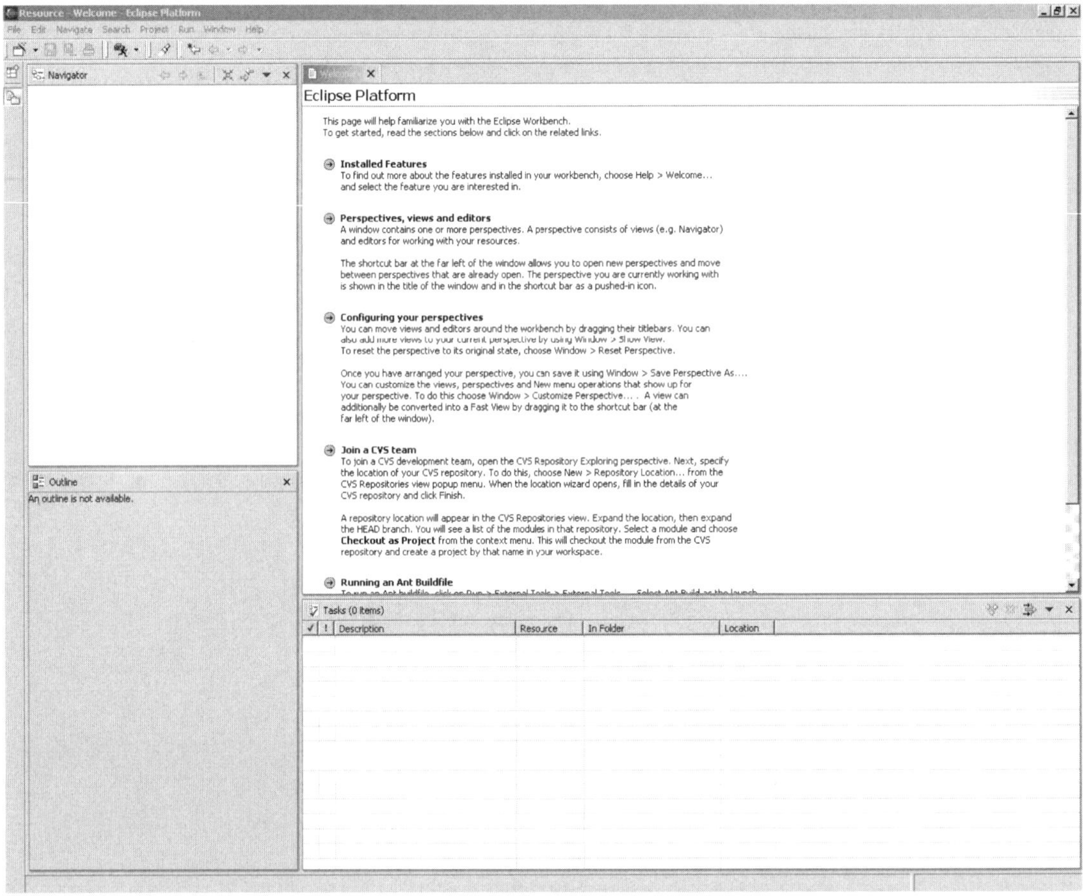

Figure 2–2 Page d'accueil d'Eclipse

Pour terminer sur l'installation d'Eclipse, il existe pour les experts de l'Open Source, un fichier Ant qui permet, à partir des sources des différents plugins d'Eclipse, de recompiler l'environnement selon ses besoins. Ceci est disponible sur la même page de téléchargement que le SDK.

Construction du projet sous Eclipse

Lors du premier démarrage d'Eclipse, comme le montre la figure 2-1, l'interface s'ouvre sur la perspective Resource. L'outil Eclipse ressemble à beaucoup d'autres IDE, mais hérite aussi du passé de son créateur, IBM, avec la gamme Visual Age. Ainsi, Eclipse offre une vue fichier mais aussi une vue objet de l'application développée : il ne déroge donc pas à la philo-

Perspective

Ensemble de vues orientées sur un même sujet, par exemple la perspective Debug.

sophie objet avec le principe d'encapsulation, de visibilité et de composants. Pour exemple, l'outil offre différentes perspectives. Eclipse compte huit perspectives dont quatre sont couramment utilisées au cours d'un projet :

- Resource (par défaut)
- Java
- Java Browsing (navigation Java)
- CVS Repository Exploring (exploration du référentiel CVS)

Comme vous pouvez le constater, Eclipse est assez axé sur le développement d'applications Java. Toutefois, la combinaison de vues et d'éditeurs rend cet outil extrêmement flexible : on peut facilement créer son propre environnement de programmation, notamment grâce à un grand nombre de plug-ins.

Eclipse possède un assistant de création de projet, qui va être utile pour Octopuss. Pour le lancer, cliquer sur le menu File > New > Project. La fenêtre suivante (figure 2-3) s'affiche :

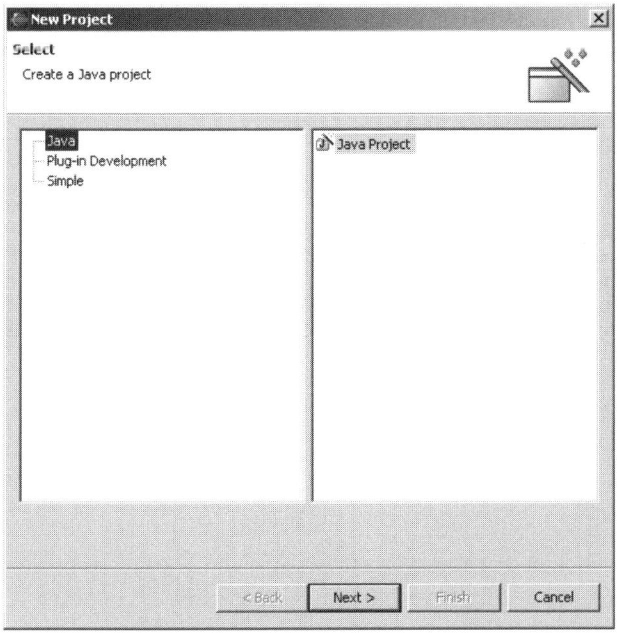

Figure 2–3 Création d'un projet – étape n°1

Après avoir choisi Java et Java Project, cliquez sur le bouton Next.

Dans cette seconde fenêtre (figure 2-4), il est demandé de nommer le projet, ici le projet Octopuss du groupe Automne, puis de lui assigner un répertoire. Par défaut, il correspond au nom du projet et se trouve dans le répertoire du référentiel chargé lors du lancement d'Eclipse.

Vue

Une vue est une fonctionnalité bien précise de la perspective, par exemple l'affichage de la pile dans la perspective Debug.

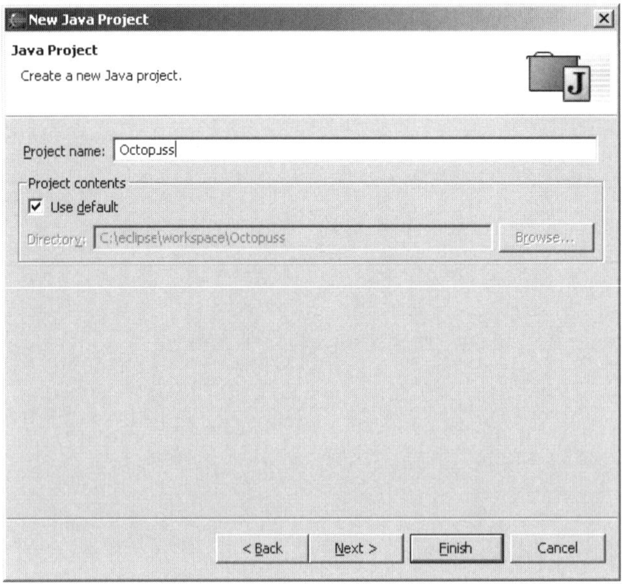

Figure 2–4 Création d'un projet – étape n°2

Figure 2–5 Création d'un projet – étape n°3

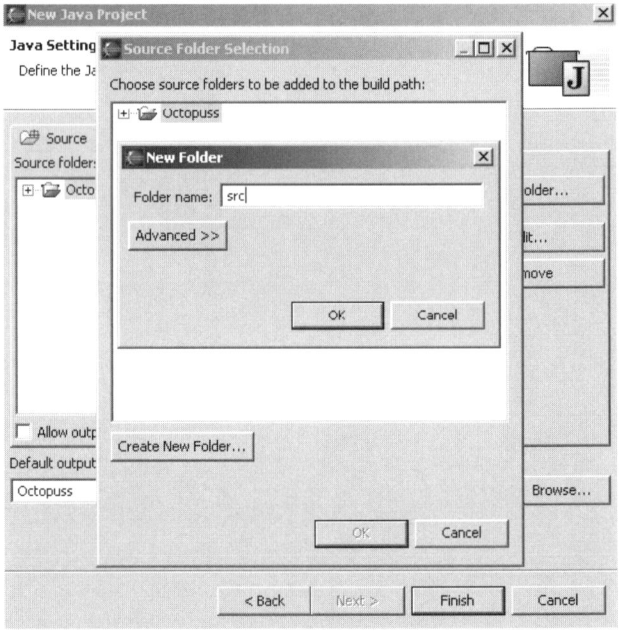

Figure 2–6 Création d'un projet – étape n°4

Dans ces dernières fenêtres (figure 2-5 et 2-6), l'assistant vous propose de modifier les réglages du projet :

- L'onglet Source permet de créer un répertoire où ranger les fichiers sources (généralement appelé `src`), ainsi que le répertoire de destination lié (`bin`).
- L'onglet Projects propose de relier ce projet à un autre déjà existant. Ceci est très intéressant pour distinguer des projets permettant de fabriquer un service réutilisable pour différentes applications.
- L'onglet Libraries vous permet de spécifier les JAR et autres spécificités Java (par exemple, un client JDBC pour accéder à une base de données)...
- L'onglet Order and Export joue sur l'ordre des librairies dans le `classpath` de l'application.

Cliquez sur Finish et la perspective Java, après demande de votre accord, s'ouvre comme suit sur le projet créé (figure 2-7) :

POUR ALLER PLUS LOIN

Deux excellents didacticiels assez complets ont été réalisés sur Eclipse et Java par Jean-Michel Doudoux qui les publie sur son site « Développons en Java » (652 pages) et « Développons en Java avec Eclipse » (130 pages).

▸ http://perso.wanadoo.fr/jm.doudoux/java/

Voir égelement

📖 *Cahier du programmeur Java 1.4 et 5.0* de Emmanuel Puybaret, Eyrolles 2004

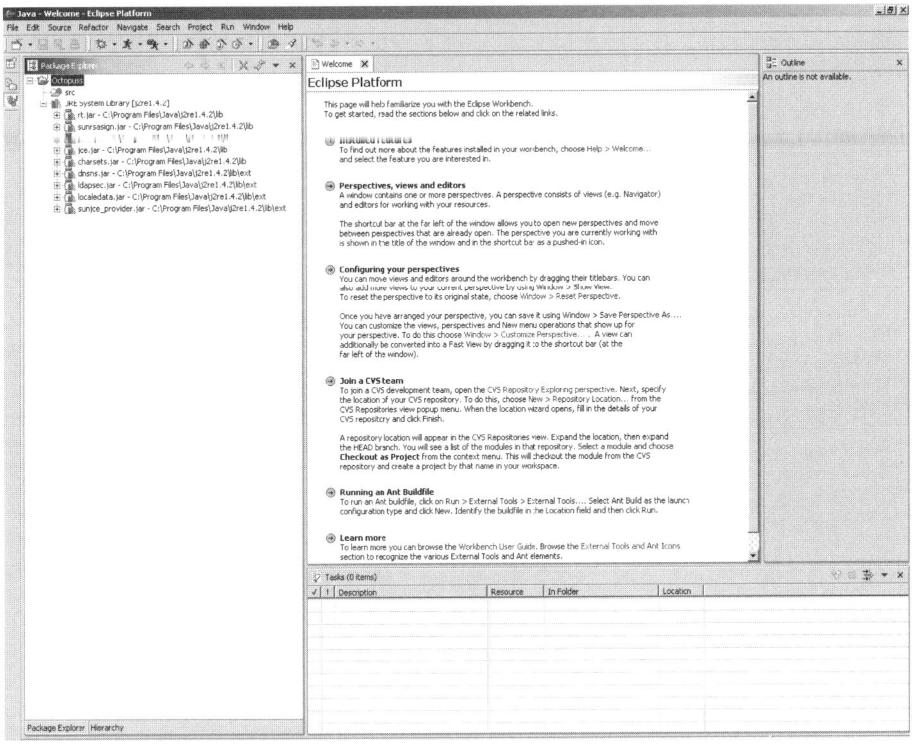

Figure 2–7
Création d'un projet – étape n°5

ALTERNATIVE IntelliJ

Il existe un IDE tout aussi puissant, voire plus, qu'Eclipse : il s'appelle IntelliJ d'Idea. Il offre les mêmes possibilités de développement et de *refactoring* qu'Eclipse, avec en plus l'avantage de nouveautés. Par exemple, la gestion de Template de Collection est déjà disponible dans la version 4 d'IntelliJ, alors que le JDK de Sun ne le supporte pas encore en charge, ce qui sera chose faite dans la version 1.5. La mauvaise nouvelle : il s'agit d'un outil commercialisé et non gratuit et Open Source comme Eclipse.

▸ http://www.intellij.com

Tomcat : le serveur d'applications de l'étude de cas

Il existe de nombreux serveurs d'applications pour J2EE. En dehors des produits commerciaux tels que WebLogic (BEA) et WebSphere (IBM), se distinguent différents serveurs d'applications Open Source que sont Jonas, Tomcat, Jetty-JBoss. JBoss et Jonas sont deux réels serveurs d'applications dans le sens où ces serveurs implémentent l'ensemble de la norme J2EE, comprenant un moteur de servlets et un conteneur/serveur d'EJB. Or, dans le cadre du développement d'Octopuss, nous n'avons besoin que d'un moteur de servlets et de la gestion de sources de données. Tomcat semble donc tout à fait adapté au besoin d'Octopuss. Il est aussi possible de lier Tomcat au serveur d'applications JBoss, en remplaçant son moteur de servlets natif, plus communément appelé Jetty, par Tomcat. Ainsi, si notre projet Octopuss a besoin dans le futur de manipuler des EJB, ceci ne posera aucun problème à travers le choix actuel du moteur de servlets Tomcat.

EJB, Enterprise Java Bean

Norme de composants d'entreprise distribués à ne pas confondre avec les JavaBeans classiques, qui ne sont que des objets Java simples répondant à une convention d'écriture qui est la norme JavaBean.

Attention, le choix d'un serveur d'applications n'est pas aussi simple qu'il y paraît. Il se révèle primordial et stratégique pour le devenir de tout système d'information d'une entreprise. Il faut au préalable connaître les différentes normes successives existantes de J2EE pour sélectionner le serveur d'applications adéquat par rapport à un besoin, mais aussi toutes les technologies qui seront utilisées dans l'architecture des applications constituant le système d'information. Ce choix est malheureusement plus souvent politique que logique.

Dans ce cahier, Tomcat aura la préférence. Après avoir sélectionné le téléchargement de la version 4.1.x répondant aux normes en vigueur lors de l'écriture de ce cahier (J2EE 1.3 Servlet 2.3/JSP1.2), et récupérer l'archive ZIP correspondante.

Installation de Tomcat sous Windows XP/2000/NT et Linux toute distribution

Site de téléchargement de Tomcat :
- http://jakarta.apache.org/tomcat

L'installation de Tomcat sous Windows XP/2000/NT et sous Linux est des plus triviales. Il suffit de décompresser l'archive dans un répertoire donné, puis de configurer correctement quelques variables d'environnement :

- Ajouter à la variable globale d'environnement `PATH` le répertoire contenant les outils d'exécution et de compilation du SDK installé pour que Tomcat puisse exécuter correctement les JSP des applications.
- Ajouter la variable d'environnement `JAVA_HOME` pointant sur le répertoire d'installation du SDK.
- Ajouter la variable d'environnement `TOMCAT_HOME` et `CATALINA_HOME` pointant sur le répertoire d'installation de Tomcat.

Pour tester la bonne installation de Tomcat, il suffit de lancer le script batch `startup.bat` (Windows) ou `startup.sh` (Linux) qui ouvre la fenêtre suivante (figure 2-8) et de lancer un navigateur web sur `http://localhost:8080/` pour obtenir la page de présentation d'Apache Tomcat (figure 2-9).

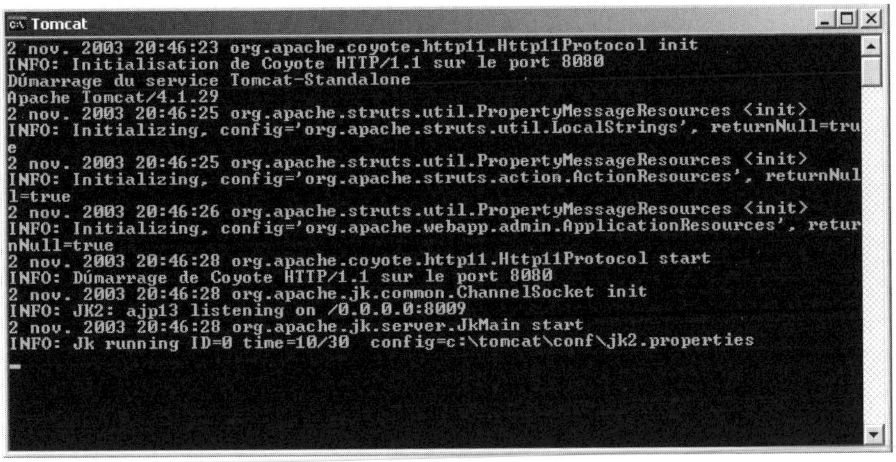

Figure 2–8
Lancement de Tomcat dans une fenêtre Commande sous Windows

La configuration de base du serveur sera utilisée telle qu'elle pour la suite des développements de ce cahier.

POUR ALLER PLUS LOIN Configurer Tomcat en mode service

Tout dépend de votre système d'exploitation. En règle générale, on installe Tomcat en mode service lorsque l'on désire l'utiliser en production. Pour cela, il est souvent couplé au serveur web Apache, qui joue alors dans cette configuration le rôle de serveur de flux statiques de l'application web Java.

Pour la plate-forme Windows, l'installation de Tomcat en mode service s'effectue grâce à l'exécutable `tomcat.exe` avec les bonnes options :

- `-install/uninstall` + *`<nom de service>`* : installation/désinstallation du service ;
- `-jvm_library` : localisation de la librairie `jvm.dll` fournie par le JRE ;
- `-jvm_option` : options de démarrage de la JVM telles que la taille de la pile ou encore des propriétés supplémentaires clé/valeur ;
- `-start_class` : classe de démarrage pour le lancement du service ;
- `-start_method` : méthode à appeler dans la classe `start_class`, par défaut `main(String[] args)` ;
- `-start_parameter` : spécification de l'ensemble des paramètres de la méthode spécifiée par l'attribut `-start_method` ;
- `-stop_class` : classe d'arrêt du service ;
- `-stop_method` : méthode appelée lors de l'arrêt du service, par défaut `main(String[] args)` ;
- `-stop_parameter` : ensemble des paramètres de la méthode appelée lors de l'arrêt du service ;
- `-out_log_file` : fichier de *logs* de la sortie console système ;
- `-out_err_file` : fichier d'erreurs remontées dans le flux d'erreurs système ;
- `-current_dir` : répertoire de travail pour le service.

Sous Linux, pour configurer Tomcat en tant que service, il suffit de :

- créer un script permettant de lancer/arrêter/redémarrer Tomcat, en s'appuyant sur les scripts `start.sh`, `stop.sh` et `restart.sh` ;
- ajouter le script créé précédemment dans le répertoire `/etc/init.d/` ;
- pour le démarrage automatique suivant le mode de démarrage désiré, ajouter un lien symbolique vers le script précédant dans le répertoire `/et/rc[mode_boot].d/`.

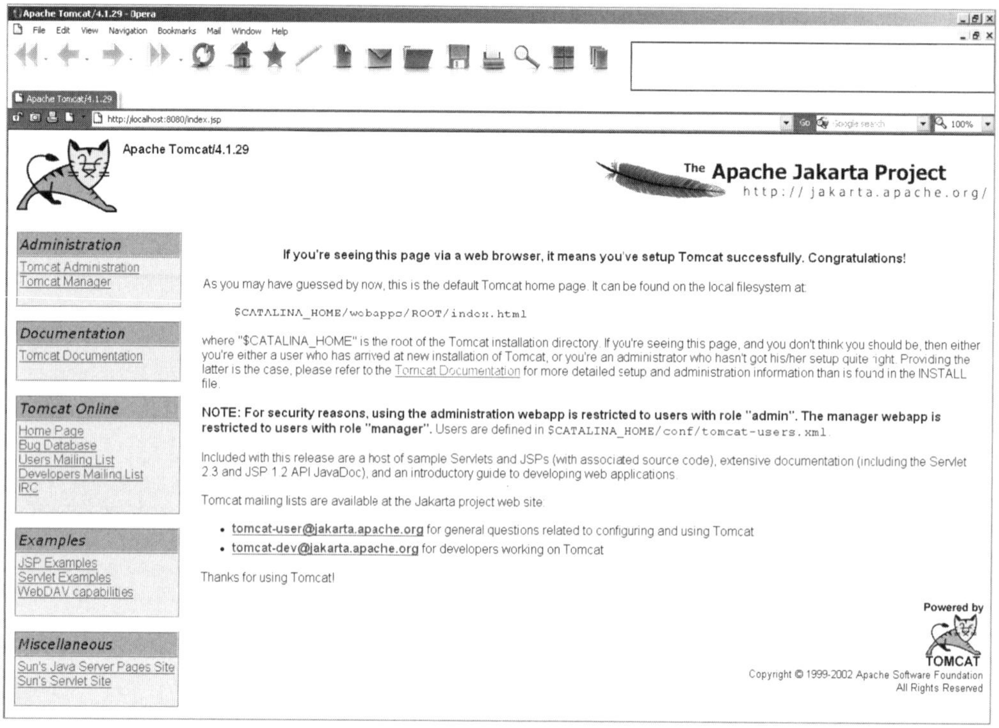

Figure 2–9 Lancement de Apache

Plug-ins d'Eclipse utilisés pour l'étude de cas

Comme nous venons de le voir, Eclipse est livré avec le minimum de fonctionnalités annexes, à part éditer du code Java et le faire exécuter, voire de le déboguer. Pour améliorer le confort du développeur d'Octopuss, un enrichissement de fonctionnalités supplémentaires s'impose ; entre autres, un éditeur de fichiers XML et la possibilité de lancer/arrêter le serveur d'applications qui hébergera Octopuss. L'intérêt majeur de l'utilisation d'Eclipse ici est de fournir une interface unique pour l'ensemble de tous les composants à développer pour Octopuss.

Eclipse offre une architecture très ouverte basée sur les plug-ins. Ceux-ci sont automatiquement reconnus et intégrés par la plate-forme : après avoir mis le plug-in désiré dans le dossier `plugins`, un redémarrage permet aussitôt de le prendre en compte.

La liste des plug-ins se consulte en cliquant sur le menu Help >About Eclipse Platform. S'ouvre alors la fenêtre ci-contre.

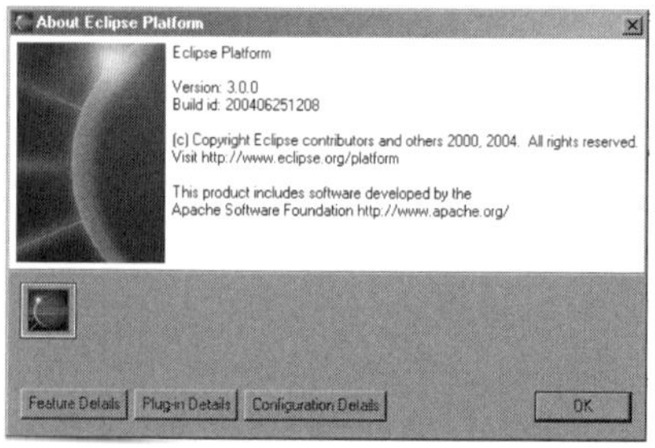

Figure 2–10 À propos d'Eclipse

En cliquant sur le bouton Plug-in Details s'ouvre la fenêtre contenant la liste des plug-ins chargés avec leur numéro de version (figure 2-11).

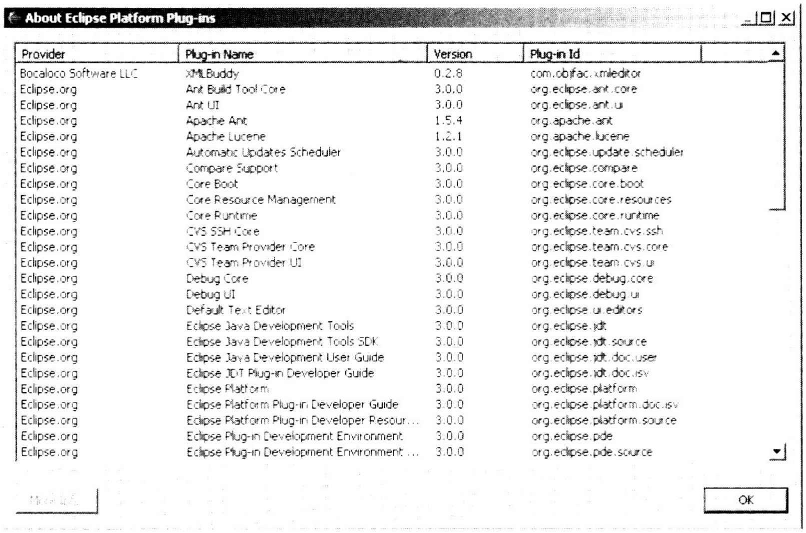

Figure 2–11
Liste des plug-ins chargés

Plug-in XMLBuddy

Ce plug-in sert d'éditeur XML/JSP. Il permet entre autres :

- l'édition de fichiers XML avec la capacité de colorier les différentes syntaxes possibles (XML, DTD, Schéma, JSP) ;
- le formatage, l'encodage de chaque type de fichier ;
- la validation de flux XML et leur architecture sous forme d'arbre dans la vue présentant le squelette du fichier (Outline View) ;
- la création de fichiers XML en s'appuyant sur l'autogénération de l'assistant de code d'Eclipse guidé par le schéma/DTD lié au fichier.

Après avoir téléchargé et décompressé l'archive ZIP dans le répertoire `plugins`, la configuration dans Eclipse est simple.

Cliquez dans Windows >Preferences ; la fenêtre suivante (figure 2-12) s'ouvre :

XMLBuddy est disponible à l'adresse :
▸ http://www.xmlbuddy.com/download.php
Il suffit d'indiquer son adresse électronique pour recevoir gratuitement des mises à jour de la version non professionnelle de ce plug-in.

JSP, Java Server Page

Dans la norme J2EE, cela correspond à une page contenant du code statique (HTML ou XHTML...) et du code dynamique (compilé une fois puis évalué lors de l'exécution de la page).

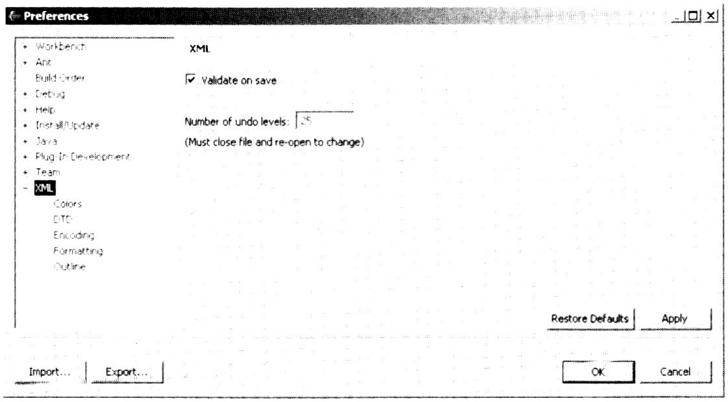

Figure 2–12
Préférences XML pour Eclipse

Il suffit de le configurer selon ses besoins, par exemple la validation d'un fichier XML lors de sa sauvegarde (ce que propose Eclipse par la sauvegarde incrémentale en ne compilant que les fichiers Java modifiés).

ALTERNATIVE Oxygen

Il existe un autre plug-in tout aussi efficace que XMLBuddy, voire meilleur, appelé Oxygen. Cet éditeur XML se décline en plusieurs versions comme éditeur XML classique, comme plug-in Eclipse et comme application Java à travers l'outil Java Web Start. Pour en savoir plus sur cet outil, référez-vous au site de Sun. Le principal inconvénient d'Oxygen est qu'il s'agit d'un plug-in payant. Enfin, il est possible en dernier lieu d'utiliser l'éditeur XML gratuit, CookTop, mais nous sortons du cadre d'un seul outil pour l'ensemble du développement.

Oxygen
- http://www.oxygenxml.com/

Java Web Start
- http://java.sun.com/products/javawebstart

CookTop
- http://xmlcooktop.com

Plug-in Tomcat de Sysdéo

Le plug-in Tomcat de Sysdéo est téléchargeable sur le site :
- http://www.sysdeo.com/eclipse/tomcatPlugin.html

Ce plug-in permet de configurer votre application web, plus communément appelée WebApp, pour la déployer sur le serveur d'applications Tomcat, et la déboguer depuis Eclipse.

Ce plug-in s'est enrichi de nombreuses fonctionnalités au fil des versions successives. Il permet entre autres de :

- lancer/arrêter/redémarrer un serveur Tomcat selon sa version (3.3, 4.0.x,4.1.x, 5.x) ;
- créer un projet Tomcat, c'est-à-dire un projet dans Eclipse ayant l'architecture d'une application web (extension WAR), tout en la configurant dans le serveur d'applications Tomcat pour la faire fonctionner (principe de contexte dans le fichier de configuration de Tomcat `server.conf`) ;
- ajouter des utilisateurs pour l'application majeure de Tomcat « manager », au Realm d'accès d'application en mémoire ;
- modifier les caractéristiques de l'application (mise à jour du contexte, modification optionnelle) ;
- exporter au format WAR l'application dans un répertoire donné.

WAR, Web ARchive

Structure de fichier apparue dans la norme 1.2 de J2EE ayant une architecture dédiée aux serveurs d'applications J2EE contenant les ressources web et Java pour une application distincte.

Realm

Un Realm, au sens Tomcat du terme, est un type de base de données contenant des rôles d'accès pour des applications web en relation avec un couple d'identifiant/mot de passe.

La création d'un projet Tomcat, comme le nomme le plug-in, se fait en cliquant sur `File > New > Project` (figure 2-14).

En sélectionnant le projet Tomcat et en cliquant sur Next, la fenêtre présenté à la figure 2-15 apparaît.

Après avoir renseigné le nom de votre projet, comme pour le projet Octopuss précédemment créé, il reste à renseigner des paramètres optionnels supplémentaires (nom du contexte, mise à jour dans Tomcat...), voir figure 2-16.

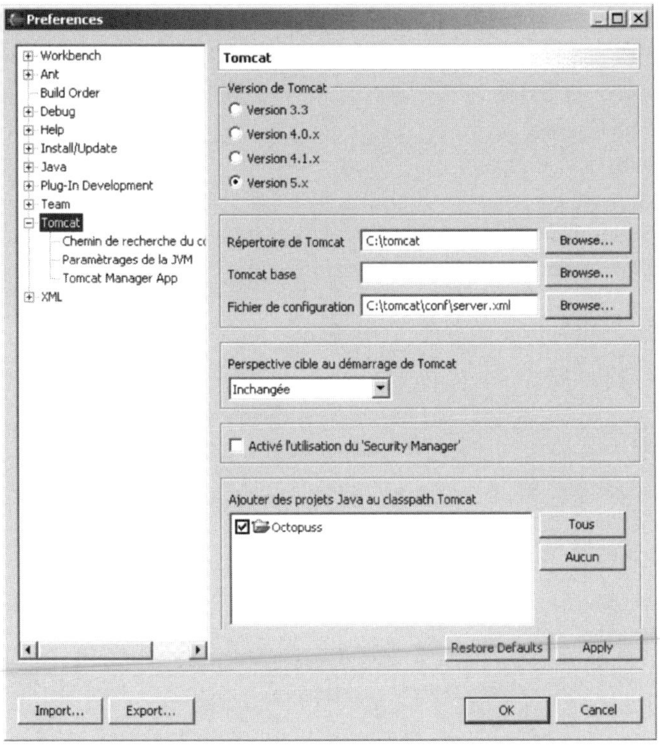

Figure 2–13 Configuration du plug-in dans Eclipse

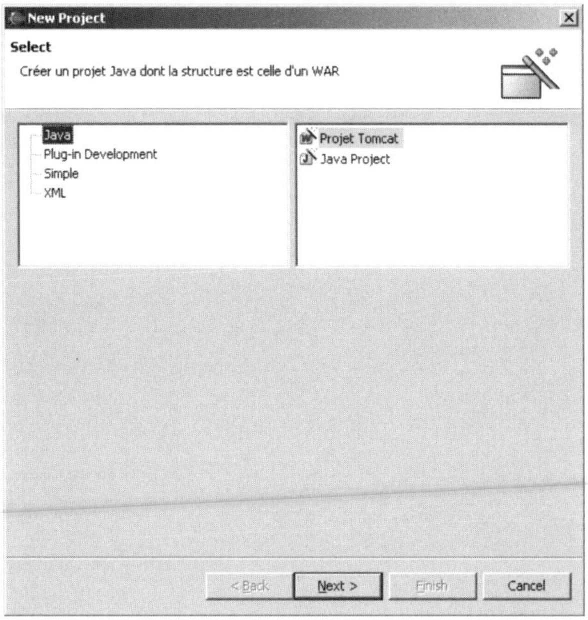

Figure 2–14 Création d'un projet Tomcat sous Eclipse – étape n°1

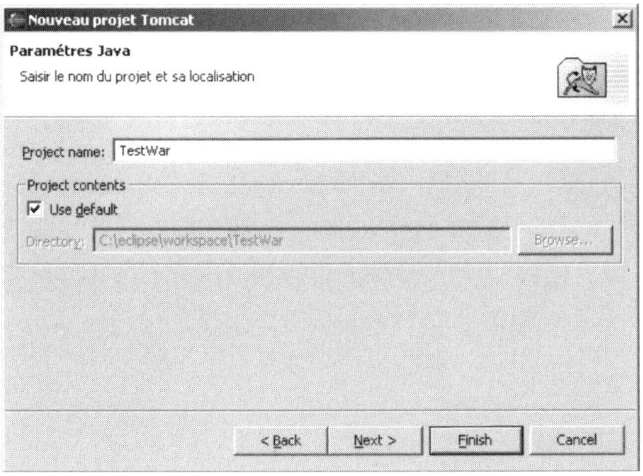

Figure 2–15 Création d'un projet Tomcat sous Eclipse – étape n°2

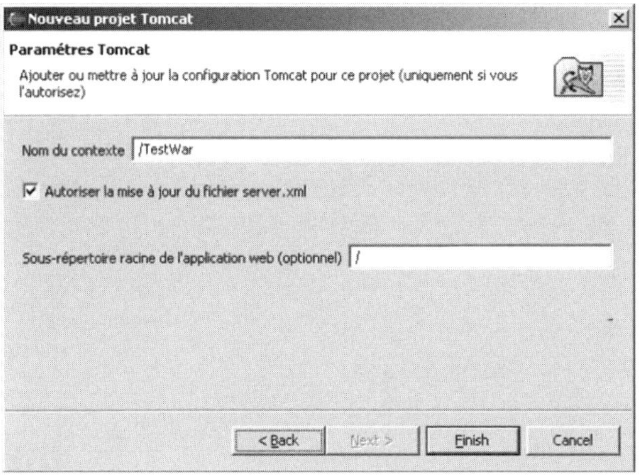

Figure 2–16 Création d'un projet Tomcat sous Eclipse – étape n°3

Ce plug-in permet donc de créer un nouveau type de projet pour Eclipse. Au sujet du projet Octopuss, deux possibilités s'offrent à nous :

- détruire notre ancien projet et le reconstruire dans Eclipse sous la forme d'un projet Tomcat ;

- laisser notre ancien projet tel quel et trouver une autre solution pour le déploiement.

Le plug-in Tomcat de Sysdéo est un assistant, simple, très pratique par ses possibilités et performant. Toutefois, sa faiblesse réside dans son imbrication étroite avec le serveur d'applications Tomcat. Après de nombreux projets sous Eclipse avec différents serveurs d'applications, il apparaît parfait pour les débutants, mais peu intéressant pour les initiés car trop spécifique à Tomcat. On lui préférera alors le plug-in Lomboz plus complet tant au niveau des fonctionnalités qu'au niveau prise en charge de serveurs J2EE. Dans ce cahier, nous allons laisser notre projet Octopuss tel quel et nous utiliserons ce plug-in uniquement comme lanceur, débogueur à distance de Tomcat.

ALTERNATIVE JPDA

Il existe au sein de Tomcat une architecture permettant le débogage à distance des applications Java. Celle-ci est intégrée dans Tomcat via l'infrastructure appelée JPDA (*Java Platform Debugger Architecture*). Apparue dans la version 1.2 du JDK, standardisée dans la version 1.3, la VM démarre avec ce serveur en écoutant de deux manières possibles :

- à travers une mémoire partagée (sous Windows uniquement, utilisation de la variable d'environnement `JPDA_TRANSPORT` à `dt_shmem`) ;
- à travers les *sockets* (utilisation de la variable d'environnement `JPDA_TRANSPORT` à `dt_socket`).

L'utilisation de sockets répond à la norme de véritables débogueurs à distance.

Pour le mode socket, il est nécessaire d'avoir les deux variables d'environnement suivantes positionnées :

- `JPDA_TRANSPORT` : `dt_socket` ;
- `JPDA_ADDRESS` : `16000` (les ports d'écoute possibles d'une socket sont compris entre 1024 et 65536).

Lancez Tomcat par la commande suivante : `catalina jpda start`.

Lancez votre application par la commande suivante (qui utilise des drapeaux spécifiques à la JVM de Sun, d'autres JVM ne pourraient peut-être pas les reconnaître) :

```
java -Xdebug -Xrunjdwp:server=y, transport=dt_socket,
address=16000 myApp
```

Penchons-nous maintenant sur les frameworks Open Source nécessaires à ces outils pour la réussite du projet Octopuss.

Frameworks Open Source de développement

L'environnement logiciel qui sera utilisé tout au long de ce cahier vient d'être mis en place. Le groupe Automne désire en plus que le code développé pour Octopuss soit maintenable et surtout réutilisable. Pour cela, il faut de la méthodologie et de la qualité, comme énoncé dans le cahier des charges. Pouvoir connaître ce qui se passe dans l'application à un instant donné, pouvoir auditer et tester le code à tout moment du développement et surtout pouvoir utiliser un script unique rassemblant toutes les tâches nécessaires au bon déroulement du projet sont les points forts des frameworks étudiés par la suite.

Outils de log de notre étude de cas : Log4J

Lorsque l'on aborde le sujet des logs, il faut toujours se poser la question : « Pourquoi gérer des logs pour une application et ne pas utiliser des débogueurs à distance comme il a été mis en place pour l'environnement d'Octopuss ? ».

Logs

Traces d'informations applicatives sur les différentes fonctionnalités parcourues lors de l'exécution d'une application.

Les logs constituent un plus par rapport au débogueur et permettent, par exemple, de connaître le déroulement exact de l'application, pas toujours facile à suivre dans des applications très complexes. Ces traces constituent aussi un système fiable d'audit de l'application si elles sont correctement positionnées. Enfin, elles assurent une productivité accrue des développeurs sachant s'en servir (culture Unix).

La seconde question que l'on doit se poser est : « Quelles sont les options disponibles pour mettre en place une telle solution ? ».

La première qui vient à l'esprit est l'utilisation de sorties banales d'informations via la commande bien connue : `System.out.println` pour les informations et `System.err.println` pour les erreurs. Toutefois, cette solution est à proscrire pour sa lenteur d'exécution et son manque de flexibilité. En effet, il est tout à fait intéressant d'avoir certaines traces en cours de débogage que l'on ne désire pas retrouver en production. Un pattern bien connu, le Modèle Vue Contrôleur, est mis en relief ici ! Ainsi, le contrôleur servira de référence lors de l'exécution de l'application en appliquant le modèle désiré (formatage des logs : date, heure, ligne, niveau d'information, etc.) vers la vue désirée (console, flux fichier, flux vers une base de données ou encore flux réseau).

On remarque donc que l'utilisation d'un framework est nécessaire. Certes, depuis la version 1.4, le J2SE propose des API allant dans le sens que désire le groupe Automne pour Octopuss, mais celui-ci est encore limité par rapport à ce que l'on peut trouver ailleurs, comme la bibliothèque de logs qui sera utilisée : Log4J. Preuve de sa réelle utilité, cette bibliothèque a été portée dans les langages suivants : C, C++, C#, Perl, Python, Rubby et Eiffel.

Installation et architecture de Log4J

La documentation que l'on peut trouver sur le site résume parfaitement ce qu'il faut connaître du maniement de la bibliothèque Log4J. Il reste à voir uniquement les fondamentaux et surtout l'intégration avec les meilleurs pratiques à appliquer dans Octopuss.

La bibliothèque Log4J est téléchargeable à l'adresse suivante :
- http://jakarta.apache.org/log4j.

Documentation pertinente :
Short Introduction to Log4j de Ceki Gülcü.

L'architecture de Log4j réside dans la séparation entre le niveau de traces désiré, le type de sorties désiré et le formatage à appliquer sur le type de sorties choisi. Pour cela, on dispose de :

- La classe centrale de Log4j : `Logger`. Par défaut, il existe le `logger root` ; toutefois, il est plus intéressant de donner un nom à un `logger` et de l'associer à une classe donnée. Cela permettra une meilleure segmentation lors de la personnalisation des logs en sélectionnant un niveau de traces (sévérité) pour une classe donnée (voir l'exemple du fichier `log4j.properties`).
- L'interface chargée de l'écriture des types de flux possible : `Appender`. Celle-ci se présente sous la forme d'interfaces, c'est-à-dire que plusieurs implémentations sont possibles : flux écran (`ConsoleAppender`), flux sockets (`SocketAppender`), flux fichier (`FileAppender`), etc.
- Les classes chargées du formatage des logs applicatives : `Layout`. Le plus couramment utilisé est le `PatternLayout` qui formate les logs sous formes de chaînes avec utilisation de constantes.
- Les classes chargées de configurer le contexte de logs pour toute une application : implémentations de l'interface `Configurator`. Il en existe de différents types : `BasicConfigurator` (configuration par défaut du contexte), `PropertyConfigurator` (configuration à la carte du contexte de logs).

Log4j n'adopte aucune politique vis-à-vis de l'initialisation. En effet, il n'existe aucun `Appender` prédéfini. L'initialisation par défaut de la bibliothèque peut dans certaines circonstances bien définies se passer correctement. Il faut toutefois remarquer que l'initialisation ne se fait qu'une seule fois par JVM (principe du design pattern Singleton). Or, dans le contexte d'Octopuss, le groupe Automne va utiliser Tomcat avec plusieurs applications web ; donc, plusieurs `ClassLoaders` seront utilisés. Ainsi l'initialisation de logs devra être propre à chaque application. Pour cela, il faudra définir un servlet d'initialisation propre à chaque application. Voici le contenu du fichier de logs contenant une sortie console, une sortie réseau ainsi qu'une sortie en flux fichier HTML que l'on utilisera pour Octopuss :

DESIGN PATTERN Singleton

Le *pattern* Singleton est un *design pattern* Objet qui garantit qu'un objet est chargé une et une seule fois en mémoire par machine virtuelle. Celle-ci répond à une architecture particulière comprenant un constructeur privé statique pointant vers une instance statique de l'objet lui-même et une méthode synchronisée d'accès statique à cet attribut.

Exemple de fichier de configuration de Log4J

Ici, on définit les Appender pour le parent de tous les `loggers` : Console, Network... avec un niveau de trace de niveau DEBUG.

```
log4j.rootLogger=DEBUG, CONSOLE, HTML, NETWORK
```

Astuce : on définit ici un niveau de trace uniquement lorsqu'il y a une erreur pour tous les *packages* `org.apache.xxxx`. Ceci nous évite de polluer les traces.

```
log4j.logger.org.apache=ERROR, CONSOLE, HTML, NETWORK
```

```
log4j.appender.CONSOLE=org.apache.log4j.ConsoleAppender
log4j.appender.CONSOLE.layout=org.apache.log4j.PatternLayout
log4j.appender.CONSOLE.layout.ConversionPattern=%-4r [%t] %-5p  %l
➥    - %m%n
```

◄ Définition du type de sortie console avec un *pattern* bien spécifique.

```
log4j.appender.NETWORK=org.apache.log4j.net.SocketAppender
log4j.appender.NETWORK.remoteHost=localhost
log4j.appender.NETWORK.port=4445
log4j.appender.NETWORK.locationInfo=true
```

◄ Définition du type de sortie réseau : sont renseignés le serveur vers lequel seront envoyées les traces, avec le port associé accompagné des informations réseau.

```
log4j.appender.HTML=org.apache.log4j.FileAppender
log4j.appender.HTML.File=c:/var/logs/octopuss.html
log4j.appender.HTML.Append=true
log4j.appender.HTML.layout=org.apache.log4j.HTMLLayout
log4j.appender.HTML.layout.LocationInfo=true
log4j.appender.HTML.layout.Title=Octopuss
```

◄ Définition du type de sortie fichier sous format HTML accompagné de renseignements divers sur le fichier à produire : titre, informations réseau...

L'utilisation de *l'Appender* `NETWORK` nécessite sur le poste client l'installation d'un *listener* (écouteur) des événements provenant du serveur Log4J. Il en existe plusieurs ; par exemple, un bon client pour Eclipse est sans nul doute le plug-in Ganymede. Toutefois, sur des projets de grande ampleur, on lui préférera le client Lumbermill. Ce dernier, construit sur une application SWING, permet de filtrer dynamiquement les loggers désirés ainsi que les sévérités des traces reçues (`DEBUG, INFO...`).

Le plug-in Ganymede est téléchargeable sur le site :
- http://sourceforge.net/projects/ganymede/

Le client Lumbermill est disponible sur le site :
- http://traxel.com/lumbermill

Intégration de Log4j dans le projet Eclipse de l'étude de cas

Il faut créer deux répertoires supplémentaires : un pour les fichiers de configuration, nommé `conf`, et le second pour les fichiers `jar` correspondant aux bibliothèques utilisées par notre projet, nommé `libs-ext`. Pour cela, il suffit de cliquer dans Eclipse sur File > New > Folder. La fenêtre suivante s'ouvre (figure 2-17) :

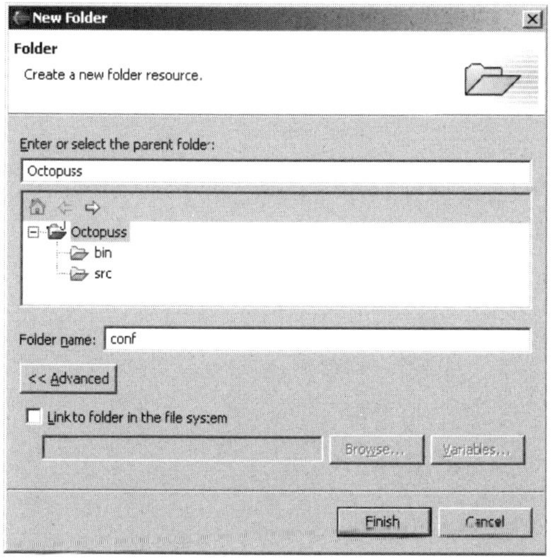

Figure 2–17 Création du répertoire de configuration

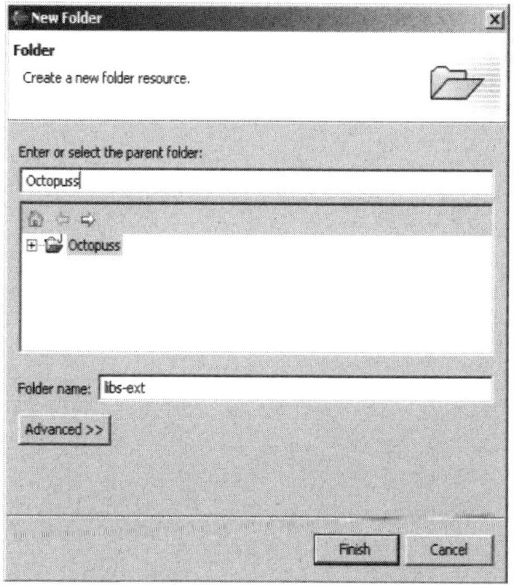

Figure 2–18 Création du répertoire de bibliothèques extérieures

Placez dans le répertoire `conf` le fichier `log4j.properties` avec le contenu précédemment détaillé et dans le répertoire `libs-ext`, le fichier `log4j-1.2.8.jar`. Mettons à jour le `classpath` de notre application via les propriétés du projet Octopuss en ajoutant le fichier en question (figure 2-19).

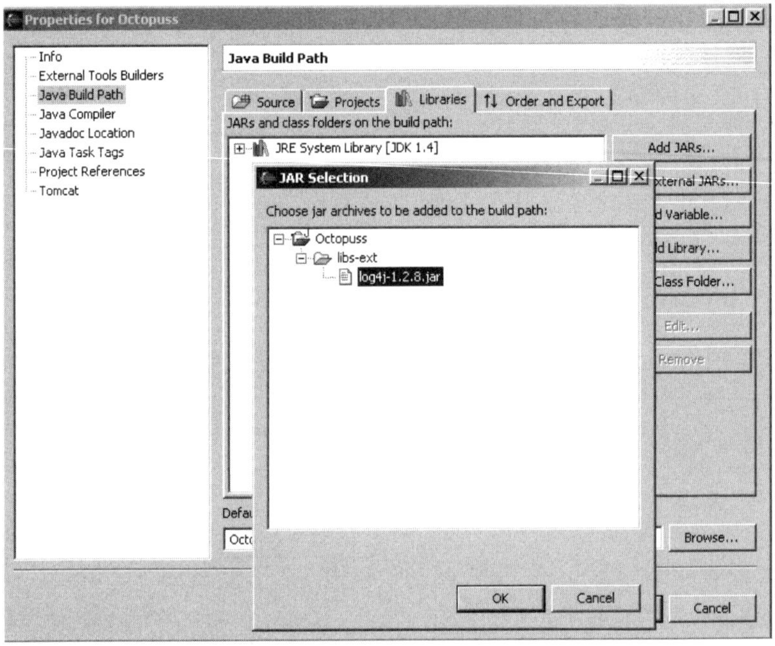

Figure 2–19
Ajout d'élément dans le classpath

Il ne reste plus qu'à créer un programme de tests pour faire un exemple de classes comprenant des logs avec Log4j. Pour cela, créons sous le projet Octopuss, le package suivant : `com.automne.octopuss.log4j.test` via la fenêtre accessible par le menu File > New > Package (figure 2-20).

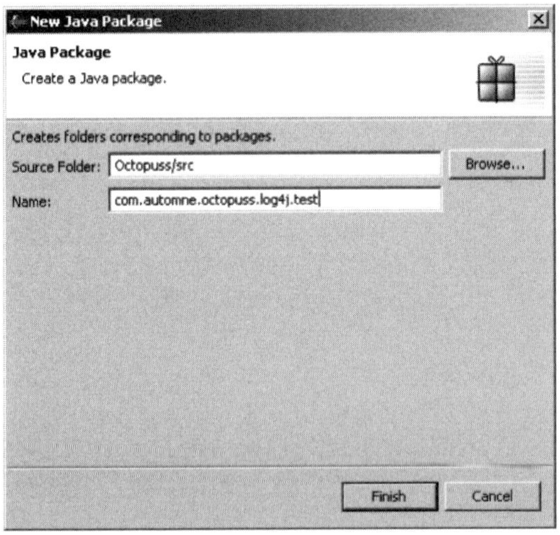

Figure 2–20
Création du package log4j.test

Écrivons la classe `TestLog4j` suivante contenant une méthode `main(String [] args)` de test via la fenêtre suivante (figure 2-21) :

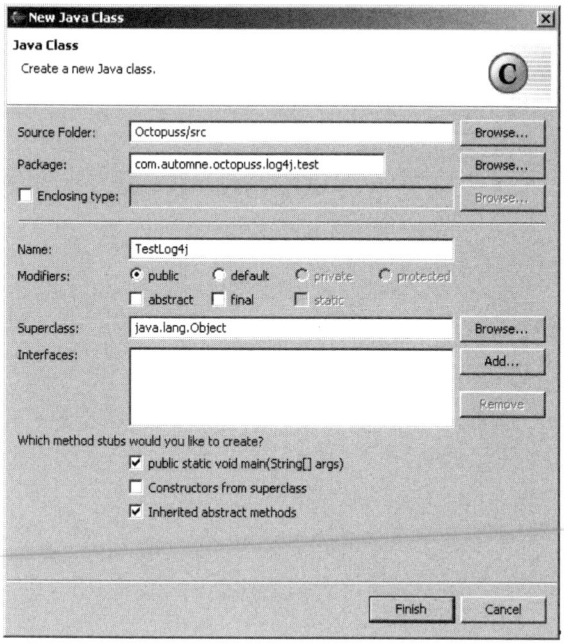

Figure 2–21
Création de la classe TestLog4j

Exemple de classe de test

```
/*
 * Créé le 9 nov. 2003
 * Codes Open Source pour Le Cahier du Programmeur Java[3] :
 * Java & XML: Le mariage de deux technologies complémentaires et autonomes
 * Auteur : R.Fleury (renaud.fleury@free.fr)
 */
package com.automne.octopuss.log4j.test;

import org.apache.log4j.Logger;
import org.apache.log4j.PropertyConfigurator;

/**
 * Projet  : Octopuss
 * Classe  : TestLog4j
 * Version : 1.0
 * But     : Tester la fonctionnalité de log par l'API Log4J
 *           téléchargeable
 * <a href="http://jakarta.apache.org/log4j/">ici</a>
 */
public class TestLog4j {

/**
 * Constantes définissant le chemin d'accès
 * au fichier de configuration de log4j.
 */
```

◄ Importation des *packages* de Log4J

◄ Définition de la classe de Test

Utilisation d'une constante pour définir le chemin du fichier de configuration.

```
private static final String LOG4J_PROPERTIES_FILE_NAME="conf/
log.properties";
/**
 * Logger de la classe TestLog4j : Best Practices:
 * 1 logger défini pour chaque classe
 */
```

Définition du Logger
Best practices: un unique *logger* par classe

```
private static Logger logger=Logger.getLogger(TestLog4j.class);


/**
 * Méthode main: point d'entrée du test
 * @param args
 */
```

Début de méthode `main`

```
public static void main(String[] args){
//Appel au configurateur de propriétés bien définies.
```

Appel au configurateur spécifique pour charger un fichier de configuration autre que `log4j.properties`

```
 PropertyConfigurator.configure(LOG4J_PROPERTIES_FILE_NAME);


 logger.info("Début de la méthode main");
 try{
  float a=5;
  float b=0;
```

Utilisation du logger avec différents niveaux de sécurité (INFO, DEBUG, FATAL).

```
  logger.debug("Appel à la méthode division");
  float c=division(a,b);
  System.out.println(a+"/"+b+"->"+c);
  }catch(DivisionByZeroException e){
  logger.fatal("Exception rencontrée: "+e);
  }
}
/**
 * Méthode de division de a/b
 * @param a
 * @param b
 * @return le résultat de la division de a/b
 * @throws DivisionByZeroException
 */
private static float division(float a,float b)
        throws DivisionByZeroException{
```

Si le dénominateur de la division est nul, alors on trace un avertissement : utilisation de la sévérité WARN.

```
 if (b==0){
  logger.warn("division par 0 impossible :"+a+"/"+b+" lèvera une
DivisionByZeroException...");
  throw new DivisionByZeroException("le dénominateur passé à la méthode
Division vaut 0, l'exception DivisionByZeroException est levée...");
 }
 return a/b;
}
```

```
/**
 * Projet  : Octopuss
 * Classe  : privée DivisionByZeroException
 * Version : 1.0
 * But     : Classe d'exception propre à notre test,
 *           donc classe privée par déduction d'architecture.
*/
private static class DivisionByZeroException extends Exception{
/**
 * Constructeur par défaut
 */
 public DivisionByZeroException(){
  super();
 }
 /**
  * Constructeur avec message
  * @param msg
  */
 public DivisionByZeroException(String msg){
  super(msg);
 }
}//Fin de la classe d'Exception
```

◂ Utilisation d'une classe interne d'exception utilisée uniquement pour notre exemple de division (classe privée).

Le résultat sur la console donne :

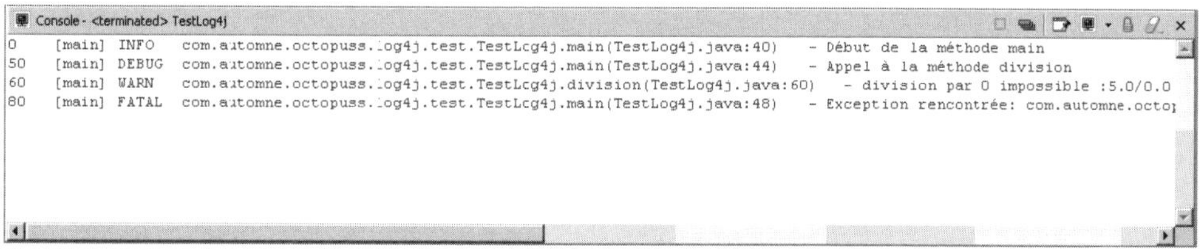

Figure 2–22
Console Eclipse

Le résultat dans le client Lumbermill et le navigateur (figures 2-23 et 2-24) est le suivant :

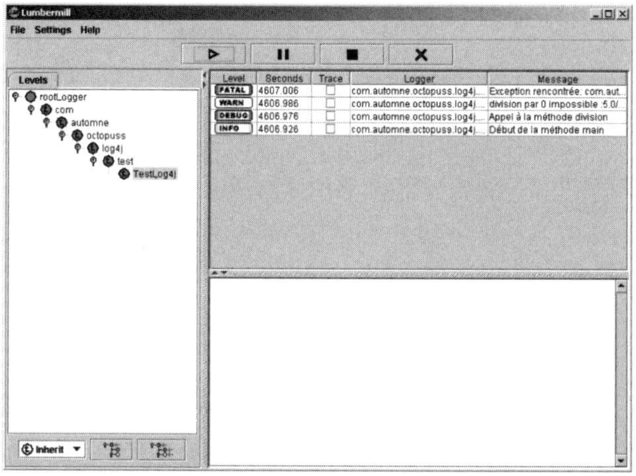

Figure 2–23
Le client Lumbermill

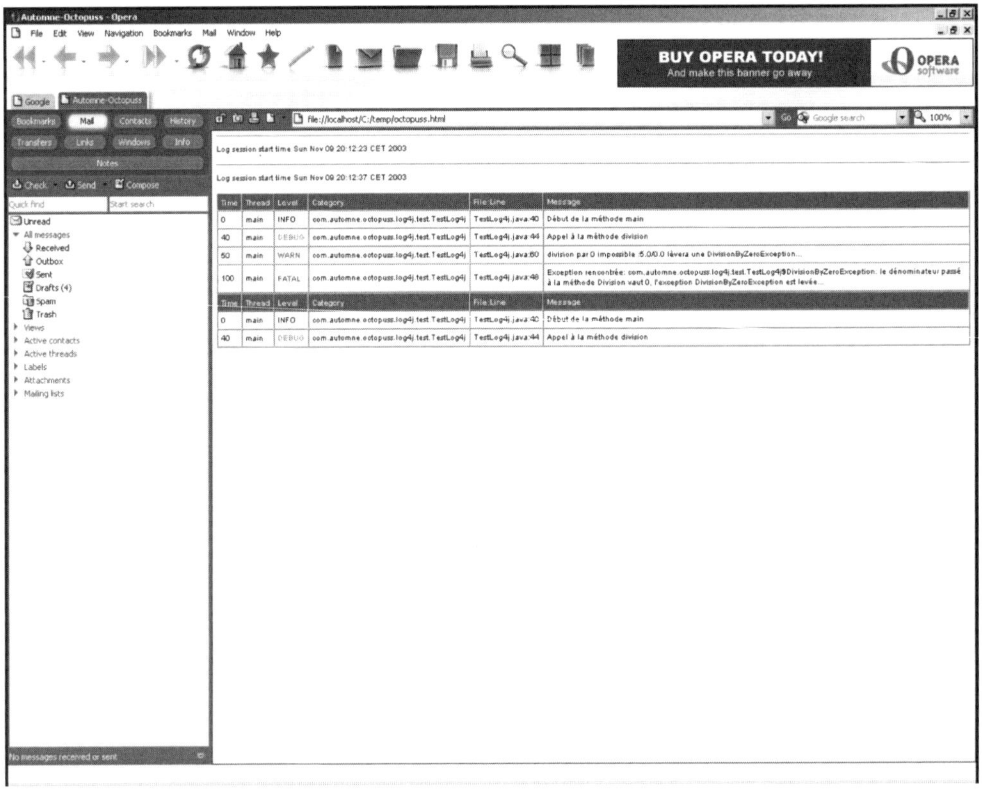

Figure 2–24
Les logs d'Octopuss au format HTML

Ainsi, la société Automne s'est pourvue de l'outil performant Log4j pour gérer les logs de l'application Octopuss. Il faut toutefois encore un outil nous évitant d'écrire une classe avec un point d'entrée statique (méthode `main`), comme cela a été fait pour le test de Log4J. Le framework JUnit jouera ce rôle.

Outil de tests unitaires de l'étude de cas : JUnit

Ce *framework* est téléchargeable sur le site :
‣ http://www.junit.org

RÉFÉRENCE JUnit

- *JUnit in Action* de Vincent Massol aux éditions Manning Publication
- *Unit Testing in Java : How Tests drive the Code* de Johannes Link, Peter Fröhlich (Contributeur) aux éditions Paperback
- *Gestion de projet Extreme Programming* de Bénard et al., Eyrolles 2002

Il existe de nombreux ouvrages sur ce framework écrit par Erich Gamma et Kent Beck. Il offre des API permettant d'écrire des tests unitaires et de non-régression. Il fait partie des outils préconisés par la méthodologie d'eXtreme Programming. En effet, l'intérêt de la méthodologie XP est de garantir au client des fonctionnalités testables rapidement après un cycle d'itération sur le développement. Ce framework offre aussi la possibilité, et non des moindres, de vérifier que les anciens tests unitaires fonctionnent en les regroupant dans une classe formant l'ensemble des tests unitaires de tout le projet.

Il est inutile de s'étendre plus sur ce framework, étant donné l'importante documentation (articles, livres, FAQ) que l'on peut trouver facilement sur Internet à ce sujet. Enfin, pour le projet Octopuss, il existe dans Eclipse, sous forme de plug-in natif, un outil lançant les tests JUnit. L'exécution des tests n'en sera donc que plus simple en cliquant sur la classe et sur le menu d'Eclipse RunAS > JUnit Test.

Étapes de création d'une série de tests unitaires

1. Créer une classe héritant de la classe `junit.framework.TestCase`.
2. Placer toutes les initialisations dans la méthode dont la signature est : `public void setUp() throws Exception`.
3. Placer toutes les libérations des ressources initialisées dans la méthode : `public void tearDown() throws Exception`.
4. Écrire tous les tests désirés pour chaque fonctionnalité dans des méthodes publiques commençant par : `public void testxxx()`.
5. Créer une classe héritant de `junit.framework.TestSuite` pour rassembler tous les tests unitaires créés.

Intégration d'un exemple de test unitaire dans l'étude de cas

Créer le package `com.automne.octopuss.junit.log4j`. L'exemple de test unitaire consiste à porter l'exemple de Log4J en test unitaire via JUnit. Pour cela, il est nécessaire de créer plusieurs classes. En effet, le test d'utilisation de Log4J vérifiait si une opération, la division, était possible ou non. Le principe de JUnit est d'utiliser une classe comme conteneur de tests. Ainsi, il faut diviser la classe `TestLog4j` précédemment vue en trois classes : une `Operations` contenant la méthode `division`, une `DivisionException` externe cette fois-ci car instanciée dans différentes classes et notre classe de test :

Test unitaire du portage de l'exemple précédent (Log4J)

```
package com.automne.octopuss.junit.log4j;

import org.apache.log4j.Logger;
import org.apache.log4j.PropertyConfigurator;
import junit.framework.TestCase;
public class TestLog4jByJunit extends TestCase{
 private static final String LOG4J_PROPERTIES_FILE_NAME="conf/
log4j.properties";
 private static Logger
logger=Logger.getLogger(TestLog4jByJunit.class);
 public void setUp()
        throws Exception{
 //Appel au configurateur de propriétés bien définies.
 PropertyConfigurator.configure(LOG4J_PROPERTIES_FILE_NAME);
 logger.info("Fin de la méthode SetUp: Configuration de Log4J
terminée...");
 }
```

◂ Importation des classes de Log4J et de JUnit nécessaires.

◂ Classe de test héritant de `TestCase`.

◂ Méthode `setUp` : Ici, initialisation du *logger*.

```
  public void testDivision(){
   try{
    logger.info("Appel à la méthode Division: ");
    float returned=Operations.division(10,2);
    assertEquals(returned,5);
    System.out.println("10/2->"+returned);
    logger.info("Test Réussi: ");
   }catch(DivisionException e){
    logger.fatal("Exception interceptée: "+e);
   }
  }
}
```

Utilisation d'`assertEquals` garantissant la bonne exécution de la méthode testée.

Il est aussi intéressant de grouper l'ensemble des tests d'une application au sein d'une unique classe. Cela permet de les lancer d'un seul coup. Il sera alors plus simple de voir si le test d'une nouvelle fonctionnalité développée n'a pas entraîné une régression dans une autre. Une manière simple de répondre à ce besoin est d'écrire une classe contenant une simple méthode dont la signature est `public static Testsuite()`, d'instancier la classe `TestSuite` de JUnit et d'ajouter à cette suite de tests chaque classe de tests unitaires. Ainsi, toutes les méthodes de chaque test unitaire seront exécutées par le `TestRunner` de JUnit (plug-in inclus dans le SDK d'Eclipse). Pour Octopuss, ceci se résume par la création de la classe `AllTests` dans le package `com.automne.octopuss.junit`.

Code source disponible sur le site d'accompagnement de l'ouvrage
- www.editions-eyrolles.com
- http://rfm.no-ip.org/octopuss/

Les tests unitaires avec JUnit

```
package com.automne.octopuss.junit
import com.automne.octopuss.junit.log4j.TestLog4jByJunit;
import junit.framework.Test;
import junit.framework.TestSuite;
/**
 * Projet  : Octopuss
 * Classe  : AllTests
 * Version : 1.0
 * But     : Lancer tous les tests du projet pour éviter
 *            les non régressions suivant la méthodologie XP.
 */
public class AllTests {
 private static final String LOG4J_PROPERTIES_FILE_NAME="conf/
log4j.properties";
 private static Logger logger=Logger.getLogger(AllTests.class);
 /**
 * Méthode main : lance tous les tests du projet Octopuss
 */
 public static Test suite(){
 //Appel au configurateur de propriétés bien définies.
  PropertyConfigurator.configure(LOG4J_PROPERTIES_FILE_NAME);
  TestSuite suite=new TestSuite("Alls Tests For Octopuss");
  logger.info("Lancement de tous les tests d'Octopuss");
  logger.info("Début Test : TestLog4jByJunit");
```

Importation des classes de tests unitaires.

Méthode principale surchargée (suite) renvoyant l'interface Test comprenant tous les tests unitaires à exécuter.

```
    suite.addTest(new TestSuite(TestLog4jByJunit.class));
    logger.info("Fin Test : TestLog4jByJunit");
    return suite;
  }
}
```

Ainsi s'achève la présentation du framework JUnit, très simple d'emploi. Reste à voir comment automatiser les tâches simples du développement, comme le déploiement sur un serveur cible, le lancement des tests unitaires et de non-régression... Cet outil existe, il se nomme Ant.

Ant : l'outil à tout faire de l'étude de cas

Ant : ce qu'il permet de faire

L'outil Ant est un `makefile` au sens Unix du terme, au format XML. D'une flexibilité à toute épreuve, ouvert par son architecture, il permet entre autres de :

- copier des flux de disque à disque, de machine à machine à travers des protocoles de communication comme FTP, SSH, TELNET... ;
- lancer la compilation de fichiers Java, EJB, JSP... ;
- produire de la documentation (JavaDoc de Sun, Stylebook d'Apache) ;
- lancer des programmes tels que l'exécution de classes Java ;
- se connecter à des serveurs de gestion de configuration de sources tels que CVS ou encore Microsoft Visual SourceSafe, ClearCase... ;
- tester / auditer du code par l'appel à des programmes comme JUnit, JProbe, JDepend... ;
- envoyer des courriers électroniques de rapports...

Il existe de nombreux articles, FAQ, livres sur cet outil, notamment celui de Jérôme Molière :
Cahier du programmeur J2EE de Jérôme Molière, Eyrolles 2004
Ant est disponible sur le site :
▸ http://ant.apache.org/

Ant : le principe

Basé sur le principe de tâches associées à des balises, Ant centralise celles-ci dans un fichier `build.xml` appelé plus couramment `buildfile`. Les tâches (balises du fichier `build.xml`), que l'on peut comparer à des instructions dans un programme, peuvent être regroupées sous forme de cibles (*targets*), qui sont soit indépendantes soit dépendantes d'autres tâches exécutées au préalable. Une cible peut donc être comparée à un *batch* ou une procédure en programmation structurée. Pour développer une nouvelle tâche, il suffit de :

1. créer une classe en respectant la convention d'écriture JavaBean héritant de la classe `Task` d'Ant ;
2. créer une méthode d'exécution de la tâche en redéfinissant la méthode `public void execute() throws BuildException`.

Ant : sa tâche pour l'étude de cas

Le groupe Automne va utiliser Ant pour le déploiement de son application, ainsi que pour l'automatisation de rapport des tests unitaires. Voici le `build-file.xml` pour l'instant :

Build.xml

Définition d'un fichier XML classique

```
<?xml version="1.0"?>
```

Définition du projet Ant nommé Octopuss avec comme tâche par défaut `main-tests`

```
<!-- Fichier Ant du projet Octopuss -->
<project name="Octopuss" default="main-tests" basedir=".">
```

Appel à un fichier de propriétés externes (clé/valeur)

```
 <property file="build.properties"/>
```

Définition d'un chemin vers les répertoires de stockage des bibliothèques Java (jar)

```
 <path id="libs.classpath.path">
  <fileset dir="${source.libs.dir}">
   <include name="**/*.jar"/>
  </fileset>
 </path>
```

Définition des tâches de nettoyage : suppression des répertoires de déploiement et des tests unitaires compilés

```
 <target name="clean">
  <delete dir="${deploy.dir}"></delete>
 </target>
 <target name="clean-tests">
  <delete dir="${deploy.junit.dir}"></delete>
 </target>
```

Tâche d'initialisation : pour l'instant, uniquement des créations de répertoires pour le déploiement web futur d'Octopuss

```
 <target name="init" depends="clean">
  <mkdir dir="${deploy.dir}"/>
  <mkdir dir="${deploy.conf.dir}"/>
  <mkdir dir="${deploy.web.dir}"/>
  <mkdir dir="${deploy.libs.dir}"/>
  <mkdir dir="${deploy.class.dir}"/>
 </target>
```

Tâche d'initialisation des tests : création des répertoires contenant les binaires de tests et les futurs rapports d'audits de JUnit

```
 <target name="init-tests" depends="clean-tests">
  <mkdir dir="${deploy.junit.dir}"/>
  <mkdir dir="${deploy.junit.reports}"/>
 </target>
```

Tâche de compilation des tests en ne sélectionnant que ceux-là pour les compiler dans le répertoire prévu à cet effet

```
 <target name="compile-all-junit-tests" depends="init-tests">
  <javac srcdir="${source.java.dir}"
        destdir="${deploy.junit.dir}">
  <classpath refid="libs.classpath.path"/>
  <include name="${package.junit}/**"/>
  </javac>
 </target>
```

Génération du rapport de JUnit au format texte dans un répertoire bien précis, en ne lançant que la suite des tests de tout le projet Octopuss

```
 <target name="generate_junit_tests_reports" depends="compile-all-
junit-tests">
   <junit printsummary="yes" haltonfailure="no" haltonerror="no">
    <formatter type="plain"/>
    <classpath>
     <pathelement location="${deploy.junit.dir}"/>
     <path refid="libs.classpath.path"/>
    </classpath>
```

```
    <test name="com.automne.octopuss.junit.AllTests"
toDir="${deploy.junit.reports}"/>
   </junit>
  </target>

  <target name="send_junit_report_by_mail"
depends="generate_junit_tests_reports">
   <mail mailhost="mail.free.fr" encoding="plain" subject="[Automne-
Dev]Tests Junit d'Octopuss">
    <from address="renaud.fleury@free.fr"/>
    <to address="renaud.fleury@free.fr"/>
    <message>Les tests unitaires de l'application Octopuss ont ete
accomplis. En voici le rapport : </message>
    <fileset dir="${deploy.junit.reports}">
     <include name="**/*.txt"/>
    </fileset>
   </mail>
  </target>

  <target name="main-tests" depends="send_junit_report_by_mail"/>

  <target name="main" depends="init"/>
 </project>
```

◄ Envoi par courrier électronique du rapport en spécifiant l'expéditeur, le destinataire, le sujet et en attachant le rapport qui sera fusionné au corps du message par l'utilisation du même format d'encodage.

◄ Tâche principale pour lancer l'exécution des tests

◄ Tâche principale pour lancer le déploiement

Ce script Ant, comme il est commun de faire dans tout `buildfile`, fait appel à un fichier de propriétés nommé ici `build.properties`.

Fichier `build.properties`

```
deploy.dir=build
deploy.junit.dir=junit-tests-bin
deploy.junit.reports=junit_reports
deploy.conf.dir=build/conf
deploy.web.dir=build/WEB-INF/
deploy.libs.dir=build/WEB-INF/lib
deploy.class.dir=build/WEB-INF/classes
war.dir=build
war.webxml=conf/web.xml
source.java.dir=src
source.libs.dir=libs-ext
package.junit=com/automne/octopuss/junit
ant.xsl.dir=C:/apache-ant-1.5.4/etc
```

L'exécution de fichiers Ant est facilitée par le plug-in natif se trouvant dans Eclipse. Il faut toutefois ajouter dans les préférences de Ant (menu Windows > Preferences > Ant > Runtime) le fichier `tools.jar` (disponible dans le répertoire `libs` du SDK), nécessaire notamment pour la compilation des classes Java, ainsi que toutes les bibliothèques extérieures à Ant, nécessaires aux tâches déclarées, comme le montre la figure suivante (figure 2-25).

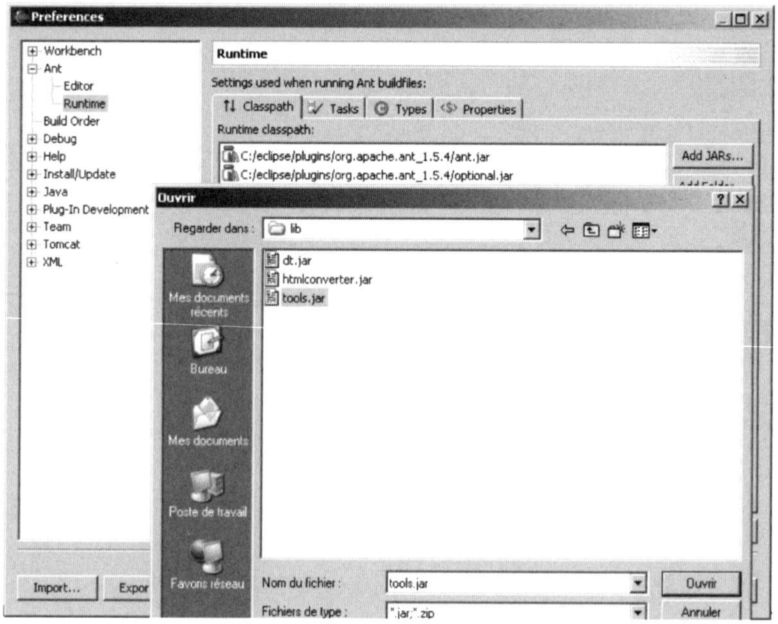

Figure 2–25 Ajout d'une bibliothèque dans Eclipse

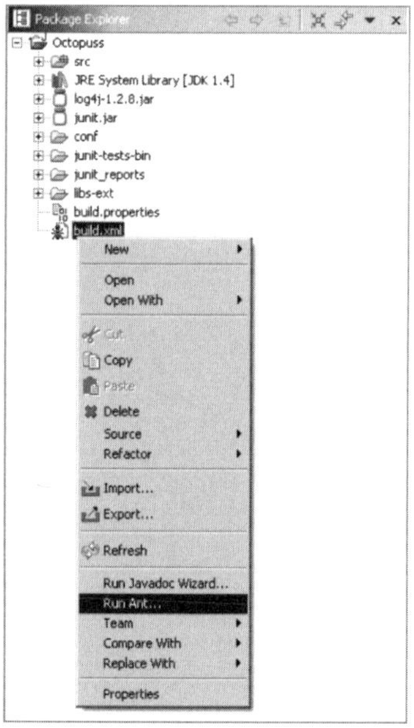

Figure 2–26 Lancement du script Ant

Puis, en sélectionnant le fichier `build.xml` et en cliquant droit, on peut lancer le script Ant (figure 2-26).

S'affichent alors les différentes tâches disponibles pour exécution (figure 2-27).

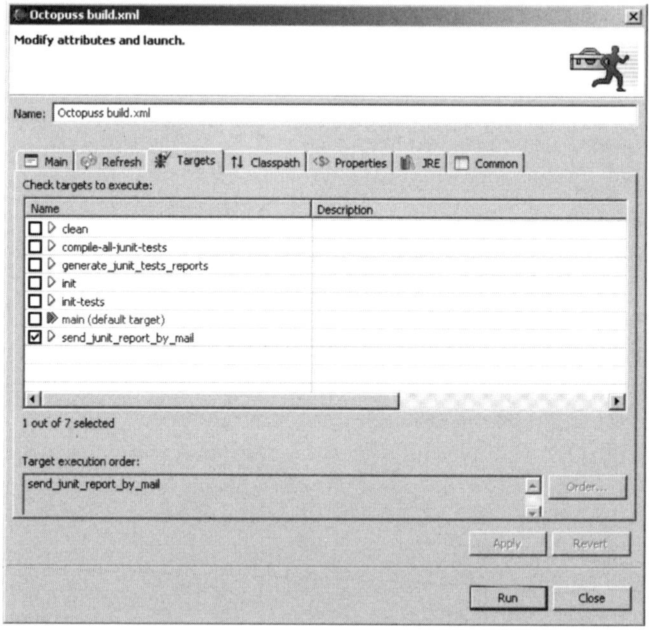

Figure 2–27
Tâches Ant Octopuss

Le résultat dans la console d'Eclipse est donné figure 2-28.

```
Console - <terminated> Octopuss build.xml

Buildfile: C:\eclipse\workspace\Octopuss\build.xml

clean:
      [delete] Deleting directory C:\eclipse\workspace\Octopuss\junit-tests-bin

init-tests:
       [mkdir] Created dir: C:\eclipse\workspace\Octopuss\junit-tests-bin

compile-all-junit-tests:
       [javac] Compiling 4 source files to C:\eclipse\workspace\Octopuss\junit-tests-bin

generate_junit_tests_reports:
       [junit] Running com.automne.octopuss.junit.AllTests
       [junit] Tests run: 1, Failures: 0, Errors: 0, Time elapsed: 0,07 sec

send_junit_report_by_mail:
        [mail] Sending email: [Automne-Dev]Tests Junit d'Octopuss
        [mail] Sent email with 1 attachment

main-tests:
BUILD SUCCESSFUL
Total time: 2 seconds
```

Figure 2–28 Console Eclipse

Ceci est le début du script Ant. À vous, au fur et à mesure de la progression de ce cahier, d'enrichir le script des tâches que vous désirez automatiser. Vous vous rendrez compte au fil des chapitres que cet outil est indispensable pour fragmenter votre travail de manière à y mêler développement de fonctionnalités, méthodologie et qualité.

En résumé...

Ainsi s'achève la présentation des outils que le groupe Automne a décidé de mettre en place pour le développement d'Octopuss. Ayant pris l'option d'utiliser la technologie Java et plus précisément J2EE & XML, le groupe s'est pourvu d'outils Open Source comme Eclipse, un IDE ouvert de par son architecture, qui se complète avec de nombreux plug-ins, Tomcat, serveur d'applications performant bien documenté et gratuit, ainsi que de frameworks de méthodologie et qualité obligatoires à tout bon projet objet : Octopuss étant une application stratégique pour le groupe Automne, il faut donc tirer parti de bibliothèques performantes tant techniques que méthodologiques.

chapitre 3

XML, pour configurer et transporter des données

On entend partout parler de nouvelles technologies, de XML. Mais savez-vous ce qu'est XML, ses caractéristiques, ses applications dans le monde de l'entreprise ?

SOMMAIRE

- Historique / Syntaxe XML
- Création d'instances d'objets à partir d'un flux XML : utilisation du framework Digester
- Grammaire DTD
- Analyseur SAX : validation de flux XML
- Analyseur DOM/JDOM : gestion de flux XML

MOTS-CLÉS

- Digester
- DOM / JDOM
- DTD
- Octopuss
- SAX
- Xerces
- XML
- XML Schema

CULTURE W3C, World Wide Web Consortium

Fondé en 1994 par le MIT (*Massachusetts Institute of Technology*), le CERN (Conseil Européen pour la Recherche Nucléaire ou Laboratoire Européen pour la Physique des Particules) et l'INRIA (Institut National de Recherche en Informatique et Automatisme), ce groupe a pour charge de normaliser tout ce qui gravite autour de la planète web.

CSS, Cascade Style Sheet

Langage de style en cascade. On peut préciser un style pour une balise donnée ou une imbrication de balises dans un certain sens. Ce langage est particulier et varie d'un navigateur à un autre, d'une version à une autre.

SGML, Standard Generalized Markup Language

Langage de balises créé en 1986, utilisé dans la grande documentation, trop complexe pour être utilisé sur le Web.

XML est un langage générique à balises. Du fait qu'il s'agisse d'un métalangage, l'utilisation de XML est multiple : fichier de configuration, générateur d'objets, stockage de données ou encore langage de présentation, tels sont les thèmes qui illustreront notre étude de cas Octopuss. Mais tout d'abord, effectuons un bref retour sur l'historique de XML : comment ce langage est né, son parcours et son utilisation actuelle dans le framework J2EE.

En 1996, est créé par le W3C, un pôle de recherche travaillant sur la création d'un langage à balises personnalisables permettant la description de données. Ce langage s'appelle XML. Son but est de pallier les limites du langage du Web HTML. Les inconvénients du HTML sont liés aux caractéristiques intrinsèques de la création de ce langage : simplicité et accessibilité à tous. Avec le temps, HTML est devenu à travers les différentes normes un langage « poubelle » mêlant en son sein des balises, non personnalisables, de présentation et de données. Bien qu'apparu assez tôt, le langage CSS (*Cascade Style Sheet*) n'a pas su faire évoluer HTML en séparant les données de la présentation. HTML reste donc un langage adapté au site vitrine sans beaucoup d'interactivité.

C'est ainsi que XML naquit le 10 février 1998 en devenant une recommandation du W3C. Son but est de séparer contenu, structure et présentation. Ce métalangage est indépendant de la plate-forme. Il hérite de SGML. Les avantages de XML sont multiples : de l'utilisation personnalisée de balises à la séparation de contenu et de présentation, ce langage a aujourd'hui envahi le monde J2EE.

Les deux cas d'utilisation les plus courants d'XML dans J2EE

XML : langage des fichiers de configuration

Depuis quelques années, les fichiers de configuration, qui étaient au départ de simples fichiers `properties`, se sont transformés en fichier XML. Cela provient de la simplicité et de la facilité à comprendre et modifier les paramètres de configuration à partir de balises explicites, mais aussi du caractère structurel du langage lui-même.

Exemple de fichier de configuration

```
<octopuss-config>


 <data-sources>
  <data-source key="octodb">


   <set-property name="autoCommit" value="false"/>
   <set-property name="description" value="Octopuss Data Source"/>
   <set-property name="driverClass" value="org.postgresql.Driver"/>
   <set-property name="maxCount" value="5"/>
   <set-property name="minCount" value="1"/>
   <set-property name="password" value="test"/>
   <set-property name="url" value="jdbc:postgresql://localhost/
octodb"/>
   <set-property name="user" value="root"/>

  </data-source>
 </data-sources>
</octopuss-config>
```

Déclaration de la balise de départ de la configuration du projet Octopuss

Déclaration de l'ensemble des sources de données pour Octopuss via la balise `<data-sources>`

Déclaration d'une source de données avec l'ensemble de ses caractéristiques via la balise `<set-property name="xxx" value="yyy"/>`

L'exemple ci-dessus montre qu'à travers le nom implicite donné à chaque balise, l'utilisateur sait à quoi elle sert, sans aide, ni documentation. Toutefois, ce morceau de fichier n'est pas encore à la norme XML. En effet, pour qu'un flux soit homologué XML, il faut le doter d'une déclaration de document XML. Attention, ceci n'est pas du tout obligatoire, il s'agit simplement d'une recommandation du W3C. Cette déclaration se fait par une instruction de traitement (*Processing instruction*) composée du processeur `<?xml version="1.0"?>`. Un processeur est une balise à instruction particulière qui commence par `<?` et se termine par `?>`. Ici, `<?xml?>` est un processeur réservé. Il est tout à fait possible de définir ses propres processeurs, le but étant de définir des traitements associés pour une application. En ce qui concerne le processeur `<?xml?>`, il permet de déclarer un fichier XML et de définir l'encodage du fichier via l'attribut `encoding`. Par défaut, celui-ci est l'unicode UTF-8. Un autre attribut `standalone` permet de savoir si le flux XML n'inclut pas d'autres flux XML extérieurs.

Une autre vue que l'on peut avoir d'un flux XML est la vue dite « arbre ». Celle-ci se décompose en nœuds et en feuilles. Un nœud correspond à un élément ayant 1 à n fils. Une feuille est un élément n'ayant aucun fils. L'intérêt de cette vue est de permettre la construction et la manipulation dynamique d'un flux XML, comme nous le verrons plus tard au niveau des parseurs. La figure 3-1 illustre la vision en arbre du fichier de configuration actuel.

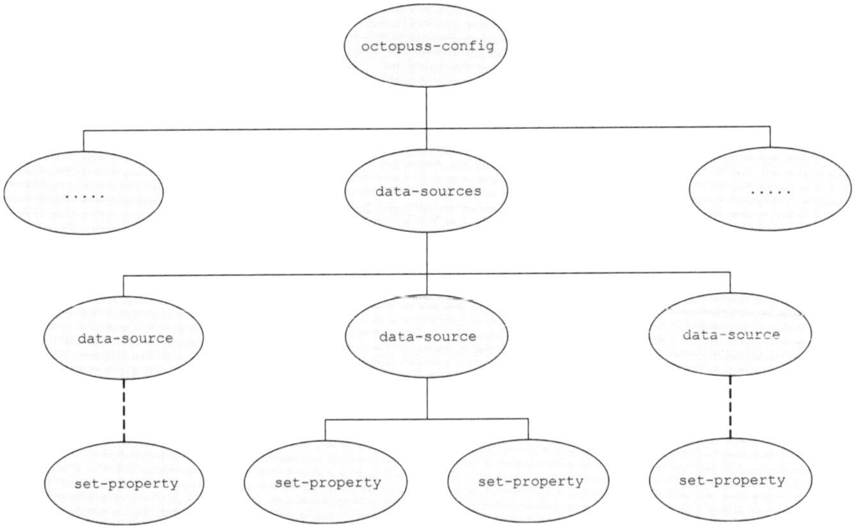

Figure 3–1
Exemple de visualisation en arbre d'un fichier de configuration

B.A-BA Les éléments structurels syntaxiques de base d'un fichier XML

Balise : chaîne de caractères (< ou </) et (> ou />) délimitant les éléments du flux XML. Il existe une seule balise dite `root` qui est l'élément racine du document. Une balise XML ressemble beaucoup à une balise HTML, à la différence près que cette dernière est sensible à la casse. Il existe trois types de balises :

- <...> : balise de début d'élément ;
- </...> : balise de fin d'élément ;
- <.../> : balise d'élément vide.

Élément : contenu, sous forme de chaîne de caractères, défini dans une balise. Un élément ne peut avoir qu'un seul père, mais peut contenir plusieurs fils. Un élément doit commencer par une lettre ou un blanc souligné _ et ne peut contenir que des lettres, chiffres, blancs soulignés _, tirets - et points. Chaque élément ouvert doit être fermé. Le contenu d'un élément peut être un autre élément ou une chaîne de caractères.

Attribut : ensemble de clés-valeurs, séparées par un signe égal =, contenu dans la définition de l'élément. La clé correspond au nom de l'attribut et la valeur à une chaîne de caractères respectant la même norme d'écriture que les éléments et délimitée par des apostrophes ' ou des guillemets ". L'ordre d'apparition dans l'élément n'a aucune importance.

Conseil : nommez vos éléments et vos attributs de la manière la moins exotique possible.

Conseil : quand utiliser des éléments et quand utiliser des attributs ? Il n'existe pas de règles générales à ce sujet. On peut comparer la structure d'un document XML à celle d'un objet. En langage objet, il existe la notion de composition et celle d'agrégation. En XML, la composition est la modélisation via élément et l'agrégation, la modélisation via l'attribut.

Entité : type de données XML définissant une constante pour faire référence à une autre donnée. Sa syntaxe est une chaîne de caractères encadrée par le caractère & et finissant par `;`. Par défaut, XML en définit cinq :

- `>` équivaut à > ;
- `<` équivaut à < ;
- `&` équivaut à & ;
- `"` équivaut à " ;
- `'` équivaut à '

Le but des entités est de :

- nommer les caractères spéciaux de manière intelligente, simple ;
- gérer des blocs de code réutilisables ;
- utiliser des données autres que textes ;
- employer les cinq caractères d'échappement.

Il est possible de faire référence à des caractères via leur valeur décimale ou hexadécimale :

- `ç` pour ç ;
- `ë` pour ë.

Celle-ci se définit dans une grammaire DTD.

Section CDATA : lorsqu'un document XML contient des portions d'un autre document XML, il est nécessaire de transformer les caractères <, > et &.Pour éviter cela, il est possible de définir des sections CDATA, dans lesquelles tous les caractères sont considérés comme étant des données. La syntaxe est la suivante : `<![CDATA[ ... ]]>`.

Les commentaires : chaînes de caractères comprises entre `<!--` et `-->` ayant pour but d'informer l'utilisateur sur la balise utilisée. Attention, il ne peut y avoir de commentaires à l'intérieur d'une balise ou d'un autre commentaire.

Avoir un flux XML comme fichier de configuration est très intéressant, toutefois, nous n'allons pas lire ce flux sur le disque, voire en mémoire ; ceci serait un goulot d'étranglement en coût d'accès. Pour optimiser ce processus, il faudrait un objet en mémoire qui serait le miroir exact de ce flux. Cela est possible en parsant le fichier XML et en créant les objets associés. Cette description de fonctionnalités correspond au framework Digester développé par la communauté Apache. Ce framework est celui utilisé dans tous les projets Java d'Apache pour parser un flux XML.

Le framework Digester de Apache est disponible sur le site :
- http://jakarta.apache.org

Dans beaucoup d'applications qui traitent des données au format XML, il est utile de parser les documents par une programmation dite « objet événementiel », où certains objets Java sont créés (ou des méthodes d'objets sont invoquées) lors de la reconnaissance de patterns d'éléments XML connus. Il existe deux types de parsing connus : SAX (*Simple API for XML*) et DOM (*Document Object Model*), dont nous exposerons plus en détails l'architecture ci-après. Basé sur SAX, les développeurs apprécieront la simplicité d'utilisation du framework Digester, qui offre des API de haut niveau, face au simple parser SAX, que le développeur doit implémenter de manière procédurale. Par exemple, grâce au Digester, la navigation au sein des éléments XML (cachés lors du parsing SAX) est mieux maîtrisée, puisqu'il donne pour un chemin exact de l'élément, via XPath, les traitements à effectuer correspondants rencontrés lors du parsing.

Pour en revenir à notre étude de cas, deux objets ont été identifiés. Le premier est `OctopussConfig`, le conteneur comprenant toutes les initialisations du produit Octopuss, notamment celle des différentes sources de données utilisées qui seront stockées dans une collection. La méthode `addDataSourceConfig` permet d'ajouter une source de données au conteneur `OctopussConfig`.

Le second objet identifié est `OctopussDataSourceConfigImpl`, qui symbolise une source de données. Dans le flux XML, l'élément `data-source` peut avoir des attributs comme `key` ou `type`, qui symbolisent respectivement le nom de la source de données et la classe qu'il faut instancier pour celle-ci. Ces attributs XML auront le même nom dans la classe `OctopussDataSourceConfigImpl` avec une visibilité privée et des accesseurs publics. Les autres propriétés représentées par l'élément `set-property` seront stockées dans une collection.

Voyons comment fonctionne ce framework. L'objet Digester est son pilier central. Pour l'utiliser, il faut l'instancier et lui affecter un ensemble de règles. Cet ensemble est représenté par la classe `RuleSetBase` dont il faut créer une nouvelle instance pour notre application. L'affectation de règles se trouve dans la méthode `addRuleInstances`.

Exemple de classe de configuration de règles

Instance d'une nouvelle classe de règles

Constructeur par défaut

Méthode d'ajout de règles pour le Digester passé en paramètres d'entrée/sortie

La méthode addObjectCreate permet de créer un objet lors de la rencontre d'un chemin XPath bien spécifique.

La méthode addSetProperties permet par introspection d'initialiser les attributs d'un objet avec ceux de l'élément spécifié par la requête XPath en argument.

Le Digester a la particularité d'empiler tous les objets rencontrés. La méthode addSetNext permet de définir, pour un élément, une méthode à appeler sur l'objet au sommet de la pile du Digester.

```
package com.automne.octopuss.xml.parsing.config.impl;

import org.apache.commons.digester.Digester;
import org.apache.commons.digester.Rule;
import org.apache.commons.digester.RuleSetBase;
import org.xml.sax.Attributes;

import
com.automne.octopuss.xml.parsing.config.IOctopussDataSourceConfig;

/**
 * Projet  : Octopuss
 * Classe  : OctopussConfigRulesSet
 * Version : 1.0
 * But     : Classes de règles de parsing via Digester
 *           du fichier OctopussConfig.xml
 */
public class OctopussConfigRulesSet extends RuleSetBase {

 public OctopussConfigRulesSet(){
  super();
 }
 public void addRuleInstances(Digester digester){


  //Création d'un objet pour ma requête Xpath

  digester.addObjectCreate(
   "octopuss-config/data-sources/data-source",
   "com.automne.octopuss.xml.parsing.config.impl.
                                  OctopussDataSourceConfigImpl");

  /*
   * Affectation par introspection des attributs de l'élément à
   * l'objet précédemment créé
   */
  digester.addSetProperties(
      "octopuss-config/data-sources/data-source");



  /*
   * Ajout d'une règle supplémentaire annexe mutualisée
   * pour la configuration des propriétés de la source de données
   */
  digester.addSetNext(
   "octopuss-config/data-sources/data-source",
   "addDataSourceConfig",
   "com.automne.octopuss.xml.parsing.config.impl.
                                  OctopussDataSourceConfigImpl");

 // classe spécifique à mutualiser
```

```
  digester.addRule(
      "octopuss-config/data-sources/data-source/set-property",
      new AddDataSourcePropertyRule());
 }
```

La méthode `addRule` permet d'ajouter une règle bien précise pour un élément. Pour cela, on spécifie un chemin XPath et une instance de la classe symbolisant la règle. Ceci permet de rassembler dans une classe les trois méthodes précédentes : `addObjectCreate`, `addSetProperties`, `addSetNext`.

```
 // classe spécifique à mutualiser
 private final class AddDataSourcePropertyRule extends Rule {
```

Ici, la classe de règle est une classe privée de l'ensemble des règles.

```
  // Constructeur par défaut
  public AddDataSourcePropertyRule(){
      super();
  }
```

Constructeur par défaut

```
  // Méthode appelée au début de la balise d'un élément donné
  public void begin(String name,String element,Attributes attributes)
         throws Exception{
```

Méthode `begin` symbolisant le début du parsing de l'élément.

```
   IOctopussDataSourceConfig dsc=(IOctopussDataSourceConfig)
digester.peek();
```

On récupère l'objet qui est sur la pile notamment `IOctopussDataSourceConfig`.

```
   dsc.addProperty(attributes.getValue("property"),
                  attributes.getValue("value"));
```

On appelle dessus la méthode `addProperty` permettant d'initialiser ainsi les valeurs de la source de données avec les valeurs des attributs de l'élément `set-property`.

```
  }
 } //Fin de la classe privée AddDataSourcePropertyRule
} //Fin de la classe OctopussConfigRulesSet
```

Après avoir détaillé les règles préfixées pour notre exemple de configuration d'Octopuss, voyons plus précisément la manipulation du Digester au sein de la fabrique d'objets de configuration d'Octopuss.

DESIGN PATTERN Fabrique

Une fabrique est un pattern ou modèle objet qui permet de confier à un objet A la gestion totale d'un autre objet B, c'est-à-dire sa création principalement mais aussi sa recherche, sa mise à jour et sa suppression.

Exemple de classe de configuration d'Octopuss

```
package com.automne.octopuss.xml.parsing.config;

import java.io.IOException;
import java.io.InputStream;
import org.apache.commons.digester.Digester;
import org.apache.commons.logging.Log;
import org.apache.commons.logging.impl.SimpleLog;
import org.xml.sax.SAXException;
import com.automne.octopuss.utils.InputStreamFactory;
import
com.automne.octopuss.xml.parsing.config.impl.OctopussConfigImpl;
import
com.automne.octopuss.xml.parsing.config.impl.OctopussConfigRulesSet;
```

```
/**
 * Projet  : Octopuss
 * Classe  : OctopussConfigFactory
 * Version : 1.0
 * But     : Chargement de la configuration de base du projet Octopuss
 *
 */
public class OctopussConfigFactory{
 private InputStream xmlStream=null;

 public OctopussConfigFactory(){
  super();
  try {
   xmlStream=InputStreamFactory.findProvider(
      "conf/octopuss-config.xml").getInputStream();
  } catch (IOException e) {
   e.printStackTrace();
  }
 }

 public IOctopussConfig getConfig()
        throws IOException, SAXException{

  OctopussConfigImpl returned=new OctopussConfigImpl();

  Digester digester=new Digester();

  digester.push(returned);

  Log log=new SimpleLog("Test");
  Digester.setLogger(log);

  Digester.setValidating(false);

  OctopussConfigRulesSet rules=new OctopussConfigRulesSet();

  Rules.addRuleInstances(digester);

  if (xmlStream!=null){
   digester.parse(xmlStream);
  }else{
   returned=null;
  }
   return returned;
 }
}
```

- Déclaration du flux XML d'entrée à parser
- Constructeur par défaut : initialisation du flux via lecture du fichier `octopuss-config.xml` confié à une fabrique de flux (au lecteur d'aller consulter les sources pour connaître en détail l'implémentation).
- Méthode permettant de récupérer la configuration d'Octopuss sous forme de l'interface `IOctopussConfig`. Elle renvoie les exceptions `IOException` pour des problèmes éventuels de flux et `SAXException` pour des problèmes éventuels de parsing.
- Création du module de configuration initialisé
- Instanciation d'un Digester
- On ajoute au sommet de la pile du Digester l'objet de configuration globale.
- Utilisation d'un objet de logs pour les traces du Digester
- On ne valide pas le document XML car aucune grammaire n'a été associée à ce flux pour le moment !
- Instanciation des règles pour le module de configuration
- Affectation au Digester des règles précédemment créées
- Parsing du flux XML si ce dernier existe !

Il ne reste qu'à lancer le test unitaire de cette fabrique.

Exemple de test unitaire

```
package com.automne.octopuss.junit.xml.parsing.config;

import java.io.IOException;
import java.util.Iterator;
import java.util.Map;

import junit.framework.TestCase;

import org.apache.log4j.BasicConfigurator;
import org.apache.log4j.Logger;
import org.xml.sax.SAXException;

import com.automne.octopuss.xml.parsing.config.IOctopussConfig;
import com.automne.octopuss.xml.parsing.config.OctopussConfigFactory;

/**
 * Projet  : Octopuss
 * Classe  : TestConfigParsing
 * Version : 1.0
 * But     : Tester le parsing du fichier de configuration
 *           via le Digester d'Apache.
 */
public class TestConfigParsing extends TestCase{

 private static Logger
logger=Logger.getLogger(TestConfigParsing.class);

 public TestConfigParsing(){
  super();
 }

 public TestConfigParsing(String arg0){
  super(arg0);

  BasicConfigurator.configure();
 }

 public void testDigester(){

  OctopussConfigFactory factory=new OctopussConfigFactory();

  try{
   IOctopussConfig config=factory.getConfig();

   assertNotNull(
      "Succès du chargement de la configuration d'Octopuss: ",config);

   System.out.println(
      "Impression des noms de Sources de Données chargées:");

   Map dataSources=config.getDataSourcesConfig();
   Iterator it=dataSources.entrySet().iterator();
```

- Instance d'un nouveau test JUnit
- Instanciation d'un nouveau logger
- Constructeur par défaut
- Constructeur avec un nom pour désigner le test
- Configuration par défaut pour le logger
- Test du parsing via Digester
- Instanciation d'une fabrique d'objets de configuration d'Octopuss
- Récupération de la configuration via la méthode `getConfig()`
- Test de l'existence de la configuration
- Récupération des sources de données

Affichage de chaque source de données ▸

```
    while(it.hasNext()){
     System.out.println(it.next());
    }
   }catch(IOException e){
    assertNotNull("Echec du chargement de la configuration
d'Octopuss:",null);
    e.printStackTrace();
   }catch(SAXException e){
    assertNotNull("Echec du chargement de la configuration
d'Octopuss:",null);
    e.printStackTrace();
   }
  }
}
```

Voici le résultat (figure 3-2) :

Figure 3–2 Log de l'exécution d'un fichier de configuration

B.A.-BA XPath, langage de requêtes de flux XML

Un problème récurrent de tout stockage d'information est son extraction. XPath est un mécanisme de requêtes contextuelles permettant d'accéder à tout type de composants XML : valeurs, noms d'élément, attributs. Ce dernier est une recommandation du W3C depuis le 16 novembre 1999. Les requêtes XPath sont dites « contextuelles », c'est-à-dire que la recherche se fait soit à partir de chemins relatifs, soit à partir d'une racine fixe. La syntaxe XPath ressemble beaucoup à l'adressage dans le système de fichiers Unix. Par exemple, pour l'accès à la source de données d'Octopuss représenté par l'élément `data-source`, la requête pour récupérer cet élément précisément pour un chemin connu est `octopuss-config/data-sources/data-source` tandis que pour récupérer l'ensemble des `data-sources` sans distinction est `//data-source`. (Ici, on ne précise pas un contexte spécifique).. Comme explicité ci-dessus, un flux XML peut être vu comme un arbre. Il est possible via XPath de naviguer dans un tel arbre grâce aux méthodes suivantes :

- `child` : fils du nœud ;
- `descendant` : fils du nœud et ses descendants ;
- `parent` : parent du nœud ;
- `ancestor` : parent du nœud ou ses ascendants.

Il est aussi possible d'utiliser des conditions sur les filtres pour récupérer une information bien précise. Celles-ci se trouvent entre crochets <> et les attributs d'éléments sont précédés par un @. La récupération de la source de données dont la clé est `octoDb` via une requête XPath sans contexte est `//data-source[@key='octoDb']`. Tous les opérateurs logiques (<, >, <=, >=, =), booléens (and, `or`, Xor) et arithmétiques (+, -, *, `div`, mod) sont présents. Enfin, il existe aussi des fonctions sur les nœuds :

- `text()` : contenu du nœud ;
- `position()` : index de position du nœud par rapport au nœud parent ;
- `count()` : nombre d'éléments de la sélection ;
- `name()` : nom de l'élément ;
- `last()` : dernier élément de la sélection

ou sur les chaînes de caractères :

- `contains(str)` : test sur les chaînes de caractères ;
- `starts-with(str)` : idem ;
- `concat(str)`, `substring(str,m,n)`, `substring-after(str,str)`, `substring-before(str,str)` : manipulation des chaînes de caractères.

POUR ALLER PLUS LOIN XQuery, un second langage de requêtes XML

XQuery (*Xml SQL Query*) est un langage issu d'un groupe de travail W3C, concurrent à XPath, permettant d'interroger des flux XML stockés dans des bases XML. Nous reparlerons plus en détail au chapitre 6 des bases de données dites « XML natives », mais précisons ici que leur but est d'indexer des documents dans un moteur que l'on interroge via des requêtes complexes. XQuery est très adapté à ce type d'utilisation car il utilise la même philosophie que le langage SQL. Toutefois, aujourd'hui, XPath par sa facilité d'utilisation et la performance de ses API, reste le langage d'interrogation « officiel ».

XML : métalangage définissant un flux XML

Un second cas fréquent d'utilisation du XML dans le monde J2EE est la matérialisation d'objets. XML correspond alors à un protocole de communication. Imaginons un éditeur de livres désirant envoyer une nouveauté à un magasin, il va alors définir un flux.

Exemple de définition de flux XML

```
<?xml version="1.0" encoding="UTF-8"?>
<multimedia-produits xmlns="">
 <livre id="BK-INFO-PROG-LANG-JAVA-XML">
  <titre>JAVA[3] : Java et XML </titre>
  <auteur>Renaud Fleury</auteur>
  <type>broché</type>
  <resume>Ce livre dresse un panorama du langage XML au service du
   langage Java. Au menu: Eclipse, Ant, Junit, Log4J, XML, XSL,
   Sérialisation / Désérialisation XML, Data Binding. J2ee en détail...
   Struts... Services web, SOAP, WSDL, UDDI... Tomcat, configuration,
   clustering...</resume>
  <date-de-sortie>2004-04-30</date-de-sortie>
  <editeur>Eyrolles</editeur>
  <collection>Cahier du Programmeur</collection>
  <isbn>2-212-11654-1</isbn>
  <avis id-auteur="self" id-produit="BK-INFO-PROG-LANG-JAVA-XML">
   A travers de nombreux exemples tirés d'une étude de cas réels, ce
   cahier du programmeur explique dans le détail et pédagogiquement
   comment XML s'est rendue indispensable dans la conception et la
   modélisation d'applications web développées via la technologie
   J2EE.</avis>
  <avis id-auteur="Kro" id-produit="BK-INFO-PROG-LANG-JAVA-XML">
   Top Délire ton bouquin</avis>
  <prix>21.85</prix>
  <image>image/Multimedia/Livre_informatique/Java_2.GIF</image>
 </livre>
</multimedia-produits>
```

Ici, XML sert de « transporteur » d'informations. Il est alors intéressant de définir pour cela une grammaire régissant la structure et la syntaxe des éléments à utiliser pour valider le flux reçu. En effet, XML étant un métalangage, il existe de multiples possibilités de combiner des informations. Il faut donc utiliser une contrainte ou grammaire pour donner un sens connu à un flux en définissant la structure des données transportées. Ceci peut se faire de deux manières : soit par une DTD (*Document Type Definition*) incluse dans la spécification 1.0 de XML, soit par XML Schema, nouveau standard recommandé par le W3C, que nous détaillerons au chapitre quatre.

Une DTD définit l'agencement des données à formater c'est-à-dire le nom des éléments et attributs, leurs valeurs potentielles, leurs agencements, leurs occurrences et les entités possibles pour un flux. Toutefois, la DTD apparaît comme une grammaire simple, concise, héritée de SGML, mais elle ne couvre pas tous les besoins de la validation du flux XML. Ainsi, sa syntaxe spécifique et non-XML ne couvre pas la notion de typage. Cette approche minimaliste reste cependant suffisante lorsque la typologie des données a peu d'importance.

Revenons à Octopuss. Voici la DTD liée au flux XML caractérisant un produit multimédia illustrant la composition d'une DTD basique.

Exemple de composition d'une DTD

```
<?xml version="1.0" encoding="UTF-8"?>
<!ELEMENT multimedia-produits (livre*)>
<!ATTLIST multimedia-produits xmlns CDATA #REQUIRED>
<!ELEMENT livre (titre,auteur+,type,resume,date-de-sortie,editeur,
                collection?,isbn,avis*,prix,image)>
<!ATTLIST livre id CDATA #REQUIRED>
<!ELEMENT titre (#PCDATA)>
<!ELEMENT auteur (#PCDATA)>
<!ELEMENT type (#PCDATA)>
<!ELEMENT resume (#PCDATA)>
<!ELEMENT date-de-sortie (#PCDATA)>
<!ELEMENT editeur (#PCDATA)>
<!ELEMENT collection (#PCDATA)>
<!ELEMENT isbn (#PCDATA)>
<!ELEMENT avis (#PCDATA)>
<!ELEMENT prix (#PCDATA)>
<!ELEMENT image (#PCDATA)>
<!ATTLIST avis id-auteur CDATA #REQUIRED>
<!ATTLIST avis id-produit CDATA #REQUIRED>
```

B.A.-BA Syntaxe des composants d'une DTD

Un élément est défini par la balise ELEMENT dont la syntaxe est :

<!ELEMENT *nom-de-balise modèle-de-contenu*>

où *modèle-de-contenu* peut être :

- données pures : #PCDATA (*Parsed Character Data*), c'est-à-dire données textuelles analysées (il s'agit de texte libre, par opposition à des éléments fils) ;
- contenu libre : any ;
- élément vide : empty ;
- éléments fils : (titre|auteur) + ;
- contenu mixte : (#PCDATA|titre|auteur) *.

Pour décrire les contenus mixtes/fils d'un élément, on définit une expression de composition des éléments fils.

Ceci se fait par des opérateurs de composition :

- séquence (...,...) ;
- alternative (...|...) ;
- regroupement de fragments d'expression (...).

Les opérateurs d'occurrence complémentaires à ceux de composition sont :

- * : 0 à n occurrences ;
- + : au moins 1 occurrence ;
- ? : 0 ou 1 occurrence.

La déclaration des attributs est la suivante :

<!ATTLIST *nom-element nom-attribut type valeur-par-défaut* >

où type peut être :

- CDATA : chaîne de caractères ;
- ID, IDREF : référence à l'intérieur des documents ;
- ENUMERE : ensemble de valeurs prédéfinies possibles ;
- ENTITY, ENTITIES : référence à une ou plusieurs entité(s) externe(s) non-XML ;
- NMTOKEN, NMTOKENS : représentation d'un ou plusieurs nom(s) symbolique(s).

et la valeur par défaut :

- #REQUIRED : attribut obligatoire dans toutes les balises ;
- #IMPLIED : attribut optionnel ;
- #FIXED 'valeur' : valeur de l'attribut fixée, l'attribut est implicite pour toutes les balises pour lequel il est déclaré.

La déclaration des entités se fait par la syntaxe :

<!ENTITY *nom-entite* (*valeur*?|((SYSTEM|PUBLIC)& *uri-entite-externe*))>

Il existe cinq types d'entités : générales, internes, externes, analysables et non analysables. Pour faire appel à une entité dans un flux XML, celle-ci est entourée des caractères & et ;.

Enfin, il existe un dernier type de composants pour une DTD : ce que l'on appelle une notation.

La syntaxe de déclaration est la suivante :

<!NOTATION nom-notation (PUBLIC|SYSTEM) uri-notation? Application? >

Une notation est un mécanisme simple déclarant une entité non analysable la liant à une application via un identificateur.

L'affectation d'une DTD à notre flux XML se fait par le mot-clé `<!DOCTYPE` *`ELEMENT-RACINE`* `(SYSTEM|PUBLIC)` *`URI-IDENTIFICATEUR-DTD`*`>`. L'élément racine est le premier élément rencontré dans le flux XML. L'identificateur `SYSTEM` permet d'aller chercher, sur le système de fichiers, où se trouve le flux XML, la DTD via l'URI de l'identificateur. L'identificateur `PUBLIC` permet de pointer sur une DTD enregistrée selon la norme ISO 9070, c'est-à-dire un identifiant suivi de l'URL de la DTD. Enfin, il est à noter qu'une DTD peut être définie directement dans le flux XML.

RAPPEL Liste des vérifications pour la validation d'un flux XML

- Le nom des attributs d'un élément doit être unique.
- Les attributs doivent être entre guillemets " ".
- L'élément racine est unique.
- Un élément ne doit pas être imbriqué dans un autre.
- À toute balise de début doit correspondre une balise de fin.
- Aucun commentaire, ni instruction de traitement ne doit être présent dans une balise.

Zoomons sur la validation du flux XML, il existe deux niveaux de validation :

- Le niveau syntaxique (documents bien formés) signific que la syntaxe des balises et attributs et l'imbrication des balises sont correctes. Pour cela, il suffit juste de parser le flux XML.
- Le niveau sémantique (documents valides) signifie que le contrôle de la structure et du contenu est correct. Ceci se fait par vérification avec une DTD liée au fichier.

L'intérêt d'un document bien formé et valide est de permettre l'échange de données structurées entre applications, de les sérialiser correctement dans une base de données, voire de les présenter à l'utilisateur.

Une problématique se pose toutefois lorsqu'un flux XML utilise deux grammaires différentes : des conflits de noms sont possibles, notamment pour une sémantique différente. Comment interpréter la balise ? Pour une construction différente, comment peut-on valider le document ? À cette problématique, on trouve comme réponse l'utilisation d'espaces nominaux. Un espace de noms permet de lier 0 à n élément(s) d'un flux XML à une URI. L'utilisation d'URI garantit l'unicité de l'espace de noms pour un flux donné.

EXPERTISE Les différents types d'URI (Uniform Resource Indicator)

- URL (*Uniform Resource Locator*) : adresse et protocole d'accès à une ressource web ;
- URN (*Uniform Resource Name*) : espace de noms permanent d'une ressource (gestion centralisée des noms), par exemple la nomenclature ISBN pour les publications ;
- URC (*Uniform Resource Caracteristics*) : description des caractéristiques d'un document (format, version, mode d'accès, URL...).

Un espace de noms a pour syntaxe : `un préfixe + « : » + nom local de l'élément`. Le tout forme ce que l'on appelle le nom complet d'un élément ou *Qualified Name*. La définition d'un espace de noms se trouve en général au sein de l'élément racine du flux XML via l'ajout de l'attribut `xmlns`. Cet attribut est suivi par un préfixe symbolisant l'espace de noms, celui-ci étant vide par défaut. Enfin, l'URI spécifiée par cet attribut peut être fictive, toutefois elle pointe la plupart du temps vers la grammaire du flux XML en question.

Projet Xerces

▸ http://xml.apache.org/xerces2-j

Pour valider le flux XML décrivant un nouveau livre à publier dans Octopuss, nous allons devoir utiliser un parseur. Pour cela, l'utilisation d'un framework tel que Xerces est indispensable. Ce framework offre des API hauts niveaux pour parser selon la manière SAX2 tout flux XML.

Parseurs existants de XML

SAX : Simple API XML

Xerces est un analyseur XML Open Source, fournissant des API basées sur SAX2 (SAX 2 version). Il est disponible en version Java mais aussi C. La communauté XML a beaucoup participé à ce projet et continue de l'améliorer quotidiennement. Il existe pour cela deux listes de diffusion, une à usage des utilisateurs (xerces-j-user-subscribe@xml.apache.org) et une autre pour les développeurs (xerces-j-dev-subscribe@xml.apache.org). Xerces en est à sa seconde version. Il intègre un parseur SAX2 mais aussi DOM tout en tenant compte des éléments avancés de ces deux API. SAX 2 version prend en compte les espaces nominaux, de nouvelles options de configuration, ainsi qu'une compatibilité ascendante grâce à un remaniement de l'architecture interne de l'API SAX.

Analyseur

Un analyseur est un outil de base interprétant et utilisant un document XML pour associer des actions aux éléments et contenu rencontrés.

▸ http://xml.apache.org/

Un analyseur de type SAX est un parseur événementiel. Une possibilité avancée des parseurs SAX est de fournir des filtres, par exemple transformer un flux XML via l'enchaînement de différents filtres constituant ainsi un pipe au sens Cocoon du terme vers d'autres formats comme HTML, XML ou encore PDF.

HISTORIQUE SAX

SAX a été créé par la société Megginson Technologies, hébergé par OASIS, consortium international dédié à la création de standard XML pour l'industrie, à l'origine de la norme ebXML.

L'API SAX définit un ensemble d'événements qu'il suffit de redéfinir pour une application donnée via des gestionnaires d'événements (handlers). Le parseur parcourt le document XML et appelle les méthodes du gestionnaire à chaque événement. Le parseur a pour architecture un analyseur générique défini par l'interface `XMLReader` du package `org.xml.sax`. Cette interface définit notamment le comportement de base d'un parseur via la méthode `parse` qui prend en argument soit l'URI, soit un flux XML représenté par la classe `InputSource`. Le but est d'analyser le flux XML, c'est-à-dire vérifier que le flux XML est bien formé et conforme à la grammaire (DTD) liée. Il est préconisé d'utiliser la classe `InputSource` pour représenter le flux XML, car celle-ci fournit un grand nombre d'informations complémentaires sur tout flux. Grâce aux méthodes d'accès sur les ID `PUBLIC` et `SYSTEM`, elle résout ainsi beaucoup de problèmes de chemins relatifs.

Callback

Un callback est un appel à une méthode lorsque survient un événement déclencheur. Cet appel ne se fait pas par l'utilisateur mais par l'analyseur XML lui-même. Pour qu'il soit effectif, il ne faut pas oublier lors de l'instanciation du parseur, de lui affecter les gestionnaires contenant les callbacks désirés.

Liés au parseur, il existe quatre types de gestionnaires de callbacks possibles qu'il convient de décrire ici :

`ContentHandler` : ce gestionnaire récupère le contenu du document XML en réagissant durant la phase d'analyse.

Tableau 3–1 Liste des méthodes du `ContentHandler`

Méthode	Description
`void characters(...)`	Méthode appelée lors de l'analyse de données brutes d'un élément, c'est-à-dire ne faisant pas partie intégrante d'un tag.
`void endDocument()`	Méthode appelée lors de l'analyse de la balise racine fermant un flux XML, à la fin du parcours du flux après toutes les autres méthodes.
`void endElement(...)`	Méthode appelée lors de l'analyse de la balise fermant un élément du flux XML.
`void endPrefixMapping(...)`	Méthode appelée après une fermeture d'un élément pour libérer les espaces de noms associés.
`void ignorableWhitespace(...)`	Méthode permettant de gérer les espaces, les tabulations, dans les données brutes d'un élément. Appelée lorsqu'un élément peut contenir des données mixtes définies dans une grammaire (DTD ou XML Schema).
`void processingInstruction(...)`	Méthode de gestion d'instructions de traitement. Ici, vous devez écrire les traitements applicatifs de vos données XML.
`void setDocumentLocator(...)`	Méthode renseignant un objet Locator, est appelée par n'importe quel callback. Utile pour connaître l'emplacement exact d'une erreur lors de l'analyse !
`void skippedEntity(...)`	Méthode appelée lors d'une analyse d'une entité. Les parseurs comme Xerces n'appellent que rarement cette méthode : leur implémentation la recherche, par défaut, au sein de tous les flux internes et externes.
`void startDocument()`	Méthode appelée en premier lieu lors du lancement de l'analyse dès la rencontre de l'élément racine (y compris les autres callbacks de gestionnaires différents).
`void startElement(...)`	Méthode appelée lors du début de parsing d'un élément.
`void startPrefixMapping(...)`	Méthode permettant d'associer pour un préfixe d'espace nominal, l'URI liée. Un callback appelé lors de la fin d'analyse totale de l'élément, donc avant un `startElement(...)`. Ainsi l'élément pourra disposer des espaces de noms d'autres éléments lors de son traitement.

`DTDHandler` : ce gestionnaire récupère les déclarations d'entités dans la DTD interne du document XML. Ce gestionnaire reste très peu utilisé : l'usage des entités non analysables ou notations est rarement prisé. Une application pratique de l'implémentation de ce gestionnaire réside dans la représentation en Java d'une DTD dans un éditeur XML. Pour cela, nous disposons des deux méthodes suivantes :

- `void notationDecl(...)` : méthode signalant la déclaration d'une notation avec son nom, son `ID PUBLIC` ou son `ID SYSTEM` ;
- `void unparsedEntityDecl(...)` : méthode signalant une déclaration d'une entité non analysée prenant en paramètres le nom, l'`ID PUBLIC` ou l'`ID SYSTEM`.

`ErrorHandler` : ce gestionnaire récupère les erreurs de parsing permettant ainsi de les traiter de façon personnalisée. Pour cela, nous disposons des trois méthodes suivantes : `void warning(...)`, `void error(...)`, `void fatalError(...)`, qui permettent de récupérer une erreur du niveau respectivement Avertissement, Erreur et Erreur Fatale via l'exception `SaxParseException` après analyse avec les différents gestionnaires affectés au parseur.

`EntityResolver` : ce gestionnaire permet de créer des `InputSource` personnalisées pour des entités externes. Nous disposons pour cela de l'unique méthode `resolveEntity` qui permet de résoudre les entités via les `ID PUBLIC` ou `SYSTEM` liés à l'entité par une URI. Il faut instancier une classe implémentant ce gestionnaire et pour chaque identifiant de l'entité `PUBLIC` ou `SYSTEM` renvoyer le flux XML lié par la classe `InputSource`. Attention, par défaut si l'entité n'a pas été trouvé, la méthode renvoie `null` !

Voici donc une liste exhaustive des gestionnaires que l'on peut appliquer à un parseur SAX. Voyons ensemble maintenant les aspects avancés d'un parseur SAX. Il s'agit entre autre des options et des propriétés que l'on peut associer au parseur. Celles-ci se font en activant des caractéristiques via la méthode `setFeatures` sur le parseur (instance de XMLReader). Cette méthode prend le nom de l'option représentée par une URI et un booléen pour activer ou non l'option. Enfin, il est possible de récupérer des propriétés sur le nœud visité (vue DOM détaillée par la suite), la source de l'événement ou encore sur le parseur lui-même.

EXPERTISE

Il existe deux autres gestionnaires pour un parseur SAX, mais ils sont très très peu utilisés. Le premier se nomme `LexicalHandler`. Il permet de déclarer des méthodes invoquées lors des événements d'une rencontre avec une section CDATA, une section de commentaires, d'une déclaration d'entités et de DTD. Le second se nomme `DeclHandler. Il` est un gestionnaire d'événements sur le *parsing* de DTD, notamment pour la déclaration d'éléments, d'attributs, d'entités internes et externes. Ces deux interfaces de gestionnaires sont des extensions à SAX2 et se trouvent dans le package `org.xml.sax.ext`.

POUR ALLER PLUS LOIN Voici une liste des caractéristiques possibles pour un parseur SAX :

- http://xml.org/sax/features/validation indique si le document doit être validé par une grammaire.
- http://xml.org/sax/features/external-general-entities indique si on doit inclure les entités externes.
- http://xml.org/sax/features/external-parameter-entities indique si on doit inclure les entités paramètres.
- http://xml.org/sax/features/namespaces indique si on doit remplacer les préfixes par l'espace de noms correspondant.
- http://xml.org/sax/features/namespace-prefixes indique si on doit laisser les préfixes aux éléments/attributs.
- http://xml.org/sax/features/string-interning vérifie, au niveau le plus bas, si une chaîne de caractères est valide.

Le parseur Xerces présente des propriétés supplémentaires :

- http://apache.org/xml/features/validation/schema indique si on doit prendre en compte les XML schemas.
- http://apache.org/xml/features/validation/schema-full-checking indique si on doit valider l'ensemble des caractéristiques de la grammaire du XML schemas.
- http://apache.org/xml/features/validation/dynamic : si vrai, le document est validé si et seulement si une grammaire est fournie. Si non, on suit la caractéristique de validation.

Pour conclure sur SAX, on peut ajouter qu'il existe aussi une classe qui évite au développeur de redéfinir toutes les méthodes des différents gestionnaires. Celle-ci est `DefaultHandler`. Il suffit donc d'écrire son propre gestionnaire en héritant de cette classe se trouvant dans le package `org.xml.sax`.

Exemple de parseur SAX

```
package com.automne.octopuss.xml.parsing;

import java.io.IOException;

import org.apache.log4j.Logger;
import org.xml.sax.Attributes;
import org.xml.sax.SAXException;
import org.xml.sax.SAXNotRecognizedException;
import org.xml.sax.SAXNotSupportedException;
import org.xml.sax.SAXParseException;
import org.xml.sax.XMLReader;
import org.xml.sax.helpers.DefaultHandler;
import org.xml.sax.helpers.XMLReaderFactory;
/**
 * Projet  : Octopuss
 * Classe  : ParserSaxXml
 * Version : 1.0
 * But     : Permettre de parser un fichier XML par la méthode SAX.
 *
 */
public class ParserSaxXml extends DefaultHandler{
```

Chaîne de caractères symbolisant la classe du parseur à utiliser

```
 private String nameParser=null;
 /**
  * Parseur utilisé pour la méthode SAX
  */
```

Instance du parseur

```
 private XMLReader parser=null;

 private Logger logger=Logger.getLogger(ParserSaxXml.class);

 /**
  * Constructeur par défaut qui permet de spécifier le parseur
  * de Xerces comme nom de parseur.
  */
```

Affectation du nom du parseur, par défaut, c'est celui de Xerces !

```
 public ParserSaxXml(){
  nameParser="org.apache.xerces.parsers.SAXParser";
 }
 /**
  * Constructeur avec un argument
  * @param name: Nom de la classe implémentant le parseur !
  */
```

Affectation d'un nom de classe d'un parseur autre que Xerces

```
 public ParserSaxXml(String name){
  nameParser=name;
 }
 /**
  * Méthode permettant de récupérer un parseur !
  * @return
  * @throws SaxParsingException
  */
```

```
public XMLReader getXMLReader()
      throws SaxParsingException{
  // create parser
  XMLReader parser=null;
  try{
   parser=XMLReaderFactory.createXMLReader(nameParser);
  }catch(SAXException e){
   logger.error(e);
  throw new SaxParsingException(e);
  }
  return parser;
}
```

Instanciation du parseur via la fabrique `XMLReaderFactory`

```
/**
  * Méthode privée permettant d'initialiser le parseur utilisé.
  * @throws SaxParsingException
  */
private void setUpParsing()
        throws SaxParsingException{
 this.parser=getXMLReader();
 parser.setContentHandler(this);
 parser.setErrorHandler(this);
}
```

La classe contient le parseur par composition, mais joue aussi le rôle de gestionnaire de contenu et d'erreurs !

```
/**
  * Méthode de parsing via SAX.
  * @param uriFile
  * @throws SaxParsingException
  */
private void parse(String uriFile)
        throws SaxParsingException{
 try{
  long timeBefore=System.currentTimeMillis();
  long memoryBefore=Runtime.getRuntime().freeMemory();
  parser.parse(uriFile);
  long memoryAfter=Runtime.getRuntime().freeMemory();
  long timeAfter=System.currentTimeMillis();
  long time=timeAfter-timeBefore;
  long memory=memoryBefore-memoryAfter;
  System.out.println("-----");
  System.out.println("Après parsing:");
  System.out.println("      ---> Mémoire utilisée (octets): "
                                                  +memory/8);
  System.out.println("      ---> Temps mis (en ms): "+time);
 }
 catch(SAXParseException e){
  logger.error(e);
 throw new SaxParsingException(e);
 }catch (IOException e){
  logger.error(e);
```

Méthode d'analyse du flux XML. Mesure du temps pris et de la mémoire utilisée pour un parsing d'un flux donné.

```
 throw new SaxParsingException(e);
 }catch (SAXException e){
 }catch (SAXException e){
  logger.error(e);
 throw new SaxParsingException(e);
 }
}
/**
 * Méthode de parsing SAX sans validation.
 * @param uriFile
 * @throws SaxParsingException
 */
```

On analyse le document sans validation.

```
public void parsingwithoutValidation(String uriFile)
throws SaxParsingException{

 setUpParsing();
 try{
  parser.setFeature("http://xml.org/sax/features/validation",false);
 }catch(SAXNotSupportedException e){
  logger.error(e);
 throw new SaxParsingException(e);
 }
  parse(uriFile);
 }
/**
 * Méthode de parsing SAX avec validation à partir d'un Schéma XML
 * en prenant en compte les espaces de noms.
 * @param uriFile
 * @throws SaxParsingException
 */
```

Analyse avec validation à partir d'un XML Schema.

```
public void parsingwithValidationFromXmlSchema(String uriFile)
       throws SaxParsingException{

 setUpParsing();
 try{
```

Utilisation de propriétés propres au parseur pour prendre en compte la validation et l'utilisation des XML Schema

```
  parser.setFeature("http://xml.org/sax/features/validation",true);
  parser.setFeature(
   "http://apache.org/xml/features/validation/schema",true);
  parser.setFeature(
   "http://apache.org/xml/features/validation/schema-full-checking",
   true);
 }catch(SAXNotRecognizedException e){
  logger.error(e);
 throw new SaxParsingException(e);
 }catch(SAXNotSupportedException e){
  logger.error(e);
 throw new SaxParsingException(e);
 }
 parse(uriFile);
}
```

```
/**
* Méthode surchargée hérité de DefaultHandler permettant de gérer
* le début d'une balise.
* @see org.xml.sax.helpers.DefaultHandler
*/
public void startElement(java.lang.String uri,
                         java.lang.String localName,
                         java.lang.String qName,
                         Attributes attributes)
       throws SAXException{
 System.out.println("-----");
 System.out.println("Nom de la balise: "+localName);
 int indexFin=attributes.getLength();
 if(indexFin==0){
  System.out.println("     -----> Attribut(s) de la balise: Aucun");
 }else{
  System.out.println("     -----> Attribut(s) de la balise: ");
  for(int i=0;i<indexFin;i++){
   System.out.println("              ------> Nom:
"+attributes.getLocalName(i));
   System.out.println("              ------> Valeur:
"+attributes.getValue(i));
  }
 }
 System.out.print("     -----> Valeur de la balise: ");
}
/**
 * Méthode surchargée héritée de DefaultHandler
 * permettant de gérer des erreurs.
 * @see org.xml.sax.helpers.DefaultHandler
 */
public void error(SAXParseException ex)
       throws SAXException{
 System.err.println("[Error] : "+ex);
} // error(SAXParseException)
/**
 * Méthode de parsing SAX avec validation à partir d'une DTD.
 * @param uriFile
 * @throws SaxParsingException
 */
public void parsingwithValidationFromDTD(String uriFile)
       throws SaxParsingException{
 setUpParsing();
 try{
  parser.setFeature("http://xml.org/sax/features/validation",true);
 }catch(SAXNotRecognizedException e){
  logger.error(e);
```

Traitement d'un élément

Affichage du nom de l'élément sans son espace de noms

Affichage des attributs avec nom et valeur associés

Préinitialisation du contenu de l'élément

Affichage personnalisé d'une erreur possible

Analyse avec validation à partir d'une DTD (signalée par la *feature* http://xml.org/sax/features/validation)

```
  throw new SaxParsingException(e);
  }catch(SAXNotSupportedException e){
  logger.error(e);
  throw new SaxParsingException(e);
  }
  parse(uriFile);
 }
 /**
  * Méthode surchargée héritée de DefaultHandler permettant
  * de gérer le contenu d'une balise.
  * @see org.xml.sax.helpers.DefaultHandler
  */
```

Attention : SAX fournit les bornes inférieure et supérieure d'une chaîne de caractères contenant le flux de données d'une balise. Il faut donc construire une chaîne selon ses bornes pour obtenir les bonnes données à afficher.

```
 public void characters(char[] ch,
                        int start,
                        int length)
       throws SAXException{
  String content=new String(ch,start,length);
  System.out.println(content);
 }
 /**
  * Méthode surchargée héritée de DefaultHandler permettant
  * d'intercepter l'événement de début d'un document à parser
  * @see org.xml.sax.helpers.DefaultHandler
  */
```

Premier callback appelé avant tout autre !

```
  public void startDocument()
        throws SAXException{
   System.out.println("-----");
   System.out.println("Début du parsing...");
   System.out.println("-----");
  }
 /**
  * Méthode surchargée héritée de DefaultHandler permettant
  * d'intercepter l'événement de fin d'un document à parser
  * @see org.xml.sax.helpers.DefaultHandler
  */
 public void endDocument()
       throws SAXException{
  System.out.println("-----");
  System.out.println("Fin du parsing...");
  System.out.println("-----");
 }
}
```

La figure 3-3 illustre le résultat obtenu sur notre flux de transport de données en écrivant le test unitaire adéquat pour les trois méthodes publiques.

```
Console - <terminated> TestParserSax
     -----> Attribut(s) de la balise: Aucun
     -----> Valeur de la balise: Renaud Fleury
-----
Nom de la balise: type
     -----> Attribut(s) de la balise: Aucun
     -----> Valeur de la balise: broché
-----
Nom de la balise: resume
     -----> Attribut(s) de la balise: Aucun
     -----> Valeur de la balise: Ce livre dresse un panorama du langage XML au service du langage
            Java. Au menu: Eclipse, Ant, Junit, Log4J, XML, XSL, Sérialisation /
            Désérialisation XML, Data Binding. J2ee en détail... Struts...
            Services Web, SOAP, WSDL, UDDI... Tomcat, configuration, clustering...
-----
Nom de la balise: date-de-sortie
     -----> Attribut(s) de la balise: Aucun
     -----> Valeur de la balise: 2004-04-30
-----
Nom de la balise: editeur
     -----> Attribut(s) de la balise: Aucun
     -----> Valeur de la balise: Eyrolles
-----
Nom de la balise: collection
     -----> Attribut(s) de la balise: Aucun
     -----> Valeur de la balise: Cahier du Programmeur
-----
Nom de la balise: isbn
     -----> Attribut(s) de la balise: Aucun
     -----> Valeur de la balise: 2-212-11654-1
-----
Nom de la balise: avis
     -----> Attribut(s) de la balise:
              ------> Nom: id-auteur
              ------> Valeur: self
              ------> Nom: id-produit
              ------> Valeur: BK-INFO-PROG-LANG-JAVA-XML
     -----> Valeur de la balise: A travers
            de nombreux exemples tirés d'une étude de cas réels, ce cahier du
            programmeur explique dans le détail et pédagogiquement comment XML
            s'est rendue indispensable dans la conception et la modélisation
            d'applications Web développées via la technologie J2EE.
-----
Nom de la balise: avis
     -----> Attribut(s) de la balise:
              ------> Nom: id-auteur
              ------> Valeur: Kro
              ------> Nom: id-produit
              ------> Valeur: BK-INFO-PROG-LANG-JAVA-XML
     -----> Valeur de la balise: Top Délire ton bouquin
-----
Nom de la balise: prix
     -----> Attribut(s) de la balise: Aucun
     -----> Valeur de la balise: 21.85
-----
Nom de la balise: image
     -----> Attribut(s) de la balise: Aucun
     -----> Valeur de la balise: image/Multimedia/Livre_informatique/Java_2.GIF
-----
Fin du parsing...
-----
-----
Après parsing:
      ---> Mémoire utilisée (octets): 25436
      ---> Temps mis (en ms): 30
```

Figure 3–3 Log Sax

DOM : Document Object Model ou la vue arborescente d'un flux XML

DOM est un standard W3C comme XML, contrairement à SAX qui a été créé par Megginson Technologies suite à des échanges sur la liste de diffusion XML-dev. Il s'agit d'une API représentant un flux sous forme d'arbre, indépendamment du langage. Cette API est utilisée tant en XML, qu'en HTML ou en CSS. Elle permet de définir la structure du document sous forme d'une hiérarchie d'objets, la manière dont on accède aux éléments du document et comment on peut agir dynamiquement sur eux.

Toute l'API DOM se décline en interfaces dont le parseur devra fournir une implémentation. Ces interfaces sont divisées en plusieurs modules :

- module de base (*Core*) : accès à l'arbre des éléments d'un document écrit avec un langage à balises (documents HTML valides, XML bien formé). Norme DOM-LEVEL 1 et 2.
- module des styles (*Style*) : accès aux règles de présentation des feuilles de styles. Norme DOM-LEVEL 2.
- module des événements (*Event*) : spécification du système de gestion des événements. Norme DOM-LEVEL 2.
- module des vues (*View*) : accès à l'interface utilisateur, représentation du document (fenêtrage...). Norme DOM-LEVEL 2.
- module de traversée et de portée : définition d'extensions pour la traversée de document, soit dans une liste de nœuds, soit en vue arbre via la classe `TreeWalker`, et identification de portée du contenu du document (pratique pour ne sélectionner qu'un ensemble de nœuds désirés). Norme DOM-LEVEL 2.

À l'origine, elle n'avait qu'une seule spécification. Elle a été améliorée par l'apport des fonctionnalités énoncées ci-dessus. Aujourd'hui, la norme DOM-LEVEL 3 est devenue depuis le 7 novembre 2003 une recommandation ; elle apporte notamment l'analyse de l'instruction de traitement `<?xml...?>` qui définit tout flux XML, mais aussi des outils de comparaison de nœuds avec la notion de profondeur d'arbre et bien d'autres fonctionnalités.

La spécification DOM-LEVEL3 est disponible à l'adresse suivante :
- http://www.w3.org/TR/2003/CR-DOM-Level-3-Core-20031107/

L'utilisation de l'API DOM est fournie, en principe, dans tout analyseur SAX, Xerces compris. Comment fonctionne un analyseur DOM pour produire cette vue ? Le parseur charge le document XML en mémoire en utilisant les API SAX pour ensuite construire l'arbre que l'on parcourra à l'aide de l'API DOM (parcours nœud père vers nœud fils). L'API DOM offre aussi la possibilité de gestion de flux. L'interface principale est `Node` définie dans le package `org.w3c.dom`. Elle représente un nœud de l'arbre. Ses comportements permettent de naviguer, de gérer (création, suppression de nœuds fils) les nœuds de l'arbre et d'en consulter leurs états.

Cette interface est la mère de toutes les interfaces DOM liées à XML :

- `Attr` : modélise un attribut, feuille d'un arbre DOM.
- `CDATASection` : modélise une section `CDATA`, feuille d'un arbre DOM.
- `CharacterData` : permet de jouer sur les caractères bruts d'un nœud.
- `Comment` : modélise un nœud de type `Commentaire`, feuille d'un arbre DOM.
- `Document` : fabrique du document DOM, permet de créer les éléments, attributs, avant de les ajouter au document, de récupérer un pointeur vers l'élément racine et de rechercher des enfants selon des critères (Nom, Id...).
- `DocumentFragment` : nœud d'un arbre jouant le rôle de l'interface `Document` pour tous les fils. C'est un nœud de type `Document` dit « léger ».
- `DocumentType` : représente la balise. Contient des méthodes permettant de travailler avec les attributs.
- `Element` : modélise un élément d'un document XML. Contient des méthodes permettant de travailler avec les attributs.
- `Entity` : modélise un nœud de type Entité.
- `EntityReference` : modélise un nœud référençant une entité.
- `Notation` : modélise un nœud de type Notation.
- `NamedNodeMap` : modélise la liste non ordonnée des nœuds contenus dans le document et identifiés par un nom (id).
- `NodeList` : modélise la liste ordonnée des nœuds contenus dans le document ou dans un élément.
- `ProcessingInstruction` : modélise un nœud de type « Instruction de traitement ».
- `Text` : modélise le contenu textuel d'un nœud, feuille d'un arbre DOM.

Voici donc une figure (figure 3-4), superficielle mais didactique, représentant le flux XML pour un des produits multimédia d'Octopuss avec les interfaces citées ci-dessus.

Enfin, l'API DOM offre la possibilité de sérialiser une vue d'un arbre XML en un flux. Le principe de sérialisation est un principe simple à comprendre mais complexe à implémenter. Il repose sur la transformation d'un objet en mémoire dans un certain type de flux comme un fichier (`OutputStream`), un flux pour une socket ou vers une « mémoire partagée » (`PipedOutputStream`). La sérialisation avec DOM consiste à donner le format XML au flux de sortie. En résumé, on convertit l'arborescence DOM en mémoire dans un flux XML bien formé en chaîne de caractères. Dans Xerces, les interfaces et fabriques pour cette fonctionnalité se trouvent dans le package `org.w3c.dom.ls`.

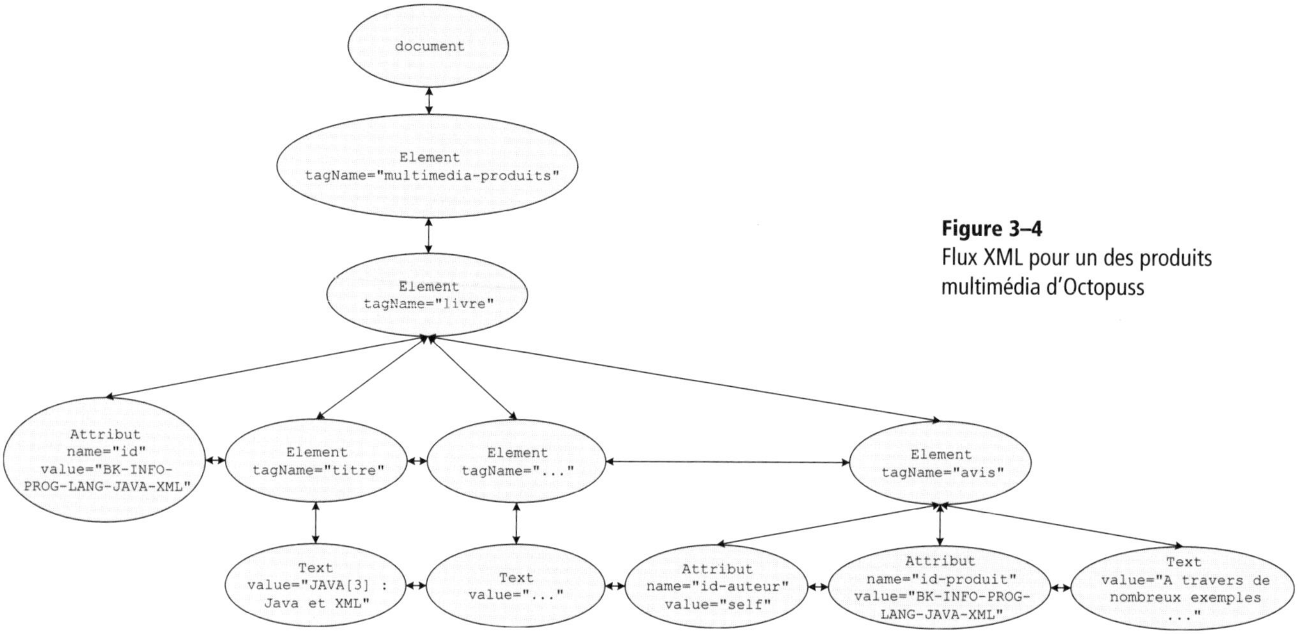

Figure 3–4
Flux XML pour un des produits multimédia d'Octopuss

Nous venons de voir en détail les fonctionnalités de l'API. Celle-ci se révèle très fournie, puissante et évolutive. Toutefois, elle reste très gourmande en CPU et en mémoire vive. Je recommande donc de n'utiliser DOM que pour des documents dont la taille sera inférieure au mégaoctet. Il faut aussi veiller à l'utilisation adéquate des API SAX et DOM par rapport à son besoin. SAX semble séduire par sa facilité de mise en place et d'utilisation, son coût faible en ressources système ; toutefois, il reste inadapté à la navigation inter-éléments (pas de retour possible au premier élément rencontré lorsque l'on est au second !), ainsi qu'à la manipulation de flux XML. Ceci s'apparente plus à l'API DOM.

EXPERTISE Le pull parsing

Le principe du *pull parsing* est d'analyser le XML comme un flux d'entrée/sortie pour permettre une analyse rapide, très utile dans le monde du XML-RPC Technologie que nous aborderons plus en détail au chapitre 7. Cette API légère, basée par défaut sur SAX, peut basculer sur DOM pour des performances moindres. Elle a été adoptée par J2ME pour les terminaux mobiles. Le *pull parsing* offre deux niveaux d'analyse :

- Haut : analyse des éléments uniquement ;
- Bas : analyse des commentaires, des instructions de traitement, des entités externes, des CDATA…

L'architecture se base sur une fabrique qui offre ainsi une ouverture à différentes implémentations comme Xerces XNI ou encore XPP3/MXP disponible sur le site :

▸ http://www.extreme.indiana.edu/xgws/xsoap/xpp/mxp1/

Toutefois, l'utilisation de l'API DOM nous confronte à un autre problème : sa non-spécificité au langage Java. Ceci sera corrigé par une API bien connue des développeurs Java pratiquant XML : JDOM.

L'idée de l'API JDOM, développée par Jason Hunter et Brett McLaughlin, est de permettre une prise en main rapide du XML par des développeurs Java, sans se soucier de toutes les subtilités de XML et de DOM. Cette API est disponible sous forme de projets Open Source sur le site de JDOM. Elle repose sur les API SAX et DOM, offre une vue complète du document, dont la construction est basée sur une arborescence. La renommée de cette API est telle qu'elle a été soumise en vue d'une intégration dans le JDK (JSR 102).

JDOM est spécialisée dans les entrées/sorties de flux XML. Cette API offre la possibilité de conversion de données au format JDOM à une vue DOM ou SAX, et réciproquement. Il offre aussi la classe `XMLOutPutter` qui permet de sérialiser au format texte/XML un objet en mémoire. Enfin, à partir des données fournies par un analyseur comme Xerces (fourni avec cette API) ou à partir de toute autre source de données, JDOM propose un ensemble de classes permettant la manipulation de données. Il dispose pour cela de classes « de construction », *builders* comme il est utilisé dans JAXP. Ensuite, il s'appuie sur les API de Java2 (collection, flux...) pour l'insertion, la modification et la suppression de nœuds.

L'API JDOM est disponible sous forme de projet Open Source sur le site :
▸ http://www.jdom.org

JAXP, Java API for XML Parsing

Couche d'abstraction au-dessus de SAX et DOM pour rendre l'utilisation des parseurs indépendante de leur implémentation (principe de fabriques Builder avec l'implémentation du parseur dans un fichier de configuration). JAXP fait partie du *Java XML Pack* de Sun.

En conclusion, JDOM est une API optimisée pour Java. Performante en SAX, elle offre une consommation mémoire plus faible que DOM. Enfin pour conclure sur SAX, DOM et JDOM, pour analyser et valider des fichiers de configuration ou des fichiers simples, SAX suffit. Pour la gestion de base de documents, où la structure est importante, l'utilisation de DOM est recommandée. Quand on manipule des données XML uniquement en Java, JDOM est l'API à utiliser.

En résumé...

Nous venons ensemble de découvrir les aspects généraux d'utilisation de XML avec Java : son utilisation en fichiers de configuration et de flux de transport de données avec validation. De plus, ce chapitre a essayé de vous faire prendre conscience des possibilités de manipuler des flux XML via des analyseurs événementiels et des fournisseurs de vue dite « arbre » d'un flux. Après cette description très détaillée des principes simples de XML, avançons un peu dans la complexité, en analysant tout flux d'une nouvelle manière via XML Schema, afin de valider et de générer des classes `Java` à partir de documents XML. La représentation de ces derniers reposera sur les technologies J2EE et XSLT.

chapitre 4

Habillement
Mon panier Mon compte Aide
L'entreprise Automne Automne en France

Modélisation et visualisation des objets métier via XML

La présentation compte beaucoup. Pourtant, l'habit ne fait pas le moine ! De la modélisation à la construction de données en passant par la présentation web, XML est toujours présent. Ce langage est-il le couteau suisse des applications modernes ?

SOMMAIRE

- Une nouvelle grammaire pour XML : XML Schema
- Les apports connexes : génération automatique d'objets métier (DataBinding)
- XSL/XSLT : transformation de flux XML
- La syntaxe, les modes de programmation multiples : itérative et événementielle
- Les nombreux apports dans le domaine XML et dans la production de flux graphique

MOTS-CLÉS

- Castor
- JAXB
- RELAX NG
- XML
- XML Schema
- XSL/XSLT
- Zeus

Dans le chapitre précédent, nous avons fait un rapide tour d'ensemble des possibilités offertes par XML dans le monde Java. Lors de ce voyage, il est apparu clairement qu'un document XML devait se doter d'une grammaire pour pouvoir être déclaré valide et donc exploitable. Cette grammaire est définie dans une DTD. Toutefois, celle-ci s'est vite révélée insuffisante dans le cas des problématiques complexes, notamment par son incapacité à fournir une notion de typage, une gestion d'occurrences d'éléments ou encore par sa syntaxe non conforme à la norme XML. De plus, la DTD est assez contraignante par son imposition stricte des éléments au sein d'un document XML. Enfin, un dernier reproche que l'on pourrait faire à cette grammaire réside dans le fait que le contenu d'un élément n'est pas assez bien détaillé, aucune contrainte ne pouvant lui être imposée alors que le contraire est vrai pour les attributs (`ID`, `IDREF`, `enumerated...`).

Pour résoudre toutes ces faiblesses, un nouveau type de grammaire a été inventé. Son nom : XML Schema. Recommandation du W3C (XML Schema 1.0) depuis mai 2001, celle-ci permet une description plus complète (typage de données, gestion d'occurrences, syntaxe *full XML*) et plus riche en élargissant cette description par des concepts objet (possibilité de définir des types complexes, de les dériver, de les restreindre, etc.).

Toutefois, ce système de validation fut au départ rudement critiqué, puisque sa spécification formelle est difficile à appréhender. James Clark, un des fondateurs de XML, trouve la spécification trop complexe et peu adaptée au monde de l'entreprise. C'est ainsi que cette norme est devenue une source d'initiatives concurrentes : TREX (James Clark) et RELAX. Ces deux concepts ont fusionné en RELAX NG. Cette grammaire, qui se veut simple, ajoute des fonctionnalités que l'on ne trouve pas dans la norme XML Schema, comme la vérification sur des expressions régulières pour le contenu d'éléments.

POUR ALLER PLUS LOIN RELAX NG

RELAX NG est un langage puissant de validation de schéma. Comme XML Schema, il utilise la syntaxe de XML, reconnaît les espaces de noms et le contenu typé. Il va plus loin en intégrant les attributs dans les modèles de contenu, ce qui simplifie grandement la structure du schéma. Il offre par ailleurs aussi un gestionnaire de contenu plus souple pour la déclaration dans le désordre d'éléments. De manière générale, il est plus facile d'écrire des schémas en RELAX NG qu'en XML Schema. La syntaxe est plus claire (l'élément `zeroormore` pour la répétition optionnelle de contenu en est un des exemples). Les déclarations peuvent contenir de nouvelles déclarations conduisant ainsi à une représentation plus naturelle de la structure d'un document.

Le composant le plus basique d'un schéma RELAX NG est un *pattern*. Celui-ci désigne n'importe quelle construction qui décrit le type de structure, l'ordre et le contenu. Ceci peut être la déclaration d'un élément, d'un attribut, de contenu texte ou d'imbrication de structure. Les éléments en RELAX NG sont utilisés pour grouper, ordonner et paramétrer ces *patterns*. Ce type de schéma offre une syntaxe compacte comme la DTD tout en accomplissant le même but de manière plus intuitive et facile à lire : celle-ci s'appelle RELAX NG Compact Syntax.

Pour plus d'information sur RELAX NG, une brève introduction se trouve sur le site :

- http://www.xml.com/pub/a/2002/06/19/rng-compact.html

L'outil TRANG de James Clark permet de convertir n'importe quel schéma XML (DTD, RELAX NG...) en XML Schema W3C.

- http://www.thaiopensource.com/relaxng/trang.html

XML Schema a quand même été largement adopté par la communauté, puisque le but de remplacer les DTD par un mécanisme plus adapté à XML a été atteint par cette norme. En effet, XML Schema permet de définir grâce à des types de base plus riches des types dits simples et complexes tout en tenant compte des espaces de noms vus au chapitre précédent.

XML Schema : la grammaire ultime ?

Tout document XML Schema contient la racine suivante :

```
<xsd:schema xmlns:xsd="http://www.w3.org/2001/XMLSchema" xmlns="http:/
/ma.grammaire.org">
```

L'utilisation des espaces de noms est fortement recommandée dans cette norme. Par défaut, le suffixe `xsd` est utilisé pour les éléments propres à XML Schema. Dans cet exemple, nous avons défini aussi un espace par défaut sans nom avec pour identifiant : `http://ma.grammaire.org`.

La déclaration d'éléments se fait par la balise : `<xsd:element>`. Celle-ci permet de lier un élément à un nom et à un type. Pour cela, cette balise contiendra entre autres les attributs `name`, `type`, `minOccurs` et `maxOccurs`. Ces deux derniers offrent la possibilité de déclarer le nombre d'occurences de cet élément. Enfin, un dernier attribut possible pour la balise `<xsd:element>` est `ref`. Il permet de faire une référence à un élément déjà défini. Nous reverrons cette notion un peu plus loin dans ce chapitre.

Les éléments peuvent avoir un contenu fixe, mixte, voire aucun.

La déclaration d'attributs s'effectue par la balise : `<xsd:attribute>` et comporte les attributs suivants : `name` et `type`. L'attribut `use` permet de savoir si l'attribut est obligatoire ou non.

Les valeurs possibles sont :

- `required` (obligatoire) ;
- `implied` (non obligatoire) ;
- `fixed` (valeur fixe).

L'attribut `value` correspond à la valeur par défaut.

La notion de type est très importante dans un document XML Schema. La portée des définitions de types l'est tout autant : tous les types définis dans un nœud sont visibles dans les fils de ce nœud, donc tous les types définis à la racine du document XML Schema, soit sous la balise `<xsd:schema>`, sont visibles dans tout le document.

Types de base du langage : types simples

XML Schema fournit 40 types de base. En voici une liste non exhaustive classée par catégories.

Les chaînes de caractères :

- `string` : chaîne de caractères simple ;
- `normalizedString` : chaîne de caractères ne contenant aucun retour chariot, tabulation ou espace ;
- `token` : chaîne de caractères appartenant à un tableau de constantes de chaînes de caractères.

Les numériques :

- `byte/boolean` : (0/1 : Faux/Vrai) ;
- `short` : entier codé sur deux bytes ;
- `integer` : entier codé sur quatre bytes ;
- `long` : entier codé sur huit bytes ;
- `decimal/float` : réel codé sur quatre bytes ;
- `double` : réel codé sur huit bytes.

Les dates :

- `Time` : heure formatée selon la locale désirée ;
- `Date` : date formatée selon la locale US ;
- `gYear` : année ;
- `gMonth` : mois ;
- `gDay` : jour.

Un peu plus loin dans la complexité de XML Schema : types complexes

XML Schema définit une grammaire pour un flux XML. Or, un champ XML est constitué d'éléments imbriqués les uns dans les autres. À partir des types simples du langage XML Schema, il est possible de définir les types complexes qui constituent la structure arborescente de tout flux XML. D'une certaine manière, on pourrait comparer un type complexe à l'architecture d'un objet (au sens programmation orientée objet du terme) avec une spécificité unique propre à la modélisation de documents arborescents. Pour cela, nous disposons des balises suivantes :

- La balise `<xsd:sequence>` définit un ensemble d'éléments typés et ordonnés.
- La balise `<xsd:choice>` définit un choix entre des éléments typés.
- La balise `<xsd:all>` définit un ensemble non ordonné d'éléments typés plus communément appelé `tas`.

Premier schéma de l'étude de cas

Souvenez-vous du flux XML caractérisant un livre vu au chapitre précédent.

Exemple de flux XML

```
<multimedia-produits xmlns="">
 <livre id=" BK-INFO-PROG-SERV-TOMCAT">
  <titre>Tomcat</titre>
  <auteur> Peter Harrison Ian McFarland</auteur>
  <type>broché</type>
  <resume> Au sommaire :
  Installer et configurer Tomcat. Configurer Tomcat avec Apache.
Configurer Tomcat avec IIS.
  Requêtes et réponses. Anatomie et cycle de vie d'une servlet.
Événements du cycle de vie.
  Configurer des applications web. Installation dans webapps. Le
descripteur de déploiement
  web.xml. Fichiers WAR. Le fichier server.xml. Nouveautés de Tomcat
4.1. Nœuds et conteneurs
  Gérer l'authentification avec les realms. Schémas d'authentification
HTTP.
  Configurer les realms sous Tomcat. Realms JDBC, JNDI, personnalisés.
Sécurité et identité.
  Le gestionnaire Tomcat.
  L'architecture MVC. Atouts. Pages JSP. Jasper. Expressions.
Scriptlets et déclarations.
  Bibliothèques de balises. Écrire une bibliothèque. JSTL.
Architecture MVC et Struts.
  Présentation générale de Struts.
  Modèles. Struts et XDoclet. Systèmes de modèles. Les modèles comme
alternatives à JSP.
  Velocity. Gérer des sessions. Gestion des états et HTTP. HttpSession.
  Bases de données, pools de connexions et JDBC.
  Pilotes JDBC. Bases de données SQL. Création d'une servlet de base de
données.
  Persistance des objets grâce aux bases de données. Design patterns
Fabrique et Singleton modifiés.
  Créer des objets. Utiliser le framework. Sécurité. Configurer Tomcat
  </resume>
  <date-de-sortie>2003-06-01</date-de-sortie>
  <editeur>Eyrolles</editeur>
  <collection>Par la pratique</collection>
  <isbn>2-212-11270-X</isbn>
  <prix>40.00</prix>
 </livre>
</multimedia-produits>
```

Vous trouverez ci-après un premier schéma qui pourrait correspondre.

Exemple brut de schéma XML

Flux XML : *Processing Instruction*

Déclaration de l'en-tête du schéma

Élément `multimedia-produits` qui est un type complexe englobant par exemple un élément livre (utilisation de tas)

Déclaration la plus basique d'éléments avec les attributs nom + type

Aucun ordonnancement pour les éléments composant l'élément livre

Déclaration des attributs d'un élément après les éléments englobés

Fermeture des balises précédement ouvertes

Fin de la déclaration de schéma

```
<?xml version="1.0" encoding="UTF-8"?>

<xsd:schema xmlns:xsd='http://www.w3.org/2001/XMLSchema'>

 <xsd:element name="multimedia-produits">
  <xsd:complexType>
   <xsd:all>
    <xsd:element name="livre">
     <xsd:complexType>

      <xsd:all>
       <xsd:element name="titre" type="xsd:string"/>
       <xsd:element name="auteur" type="xsd:string"/>
       <xsd:element name="type" type="xsd:string"/>
       <xsd:element name="resume" type="xsd:string"/>
       <xsd:element name="date-de-sortie" type="xsd:string"/>
       <xsd:element name="editeur" type="xsd:string"/>
       <xsd:element name="collection" type="xsd:string"/>
       <xsd:element name="isbn" type="xsd:string"/>
       <xsd:element name="prix" type="xsd:string"/>
      </xsd:all>

      <xsd:attribute name="id"/>
     </xsd:complexType>
    </xsd:element>
   </xsd:all>
  </xsd:complexType>
 </xsd:element>

</xsd:schema>
```

Nous venons de voir un type de schéma XML pour Octopuss. Afin de rendre la lecture de ce schéma plus aisée, nous n'avons pas indiqué combien de fois chaque élément devait se répéter. De plus, le tiers des possibilités offertes par le mécanisme de XML Schema n'a pas été utilisé. En effet, il est possible d'utiliser des concepts de programmation orientée objet dans cette grammaire.

Concepts objet avancés de XML Schema : spécialisation, dérivation, notion de référence

Comme en langage objet, il est possible en langage XML Schema de définir des classes filles par le paradigme de l'héritage à partir de classes génériques. Cet héritage peut se faire de deux façons : utilisation de contraintes (principe de restriction) ou ajout d'informations sur un type (principe de dérivation par extension).

L'utilisation de contraintes s'effectue à travers la balise `<xsd:restriction>` prenant principalement des types simples comme bases (définis par l'attribut `base`) en définissant sur le type lui-même des restrictions sur ses facettes, ou propriétés, dont voici une liste :

- `length` : longueur (nombre d'unités de longueur) ;
- `minLength` : longueur minimale ;
- `maxLength` : longueur maximale ;
- `pattern` : motif à respecter (expression régulière) ;
- `enumeration` : choix de valeurs ;
- `whiteSpace` : traitement des tabulations, retours chariot, espaces
- `preserve` : aucun traitement ;
- `replace` : remplacement des tabulations et retours chariot par des espaces ;
- `collapse` : après avoir fait l'équivalent du `replace`, suppression des espaces contigus (superflus) sont supprimés ;
- `totalDigits` : le nombre de chiffres ;
- `fractionDigits` : le nombre de chiffres après la virgule ;
- `maxInclusive` : valeur de la limite supérieure incluse ;
- `maxExclusive` : valeur de la limite supérieure exclue ;
- `minInclusive` : valeur de la limite inférieure incluse ;
- `minExclusive` : valeur de la limite inférieure exclue.

L'ajout d'informations, grâce à la dérivation par extension, se traduit uniquement sur les types complexes. La balise `<xsd:extension>` permet de définir le type de base qui sera étendu par cet ajout d'information entre autres par de nouveaux éléments. Tout comme en Java, il est possible à un type complexe défini par extension d'être interdit d'héritage en ajoutant l'attribut `final` à la balise `<xsd:extension>`.

Spécialisation de types simples par restriction

Considérons notre champ ISBN de l'élément livre. Celui-ci est formaté par un type `string` respectant un certain motif : un chiffre entre 0 et 9, puis un tiret puis trois chiffres entre 0 et 9, puis un tiret suivi de cinq chiffres entre 0 et 9, puis tiret et un chiffre. Ceci s'écrit en langage XML Schema :

Exemple d'un type simple par restriction suivant un motif : code ISBN

```
<xsd:simpleType name="isbn-type">
 <xsd:restriction base="xsd:string">
  <xsd:pattern value="[0-9]{1}-[0-9]{3}-[0-9]{5}-[0-9]{1}"/>
 </xsd:restriction>
</xsd:simpleType>
```

Voici maintenant un second exemple pour le type de livre. On effectue une restriction sur le type `string` avec une énumération contenant deux string fixes constantes pour un type de livre : broché ou relié.

Exemple d'un type simple par restriction suivant une énumération : type livre

```
<xsd:simpleType name="type_livre">
 <xsd:restriction base="xsd:string">
  <xsd:enumeration value="broché"/>
  <xsd:enumeration value="relié"/>
 </xsd:restriction>
</xsd:simpleType>
```

Le langage XML Schema permet aussi de définir des listes de choix d'éléments de type simple. Pour cela, on utilise la balise `<xsd:list>` qui contient l'attribut `itemType` précisant ainsi le type du contenu de la liste. Le choix se fait par la balise `<xsd:union>` contenant l'attribut `memberTypes` qui spécifie l'ensemble des choix possibles au niveau des types pour ce nouveau type simple. Chaque possibilité de type de choix est séparée par un espace au sein de l'attribut `memberTypes`.

Exemple d'union de listes de choix

```
<xs:simpleType name="listeChaines">
 <xs:list itemType="xs:string"/>
</xs:simpleType>
<xs:simpleType name="listeChoixFR">
 <xs:restriction base="mma:listeChaines">
  <xs:enumeration value="Oui"/>
  <xs:enumeration value="Non"/>
 </xs:restriction>
</xs:simpleType>
<xs:simpleType name="listeChoixUS">
 <xs:restriction base="mma:listeChaines">
  <xs:enumeration value="Yes"/>
  <xs:enumeration value="No"/>
 </xs:restriction>
</xs:simpleType>
<xs:simpleType name="internationalChoice">
 <xs:union memberTypes="mma:listeChoixFR mma:listeChoixUS"/>
</xs:simpleType>
```

Ajout d'information à des types complexes par héritage et référencement

L'extension d'un type complexe se réalise par l'ajout d'éléments regroupés sous la balise `<xsd:complexType>`. À l'instar de ce qui fut le point fort marketing de la programmation objet, XML Schema offre aussi un mécanisme de réutilisation de déclaration d'éléments au sein d'un schéma ou d'importation de schémas externes. Pour l'utiliser, il faut placer à un niveau global du schéma une série d'éléments ou d'attributs et y faire référence par l'attribut commun `ref` des balises `<xsd:element>` et `<xsd:attribute>`. L'import de schémas externes dans un schéma est possible par la balise suivante :

```
<xsd:import namespace="http://rfm.no-ip.org/xsd/"
schemaLocation="http://rfm.no-ip.org/xsd/multimedia.xsd" />.
```

L'association d'espaces de noms à un schéma est fortement recommandée.

Enfin, il est possible de redéfinir un schéma pour l'étendre. Ceci se fait par la balise `<xsd:redefine>`. Toutefois, il faut scrupuleusement respecter les règles de dérivation par extension pour le nouveau schéma par rapport à celles décrites dans le schéma importé.

Voici donc un nouveau schéma prenant en compte toutes les fonctionnalités explicitées ci-dessus pour notre projet :

Un schéma plus élaboré pour les produits multimédia d'Octopuss

```
<xs:schema xmlns:xs='http://www.w3.org/2001/XMLSchema'
 targetNamespace="http://rfm.no-ip.org/xsd/"
 xmlns:mma="http://rfm.no-ip.org/xsd/"
 elementFormDefault="qualified">
```

◂ Déclaration globale du schéma avec le schéma propre à Octopuss comprenant l'espace de noms mma pour multimedia.

```
 <xs:simpleType name="type_livre">
  <xs:restriction base="xs:string">
   <xs:enumeration value="broché"/>
   <xs:enumeration value="relié"/>
  </xs:restriction>
 </xs:simpleType>
```

◂ Définition du type `livre` : restriction d'une chaîne de caractères à deux valeurs possibles : « broché » et « relié ».

```
 <xs:complexType name="avis" mixed="true">
  <xs:attribute name="id-auteur" type="xs:string" use="required"/>
  <xs:attribute name="id-produit" type="xs:string" use="required"/>
 </xs:complexType>
```

◂ Définition d'un type `avis` avec un contenu dit mixte : ceci signifie que la balise peut contenir du texte et/ou d'autres balises. Il possède deux attributs obligatoires du type `string`.

```
<xs:element name="titre" type="xs:string"/>
<xs:element name="auteur" type="xs:string"/>
<xs:element name="resume" type="xs:string"/>
<xs:element name="date-de-sortie" type="xs:date"/>
<xs:element name="editeur" type="xs:string"/>
<xs:element name="avis" type="mma:avis"/>
<xs:element name="collection" type="xs:string"/>
<xs:element name="type_livre" type="mma:type_livre"/>
<xs:element name="isbn" type="xs:string"/>
```

◂ Définition globale d'éléments : utilisation des types `chaîne` et `date` définis dans la norme XML Schema.

```
<xs:complexType name="multimedia-produit">
 <xs:sequence>
  <xs:element ref="mma:titre" minOccurs="1" maxOccurs="1"/>
  <xs:element ref="mma:auteur" minOccurs="1" maxOccurs="unbounded"/>
  <xs:element ref="mma:resume" minOccurs="1" maxOccurs="1"/>
  <xs:element ref="mma:date-de-sortie" minOccurs="1" maxOccurs="1"/>
  <xs:element ref="mma:editeur" minOccurs="1" maxOccurs="unbounded"/>
 </xs:sequence>
</xs:complexType>
```

◂ Définition du type complexe `multimedia-produit` composé de références à des éléments plus globaux.

```
<xs:complexType name="livre">
 <xs:complexContent>
  <xs:extension base="mma:multimedia-produit">
   <xs:sequence>
```

◂ Définition du type `livre` qui hérite du type `multimedia-produit` en lui ajoutant des éléments spécifiques.

```
      <xs:element ref="mma:collection" minOccurs="0" maxOccurs="unbounded"/>
      <xs:element ref="mma:type_livre" minOccurs="1" maxOccurs="1"/>
      <xs:element ref="mma:isbn" minOccurs="1" maxOccurs="1"/>
     </xs:sequence>
     <xs:attribute name="id" type="xs:string" use="required"/>
    </xs:extension>
   </xs:complexContent>
  </xs:complexType>
  <xs:element name="multimedia-produits">
   <xs:complexType>
    <xs:sequence>
     <xs:element name="livre" type="mma:livre"/>
    </xs:sequence>
   </xs:complexType>
  </xs:element>
  </xs:schema>
```

Définition de l'attribut obligatoire `id` de type `string` après la déclaration en séquence des éléments constituant le type `livre`.

Définition du type `multimedia-produits` qui contient un élément de type livre prédéfini au-dessus.

Au travers de cet exemple, nous avons vu une conception plus orientée objet de la modélisation de documents XML. Doté d'une définition de types extrêmement riches et extensibles, XML Schema permet aussi de déclarer des groupes d'éléments et des groupes d'attributs, le but étant une meilleure lisibilité et réutilisation.

C'est ainsi que s'achève notre étude des arcanes de la norme XML Schema. Cet exemple clôt notre voyage autour de la normalisation relationnelle d'échanges de données via XML. XML Schema, bien que complexe et verbeux, emploie des notions objets pour modéliser plus conceptuellement une grammaire de documents, dans le but d'être réutilisable. Toutefois, notez que même si XML Schema emploie des paradigmes objets, ce langage n'est pas un langage de modélisation objet tel que UML (à partir de diagrammes UML, il est possible de générer des documents au format XML Schema). À partir de ce schéma, nous allons voir comment générer des classes en Java. C'est ce que l'on peut appeler la génération du métamodèle du data-binding.

XML au service du data-binding : génération des objets métiers

Principes du data-binding

Le data-binding, plus communément appelé « liaisons de données », consiste à transformer des objets Java au format XML et inversement. La notion de transformation de flux XML en objet a déjà été abordée d'une certaine manière avec le framework Digester de Jakarta qui permettait par des règles prédéfinies de construire des objets Java à partir de flux XML. Pour cela, celui-ci utilisait un parseur SAX. Toutefois, l'opération inverse était impossible avec ce framework.

Ce que réalise le Digester ne correspond pas du tout au principe de liaisons de données. Celui-ci consiste en la sérialisation et la désérialisation d'objets Java en flux XML. Les processus de marshalling (sérialisation, terme provenant du monde CORBA) et de unmarshalling (désérialisation) peuvent se réaliser de deux manières différentes :

- Dynamiquement, c'est-à-dire par introspection de l'objet Java. La règle est implicite : des attributs de l'objet correspondent à des sous-éléments de l'élément racine XML qui a pour nom celui de la classe de l'objet Java.
- Par conversion, c'est-à-dire qu'on utilise un fichier de mapping entre l'objet Java et le document XML.

Pour plus d'informations sur les principes de liaisons de données, se reporter au :
📖 *Cahier du programmeur J2EE* de Jérôme Molière, Eyrolles 2004

Il existe principalement trois frameworks respectant le principe de liaison de données :

- **JAXB** : aujourd'hui, cette API ne reconnaît le principe de marshalling/unmarshalling que via XML Schema. Depuis, Sun intègre peu à peu les éléments de la norme DTD, RELAX NG., ainsi que les espaces de noms, à travers des extensions destinées à être implémentées par des éditeurs supportant cette norme. De plus, cette API repose sur un schéma « de liaison » pour la gestion des contraintes de conversion entre la grammaire XML et la génération de classes Java. Les classes générées sont automatiquement des implémentations. Enfin, parmi les options proposées, JAXB permet entre autre de spécifier le package des classes générées, d'utiliser des fonctions de conversion entre le XML et le type de l'objet Java... Tout ceci s'effectue par le générateur `xjc` de l'API JAXB de Sun.
- **Castor** : comme JAXB, le framework Castor d'Exolab ne permet la génération de classes Java qu'à partir de XML Schema. Réalisé au départ pour la liaison de données, ce framework sous licence BSD, s'est depuis étoffé : il est devenu une solution de persistance d'objets Java. Notamment, il est possible de sérialiser les données métiers Java dans un annuaire LDAP, dans une base de données relationnelles via le langage OQL (*Object Query Language*) ou encore via JDO (*Java Data Objects* : norme de Sun comme solution de mapping objet relationnel). Castor est un framework qui évolue plus rapidement que JAXB. Il permet de sérialiser tout objet Java en flux XML et inversement en offrant le paradigme marshalling/unmarshalling de manière statique. Ce n'est pas le cas de la version actuelle de JAXB, qui lui ne sérialise que des objets générés à partir de son outil `xjc`. Le principe de génération de classes étant le même que pour JAXB, nous y reviendrons plus tard dans l'exemple d'Octopuss.

- **Zeus** : il s'agit d'un framework Open Source de la communauté Enhydra, communauté similaire à celle d'Apache. Zeus est un héritage direct des articles de Brett McLaughlin, devenu depuis leader du projet, publiés sur le site d'IBM Developper Works. À la différence de JAXB et de Castor, qui ne génère qu'à partir de contraintes définies dans un XML Schema des classes, Zeus offre nativement un principe de génération de classes plus élaboré en tenant compte de tout langage XML de contraintes existant et futur. En effet, ce framework utilise le *design pattern* Pont, c'est-à-dire qu'il introduit une étape supplémentaire entre la lecture de contraintes XML et la génération de classes Java. Cette étape consiste en la conversion des contraintes XML (DTD, XML Schema, RELAX NG, TREX...) en contraintes Zeus « de liaison » dans un format propriétaire. À partir de là, la génération de classes est automatique. Le principe utilisé dans le design pattern Pont permet une grande évolutivité : dans le cadre de Zeus, il suffit d'implémenter l'interface `org.enhydra.zeus.Binder` pour prendre en compte l'ensemble des contraintes exprimées dans un langage quelconque et les convertir en ensemble de liaisons Zeus propriétaires et générer ainsi des classes à partir de ce nouveau langage de contraintes. Zeus, pour la génération de classes, offre non pas une implémentation directe de chaque contrainte, mais passe par une couche d'abstraction via l'utilisation des interfaces pour la modéliser. Ainsi l'utilisateur est plus libre de l'implémentation de celles-ci. Zeus est donc par bien des aspects plus ouvert et évolutif, comme le montre son architecture dans la figure 4-2.

Enhydra
▸ http://www.enhydra.org
IBM Developper Works
▸ http://www-106.ibm.com/developerworks/xml/library/x-data-binding1/

DESIGN PATTERN Pont

Il réside dans le découplage de la couche d'abstraction et d'implémentation d'un paradigme afin de permettre à ces deux couches d'être potentiellement modifiables indépendamment. En Java, ceci est défini par une interface (couche d'abstraction) implémentée par une classe abstraite dont on en dérive les implémentations. Une des conséquences directes de ce *design* est de rendre plus souple un principe en évitant un lien définitif entre la définition des méthodes et leur implémentation.

POUR ALLER PLUS LOIN Le principe de JDO, Java Data Object

Il repose sur le fait que les données à sérialiser sont dans un objet dit Java Bean. Après la compilation de ces objets, le *bytecode* généré est modifié via un JDO Enhancer qui applique les règles de persistance décrites dans un fichier de métadonnées, permettant ainsi une sérialisation dans une base de données relationnelles, comme le montre la figure 4-1.

Cette norme de Sun est concurrente à celle des EJB Entity, mais reste encore jeune avec toutefois beaucoup de potentiel. JDO utilise un *design* générique d'accès à des données métier, manipulées de manière transparente par des objets métier (par exemple, un Session Bean de la norme des EJB).

Son fonctionnement réside dans l'offre d'une fabrique (PersistenceManagerFactory) jouant le rôle de *pools* de connexions. Chaque opération à la base de données est effectuée dans une transaction (objet Transaction) à travers une connexion à la source de données (objet PersistenceManager). Pour plus de renseignements :
▸ http://java.sun.com/products/jdo/index.jsp

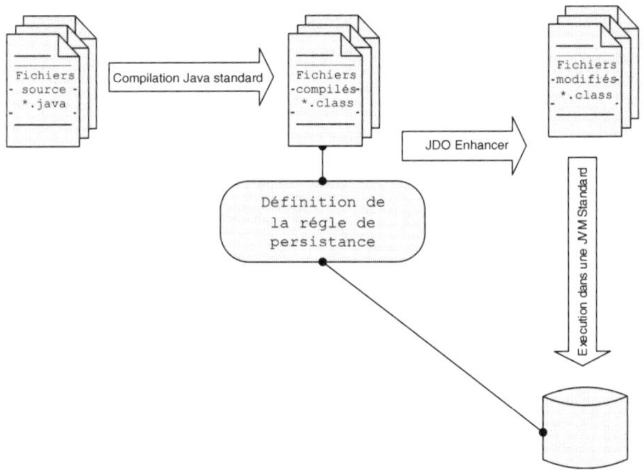

Figure 4–1 JDO

Figure 4–2
Zeus

Le data-binding de l'étude de cas

Dans le cadre d'Octopuss et afin de rester homogène avec le *Cahier du programmeur J2EE* de J. Molière, nous allons utiliser le framework Castor.

Examinons le fichier de propriétés (`castorbuilder.properties`) que nous allons utiliser pour cette génération.

Exemple de fichier de configuration de Castor

```
# Property file for SourceCodeGenerator
#
# To enable bound properties uncomment the following
# line. Please note that currently *all* fields will be
# treated as bound properties when enabled. This will
# change in the future when we introduce fine grained
# control over each class and it's properties.
#
org.exolab.castor.builder.boundproperties=true
```

Toutes les propriétés seront *mappées* (prise en compte future des attributs « transient », non sérialisables…).

```
#
# Java class mapping of <xsd:element>'s and #<xsd:complexType>'s
#
org.exolab.castor.builder.javaclassmapping=complexType
```

Une classe est-elle un élément ou un type complexe ?

La classe mère de toutes celles générées : com.tgw.octopuss.XMLObject

Déclaration de l'espace de noms pour le package utilisé

Méthode equals pour chaque classe doit elle être générée ?

Utilisation de types natifs ou de *wrappers* ?

Utilisation, en plus des classes générées, des classes de description des données internes à modéliser ?

Utilisation d'une majuscule après un underscore ?

```
# This property allows one to specify the super class
# of *all* generated classes
#
org.exolab.castor.builder.superclass=com.tgw.octopuss.XMLObject

#
# XML namespace mapping to Java packages
#
org.exolab.castor.builder.nspackages=\http://rfm.no-ip.org/schemas/
octopuss=com.tgw.schemas.octopuss,\
# Set to true if you want to generate the equals method
# for each generated class. False by default
#
#org.exolab.castor.builder.equalsmethod=false

# Set to true if you want to use Object Wrappers
# instead of primitives (e.g Float instead of float).
# false by default.
#
#org.exolab.castor.builder.primitivetowrapper=false
# Set to true if you want the generated class #descriptors to
# expose the element and attribute names they contain.
# false by default.
#
#org.exolab.castor.builder.classdescfieldnames=false


# Set to true if you want the generated source code to
# contain Extra methods for the collection fields, such
# as get/set using the collection type in addition to
# the type-safe array.
# Set this to true if you want your code to be more
# compatible with Castor JDO. This is false by default.
#
#org.exolab.castor.builder.extraCollectionMethods=false
# Use old-style (Castor 0.9.3.9) of naming that
# uppercases names after an underscore
#
org.exolab.castor.xml.JavaNaming.upperCaseAfterUnderscore=true
```

À partir de ce fichier de configuration et de la ligne de commande suivante, il ne reste plus qu'à générer les classes Java correspondantes :

```
java org.exolab.castor.builder.SourceGenerator -i
path_to_xml_schema.xsd -dest path_to_generate_classes -package
com.automne.octopuss.xml.generation -nodesc -verbose -nomarshall
-line-separator win
```

Les options sont les suivantes :

- `-i` : chemin du flux XSL ;
- `-dest` : chemin de destination des classes générées ;
- `-package` : package par défaut des classes générées ;
- `-nodesc` : pas de classes de description liées à la génération des classes ;
- `-nomarshall` : pas de méthodes de sérialisations/désérialisations au format XML ;
- `-verbose` : passage en mode débogage lors de la génération ;
- `-line-separator win` : séparateur de lignes à la mode Windows.

Appliqué au dernier XML Schema, ceci génère quatre classes (Livre, Type_Livre, Type_Avis, MultimediaProduits) dont je vous invite à aller voir le code source sur le site d'Eyrolles.

Pour plus de précisions sur le code, référez-vous au code source disponible :
- www.editions-eyrolles.com
- http://rfm.no-ip.org/octopuss/

Où en sommes-nous pour Octopuss ?

Nous venons de générer l'ensemble des objets servant de fondation métier à l'application suivant le modèle multicouche vu au chapitre 1. Nous allons maintenant les habiller pour les présenter aux futurs utilisateurs (couche de présentation). Pour cela, l'étude du langage XSL (*eXtensible Style Language*) est nécessaire. Le reste de ce chapitre y sera consacré.

Logique de présentation : le langage XSL

Le langage de présentation web, HTML, est devenu avec le temps, un langage « poubelle », mêlant données et présentation. Dans la galaxie XML, son remplaçant est le langage XSL. Décoré du langage FO (*Formating Object*), il permet de déclarer des sémantiques spécifiques à une page de présentation. Plus généralement, XSL est accompagné de styles bien définis exprimés dans le langage CSS (*Cascading Style Sheet*). Avant toute chose, concentrons-nous sur XSL et XSLT (transformation XSL, sous-partie du langage XSL).

XSL/XSLT n'est pas utilisé que pour le rendu XML au sens web du terme. Il a pour but premier la transformation de données XML. Le format de sortie de cette transformation est multiple : XML, HTML, texte brut... Ceci est la norme XSLT. La norme XSL-FO définit la présentation pour impression de ces données. Toutefois, le but premier du rendu XSL est de couvrir la présentation de données XML pour le plus grand nombre de navigateurs hétérogènes possibles : affichage sur écran, WML pour les PDA (*Personal Data Assistant*) ou encore téléphones portables, RTF pour Word ou PDF...

Les derniers navigateurs, tels que Internet Explorer 5 et 6, permettent le rendu direct de flux XML lorsque ceux-ci renseignent en leur sein la feuille de style à appliquer. Toutefois, pour des questions de performance (gestion de caches de pages générées sur le serveur), de maîtrise de la transformation (couverture de l'ensemble des navigateurs possibles), il est recommandé d'exécuter cette transformation côté serveur. On parle à ce moment-là de processeur XSLT, comme le montre la figure 4-3.

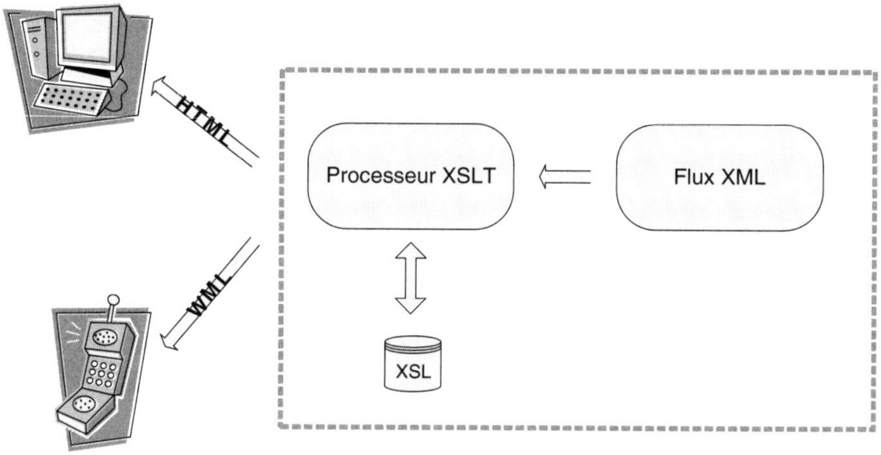

Figure 4–3
Architecture XSLT

Héritage du DSSSL (*Document Style Semantics and Specification Language*), langage de style pour les documents SGML, XSL est devenu une recommandation du W3C le 16 novembre 1999. Basé sur le langage XML, un flux XSL doit en respecter la spécificité et donc être bien formé. Ainsi, la balise racine de tout document XSL est-elle la suivante :

```
<xsl:stylesheet xmlns:xsl="http://www.w3.org/1999/XSL/Transform">
```

Cette balise est couramment suivie par la spécification de la balise de sortie de la transformation :

```
<xsl:output method="html|xml|text" version="…" indent="yes|no"
encoding="ISO-LATIN-15" omit-xml-declaration="true|false"/>
```

où l'attribut `method` déclare le type du format en sortie, le paramètre `indent` joue sur l'indentation du flux de sortie, et le paramètre `encoding` sur son encodage. Enfin, l'attribut `omit-xml-declaration` à valeur booléenne permet d'ajouter ou d'omettre la déclaration de documents XML au flux de sortie.

Le principe (*processing instruction*) du langage XSL réside dans la déclaration de règles à appliquer à un arbre, sans toutefois le modifier, pour produire un arbre de sortie. XSLT est un langage déclaratif. Il se veut fonctionnel. La logique de programmation est totalement différente des langages à programmation structurée. Ce langage s'appuie sur des règles de production afin d'obtenir un rendu texte voire web. Ce dernier peut être aussi utilisé pour obtenir des pages prêtes à l'impression. Pour exécuter ces règles, le langage XSL s'appuie sur le langage de requête XPath. Celui-ci permet la sélection des informations des nœuds de l'arbre du flux XML.

La structure d'un document XSL est la même que celle d'un flux XML : composition de nœuds et d'éléments. Les règles de transformation sont définies à partir d'un contexte de la structure arborescente (en général, nœud-racine du document XML à transformer). L'application de ces règles s'effectue sur les éléments feuilles du document en progressant par ordre décroissant dans l'arbre hiérarchique.

XSL consiste à définir des règles de transformation pour produire un nouvel arbre. Ces règles sont définies au format XML. Pour cela, deux stratégies de programmation sont disponibles : la programmation structurée et la programmation par prédicat. La programmation par prédicat utilise la balise `<xsl:template>`. Celle-ci est indispensable pour déclarer l'ensemble de toutes les transformations futures basées sur des règles conditionnelles au format XPath. Elle englobera donc la programmation structurée. Cet élément est toujours utilisé au début d'une feuille de style pour indiquer au processeur la marche à suivre. La balise `<xsl:template>` dispose de deux attributs essentiels :

- `match` : sélection d'une condition exprimée en requête XPath. La balise complète qui conditionne le départ de toutes les transformations d'un flux XSL est donc `<xsl:template match ="/" >` le slash « / » symbolisant le nœud racine du flux XML à transformer.
- `name` : définition d'un template à exécuter en lui fixant un nom. Ce template sera appelé par la balise `<xsl:call-template>` dans la partie exécution des règles de transformation du flux XSL. Il sera possible d'y affecter des arguments en paramètres via la balise `<xsl:param>`.

Pour faire appel à l'ensemble des règles définies via la balise `<xsl:template>`, il existe une instruction représentée par la balise `<xsl:apply-templates>`. Celle-ci va indiquer au processeur qu'il doit parcourir la structure arborescente de notre document XML de manière hiérarchique. Ainsi, en fonction de chaque nœud rencontré, il regarde si celui-ci est référencé dans la page XSL et en fonction applique les transformations sur l'arborescence du nœud en tant que contexte. Un template peut s'appliquer de deux manières : soit implicitement en le sélectionnant (utilisation de l'attribut `select` de la balise `<xsl:apply-templates>`), soit explicitement en le nommant (utilisation de la balise `<xsl:call-template>` avec son attribut `name`).

Par ailleurs, il est possible d'inclure des feuilles de styles imbriquées les unes dans les autres via la balise `<xsl:include>` et d'en importer via la balise `<xsl:import>`. La différence majeure entre ces deux balises concerne le mécanisme de surcharge/redéfinition de règles par le mécanisme d'héritage.

EXPERTISE La balise text

Il existe une balise utilisée uniquement dans le but d'une transformation HTML, `<xsl:text>`, qui permet d'obtenir des pages XML ou HTML valides au sens W3C du terme.
La règle suivante : `<xsl:text disable-output-escaping="yes"><a> </xsl:text>` générera la balise <a> en HTML.

<xsl:import> permet de redéfinir des règles de transformation <xsl:include> n'en permet que l'utilisation.

Ce que j'appelle programmation structurée en XSL consiste en un ensemble des balises décrites ci-après.

Balise	Description
<xsl:for-each>	Grâce à l'attribut `select`, qui effectue une corrélation avec une expression XPath, cette balise permet de définir un traitement itératif, alternatif à la programmation par prédicat via la balise <xsl:template>.
<xsl:if>	Permet de tester grâce à l'attribut test, une requête XPath. Cette balise ne peut faire d'autres types de tests de langage de programmation. Ainsi il n'existe pas de balise <xsl:else>.
<xsl:choose> <xsl:when> <xsl:otherwise >	Ces trois balises correspondent au type de test « switch…case… default » de programmation structurée, c'est-à-dire au test d'une liste de choix. Ceci peut être considéré comme une alternative à l'inexistence du bloc <xsl:else>.
<xsl:value-of>	Cette balise récupère la valeur de l'élément spécifié par l'attribut `select` contenant la requête XPath.
<xsl:variable>	Permet de définir des variables immuables (constantes) dont la portée est limitée aux sous-éléments.
<xsl:element>	Permet de créer dans une feuille de styles des balises avec ou non des attributs en langage XML.
<xsl:attribute>	Il s'agit, la plupart du temps, d'une sous-balise de <xsl:element>. Elle peut toutefois être utilisée pour spécifier un attribut d'une balise quelconque.
<xsl:sort>	Permet de trier un ensemble de résultat de requête XPath remonté par l'attribut `select`. Le tri est caractérisé par les attributs : `order` (ascendant ou descendant), `case-order` (prise en compte de la casse pour l'ordre de tri) et `data-type` (texte, nombre ...).
<xsl:copy-of>	Crée une copie du nœud sélectionné.
<xsl:pi>	Permet de créer une *processing instruction.*

Après ce bref aperçu de la technologie XSL, plongeons-nous dans un exemple simple avant de faire le grand saut avec un exemple dans Octopuss.

Un exemple simple pour une première mise en pratique

Affichage d'une liste de nouvelles

Une balise <demonews> rassemblant l'ensemble des news

Une news composée :
d'un identifiant
d'un titre
d'une description
d'un lien (+ indication)
d'une date
d'un auteur

```
<?xml version="1.0" encoding="ISO-LATIN-15"?>
<demonews>


 <news id= "1">
  <titre>titre1</titre>
  <description>description1</description>
  <lien>lien1</lien>
  <date>date1</date>
  <auteur>auteur1</auteur>
 </news>
 <news id = "2">
  <titre>titre2</titre>
  <description>description2</description>
```

```
    <lien>lien2</lien>
    <date>date2</date>
    <auteur>auteur2</auteur>
  </news>
</demonews>
```

Le XSL décorateur

```
<?xml version="1.0" encoding="UTF-8" ?>
<xsl:stylesheet xmlns:xsl="http://www.w3.org/1999/XSL/Transform"
    version="1.0">
```

Déclaration d'un document XSL

```
<xsl:template match="/">
```

Appliquons la transformation au nœud racine (« / »).

```
 <html>
  <head>
   <title>Site de DemoNews</title>
  </head>
  <body>
   <h1>  Site de DemoNews </h1>
    <table>
```

Partie HTML statique

```
     <xsl:for each select="demonews/news">
```

Pour chaque news rencontrée, faire l'affichage :
du titre
de l'auteur
de la description

```
     <tr><td>Titre</td><td><xsl:value-of select="titre"/></td></tr>
     <tr><td>Auteur</td><td><xsl:value-of select="auteur"/></td></tr>
     <tr><td>Description</td><td>
         <xsl:value-of select="description"/></td></tr>
     <tr><td>Pour en savoir plus: </td><td>
      <xsl:element name="a">
```

Ajout de l'élément a (balise lien HTML)

```
       <xsl:attribute name="href">
         <xsl:value-of select="lien/@link"/>
       </xsl:attribute>
```

Ajout de l'attribut `href` à l'élément <a> qui a pour valeur l'attribut `link` de lien.
Astuce : Ne pas laisser d'espace pour la balise `href`, lorsque le contenu est dynamique pour éviter une mauvaise interprétation de la balise générée par les navigateurs.
Astuce : Dans une balise HTML, pour un attribut, on ne peut y ajouter une instruction XSL comme valeur dynamique. On est donc obligé d'utiliser la balise `<xsl:attribute>` pour définir la valeur dynamique de l'attribut via la balise `<xsl:value-of/>`.

```
      <xsl:value-of select="lien"/>
```

L'élément a encadre le texte représenté par la valeur de la balise `lien`.

```
      </xsl:element>
     </td></tr>
     <tr><td>date</td><td><xsl:value-of select="date"/></td></tr>
```

Affichage de la date

```
    </xsl:for-each>
```

Fin de la boucle…

```
    </table>
   </body>
  </html>
</xsl:template>
</xsl:stylesheet>
```

Fin de la transformation sur l'arbre source ▸ `</xsl:template>`

Fin du document XSL ▸ `</xsl:stylesheet>`

Nous obtenons le code suivant :

Résultat

```
<html>
 <head>
  <meta http-equiv="Content-Type" content="text/html; charset=utf-8">
  <title>Site de DemoNews</title>
 </head>
 <body>
  <h1>  Site de DemoNews </h1>
  <table>
   <tr>
    <td>Titre</td>
    <td>titre1</td>
   </tr>
   <tr>
    <td>Auteur</td>
    <td>auteur1</td>
   </tr>
   <tr>
    <td>Description</td>
    <td>description1</td>
   </tr>
   <tr>
    <td>Pour en savoir plus: </td>
    <td><a href="http://link1">lien1</a></td>
   </tr>
   <tr>
    <td>date</td>
    <td>date1</td>
   </tr>
   <tr>
    <td>Titre</td>
    <td>titre2</td>
   </tr>
   <tr>
    <td>Auteur</td>
    <td>auteur2</td>
   </tr>
   <tr>
    <td>Description</td>
    <td>description2</td>
   </tr>
   <tr>
    <td>Pour en savoir plus: </td>
    <td><a href="http://link2">lien2</a></td>
   </tr>
```

```
    <tr>
     <td>date</td>
     <td>date2</td>
    </tr>
  </table>
 </body>
</html>
```

dont voici le rendu web (figure 4-4) :

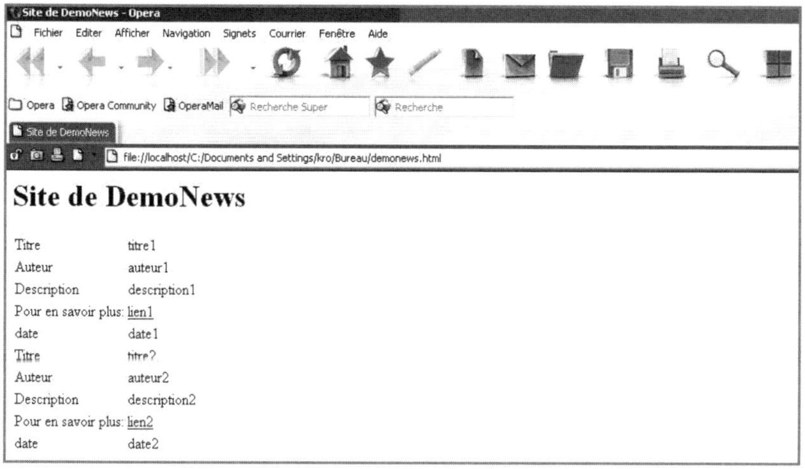

Figure 4–4
Rendu web

Après cet exemple affichant une liste simple de nouvelles, appliquons la méthode de programmation par prédicat à Octopuss.

Pour habiller le flux de données vu au début de ce chapitre, nous allons utiliser une stratégie de programmation par prédicat. Celle-ci consiste en des appels événementiels de fonctions lors de la rencontre de certaines balises d'un flux XML définies par des requêtes XPath.

Définition de templates XSL pour habiller Octopuss

```
<?xml version="1.0" encoding="UTF-8" ?>
<xsl:stylesheet version="1.0" xmlns:xsl="http://www.w3.org/1999/XSL/
Transform">
 <xsl:template match="/">
  <html>
   <body>
   [......]
    <a href="Livres.htm">Livre</a>
    [......]
    <a href="Livre_informatique.htm">Informatique</a>
    [......]
    <xsl:apply-templates/>
   </body>
  </html>
```

- Début du document XSL
- Début de transformation sur le nœud racine
- Partie HTML statique
- On applique tous les prédicats qui correspondent par leur requête XPATH.

Fin de transformation sur l'arbre XML d'entrée

```
</xsl:template>
```

Appel à différents prédicats lors de la rencontre de la balise `multimedia-produits/livre`
Le template `Infos`, contient :
image du livre, titre, nom de l'éditeur, son prix.

```
<xsl:template match="multimedia-produits/livre">
 <xsl:call-template name="Infos"/>
 <xsl:call-template name="resume"/>
 <xsl:call-template name="avis-magasin"/>
 <xsl:call-template name="fiche-detaillee"/>
 <xsl:call-template name="vosavis"/>
</xsl:template>
```

Début du template `Infos`

```
<xsl:template name="Infos">
 <table border="0" cellPadding="0" cellSpacing="0"
        class="topfiche" width="100%">
  <tr>
  <td vAlign="top" width="15%" align="center">
    <xsl:element name="img">
```

Ajout de l'élément HTML `<img>` via la balise `<xsl:element>` avec ses attributs propres (`<xsl:attribute>`) .
But : avoir une image dynamique

```
     <xsl:attribute name="height">87</xsl:attribute>
     <xsl:attribute name="width">76</xsl:attribute>
     <xsl:attribute name="src">
      <xsl:value-of select="image"/>
     </xsl:attribute>
    </xsl:element>
    <br/>
   </td>
   <td vAlign="top" width="85%">
    <i>
     <font face="Comic Sans MS" size="4">
```

Affichage de la valeur du titre du livre (contenu dynamique)

```
      <xsl:value-of select="titre"/>
     </font>
    </i>
    <p>
     <span style="font-weight: 400">
      <i>
       <font face="Comic Sans MS" size="3">
```

Affichage du nom de l'auteur

```
        <xsl:value-of select="auteur"/>
       </font>
      </i>
     </span>
    </p>
    <h5>
     <span style="font-weight: 400">
      <i>
       <font face="Comic Sans MS" size="3">
```

Affichage du nom de l'éditeur

```
        <xsl:value-of select="editeur"/>
       </font>
      </i>
      </span>
    </h5>
    <p>
     <em>
      <font face="Comic Sans MS" size="3">Prix : <i>
```

```
        <xsl:value-of select="prix"/> euros</i>
```

Affichage du prix

```
      </font>
     </em>
    </p>
   </td>
  </tr>
 </table>

</xsl:template>
```

Fin du template `Infos`

```
<xsl:template name="resume">
```

Template portant le nom de `resume` : Il contient le résumé du livre.

```
 <table cellPadding="50" cellSpacing="0">
  <tr>
   <td>
    <i><font face="Comic Sans MS"><span>Résumé</span></font></i>
    <hr/>

    <p><font face="Times New Roman">
       <xsl:value-of select="resume"/></font></p>
```

Affichage du résumé en police Times New Roman

```
   </td>
  </tr>
 </table>

</xsl:template>
```

Fin du template

```
<xsl:template name="avis-magasin">
```

Template `Avis du magasin`

```
 <table cellPadding="50" cellSpacing="0">
  <tr>
   <td>
    <i><font face="Comic Sans MS"><span>Avis du magasin</span></font>
    </i>
    <hr/>

    <p><xsl:value-of select="avis[@id-auteur='self']"/></p>
```

Astuce : pour différencier les avis du magasin des utilisateurs : recherche de l'avis avec la valeur de l'attribut `id-auteur` à `self`.

```
   </td>
  </tr>
 </table>

</xsl:template>
```

Fin du template Avis du Magasin

```
<xsl:template name="fiche-detaillee">
```

Template `fiche-detaillee`

```
 <table cellPadding="50" cellSpacing="0" width="100%">
```

Réaffichage des informations

```
  <tr>
   <td>
    <i><font face="Comic Sans MS"><span>Fiche détaillée</span></font>
    </i>
    <hr/>
    <table border="0" cellPadding="0" cellSpacing="0"
           class="divdetail" width="100%">

     <tr>

      <td><i><font face="Comic Sans MS">Auteur :
          <xsl:value-of select="auteur"/></font></i></td>
```

Auteur

```
     </tr>
```

Editeur ▸

Collection ▸

Type ▸

Date de sortie ▸

Isbn ▸

```
        <tr>
         <td><i><font face="Comic Sans MS">Editeur :
             <xsl:value-of select="editeur"/></font></i></td>
        </tr>
        <tr>
         <td><i><font face="Comic Sans MS">Collection :
             <xsl:value-of select="collection"/></font></i></td>
        </tr>
        <tr>
         <td><i><font face="Comic Sans MS">Type :
             <xsl:value-of select="type"/></font></i></td>
        </tr>
        <tr>
         <td><i><font face="Comic Sans MS">Date de Sortie :
             <xsl:value-of select="date-de-sortie"/></font></i></td>
        </tr>
        <tr>
         <td><i><font face="Comic Sans MS">ISBN :
             <xsl:value-of select="isbn"/></font></i></td>
        </tr>
       </table>
      </td>
     </tr>
    </table>
```

Fin du template `fiche-detaillee` ▸

```
  </xsl:template>
```

Template nommé `vosavis` ▸

```
  <xsl:template name="vosavis">
   <table cellPadding="50" cellSpacing="0" width="100%">
    <tr>
     <td>
      <i><font face="Comic Sans MS"><span>Vos avis</span></font></i>
       <hr/>
      <table border="0" cellPadding="0" cellSpacing="0"  width="100%">
```

Affichage de tous les avis sauf celui dont l'`id-auteur` vaut `self` ▸

```
       <xsl:for-each select="avis[@id-auteur!='self']">
         <tr>
         <td><xsl:value-of select="@id-auteur"/> :
             <xsl:value-of select="."/></td>
        </tr>
        </xsl:for-each>
       </table>
      </td>
     </tr>
    </table>
```

Fin du template `vosavis` ▸

```
 </xsl:template>
```

Fin du document XSL ▸

```
 </xsl:stylesheet>
```

Le flux XML vu dans un navigateur après transformation XSL est présenté ci-dessous :

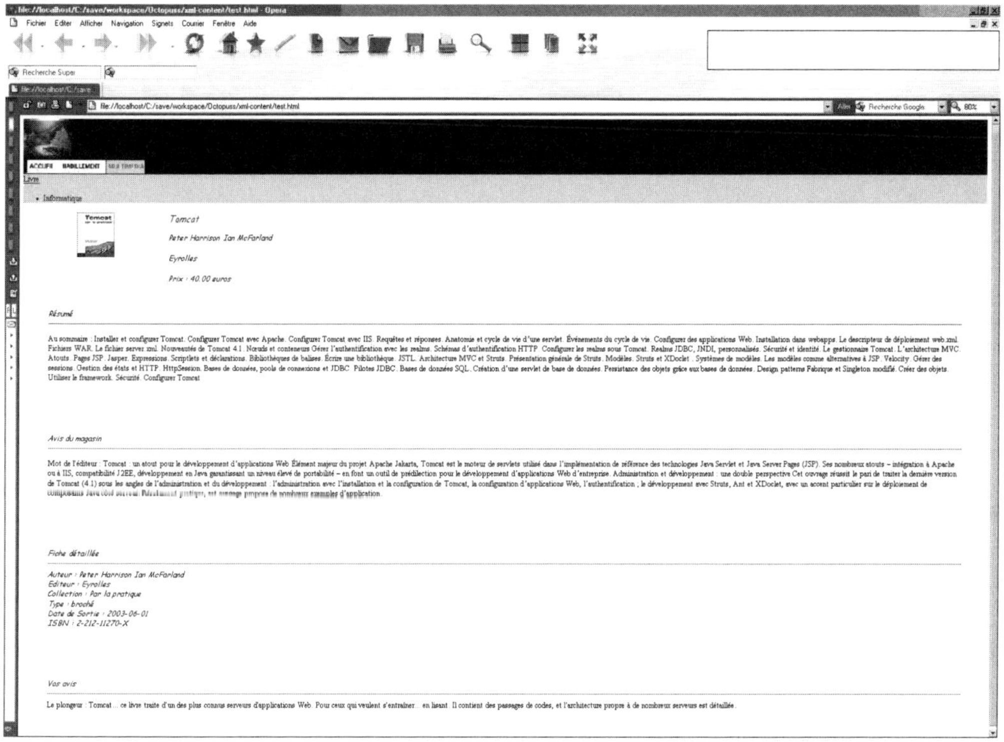

Figure 4–5
Rendu HTML de la transformation XSL

En résumé...

Dans ce chapitre, nous venons de découvrir une pratique qui doit être utilisée dans tout projet Java mêlant des objets XML métiers : la partie génération d'objets métiers. Synthétisés sous forme d'une grammaire telle que XML Schema, ils sont publiables grâce aux frameworks Java de DataBinding tels que Zeus, Castor ou encore JAXB. Pour sa présentation sous n'importe quelle forme, un flux XML dispose de son propre langage : XSL. Nous avons donc vu dans ce chapitre tous les ingrédients du moteur de présentation de données dynamiques. Dans le futur chapitre, nous allons dresser les grandes lignes de l'architecture que doit suivre tout framework de présentation de données dynamiques, comme le permet entre autres le framework de Jakarta : Struts...

chapitre 5

Navette
Spring
WebWork
Tapestry
Cocoon
Barracuda
StrutsCX
Stxx
Struts

Struts, partie émergée de l'application ?

Dans le monde Java/J2EE, il existe de nombreuses et diverses possibilités techniques pour mettre en place la charte graphique d'un site web. Avec l'émergence de solutions basées sur la technologie XML (XSL-XUL...), celles-ci n'en sont que décuplées... Ce chapitre va tenter de vous aider à choisir votre technologie à travers l'examen de briques de présentation que sont Barracuda, Struts et Cocoon.

SOMMAIRE

- Présentation de flux XML en J2EE : étude des patterns MVC et MVC2
- Étude du framework Barracuda : architecture
- Étude du framework Struts : architecture, *taglibs*, plug-in
- Étude du framework Cocoon : architecture
- Exemple d'une transformation XSL d'un flux XML dans chaque framework XML étudié.

MOTS-CLÉS

- API Servlet
- Barracuda
- Cocoon
- JSP
- MVC
- MVC2
- Navette
- Struts
- StrutsCX
- Stxx

Les années 2000 ont marqué un tournant dans la présentation d'information au format web. Le monde web se résumait avant l'arrivée de Java à des scripts de sites vitrines où l'interactivité reposait sur des CGI ayant de nombreux inconvénients (mélange de la logique métier à du code de présentation de données, temps de réponse non optimal par défaut de prise en charge d'un cache et de gestion de *pool* de *threads*).

Dans ce chapitre, nous allons nous attacher tout d'abord à la description de deux paradigmes qui sont la base de tout framework de présentation web : le pattern MVC et son évolution de seconde génération MVC2. Nous étudierons ensuite succinctement l'architecture de différents frameworks, notamment Barracuda, avant d'aborder l'incontournable Struts. Ce chapitre n'a pas pour vocation de décrire en détail ce framework.

Pour l'étude en détails de Struts, voici quelques références de livres :
- *Struts in Action* de Ted Husted
- *Programming Jakarta Struts* de Cavaness

Pour continuer dans l'étude de XML, nous nous attarderons sur deux extensions de Struts concurrentes, StrutsCX et Stxx, mettant en œuvre une présentation web basée sur du XML. Ainsi, pour que vous ayez une vision générale et globale de l'offre des frameworks Java de présentation web et de publication, le chapitre se clôturera par une étude de Cocoon, framework de publication par excellence à base de XML.

Partie visible de J2EE : la présentation

Pour approfondir ce sujet, se reporter au :
- *Cahier du programmeur Java 1.4 et 5.0* d'E. Puybaret, Eyrolles 2004

Prémices d'une nouvelle ère : le modèle MVC

Dans les années 1998-2000, les architectes de Sun se sont plongés dans la conception d'un framework basé sur le modèle MVC (Modèle Vue Contrôleur) à partir du langage Java. Ceci a donné naissance au framework J2EE de Sun respectant la norme du même nom. Ce dernier est composé de trois API distinctes et complémentaires : l'API Servlet comme contrôleur, l'API EJB comme modèle et enfin l'API JSP comme vue. Le rôle respectif de chacune de ces API est le suivant :

1. Contrôleur : cerveau de l'ensemble du principe, il gère les entrées/sorties du framework et coordonne l'enchaînement des opérations.
2. Modèle : il contient les fonctionnalités applicatives tout en construisant les données indépendamment du mécanisme d'affichage.
3. Vue : elle est chargée de la mise en page des données du modèle, que lui transmet le contrôleur.

Ceci peut être symbolisé comme sur la figure 5-1.

DESIGN PATTERN MVC, le Modèle Vue Contrôleur

Le pattern MVC est apparu dans les années 1970 comme conséquence de l'utilisation de composants de client graphique (UI) léger. Ce pattern fut mis au point par le docteur Trygve Reenskaug, travaillant pour l'Institut central de recherche industrielle. Il rédigea dans un essai (*Administrative Control in the shipyard*) le concept de ce pattern : une stratégie de modélisation d'un système d'information reposant sur une décomposition d'un système large et complexe en composants modulaires. Ce principe a été repris par la suite dans le langage objet Smalltalk, sous l'idée conceptuelle de séparation des composants métiers, graphiques ou d'accès aux données. Malheureusement, ce concept s'est tellement vulgarisé qu'il est utilisé à tort et à travers, dans toutes sortes de frameworks.

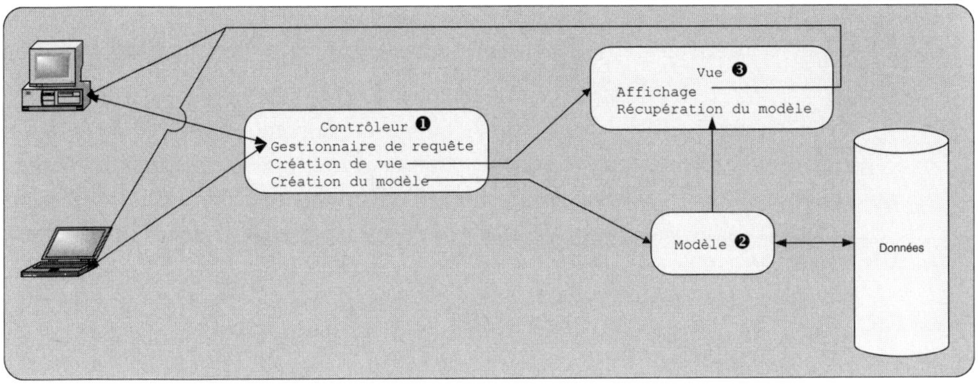

Figure 5–1
Le pattern MVC

POUR INFORMATION EJB, Entreprise Java Bean

Norme de Sun pour composants métiers à des fins de logique répartie. Ne confondez pas avec la norme Java Bean, qui est une norme d'écriture d'objets Java possédant des accesseurs en lecture (`get`) et en écriture (`set`) sur leurs attributs et possédant de 0 à n méthodes métiers. Cette norme propose différents types de composants : les EJB Session (fabrique de service dit « métier » répartie), les EJB Entity (gestionnaire de mapping d'objets Java), les EJB Message (apparu en version 2, gestionnaire de queue de messages, utilisé principalement avec les middleware asynchrones tels que MQ-Series). Par ailleurs, il existe deux types de Session Bean : Stateless et Statefull, c'est-à-dire possédant un contexte avec un client ou non, les Stateless étant plus performants que les Statefull. Il existe aussi deux types d'Entity Bean : les BMP (*Bean Manager Persistence*) qui gèrent eux-mêmes leur persistance et les CMP (*Container Manager Persistence*), qui laissent le conteneur gérer la persistance. Enfin, les EJB sont des composants ayant leur propre cycle de vie et qui sont hébergés dans un conteneur. L'accès dynamique à un EJB, c'est-à-dire sans connaître son emplacement physique, s'effectue via l'API JNDI (serveur de noms pour des objets).

Pour plus de détails sur les EJB, se reporter au :
Cahier du programmeur J2EE de Jérôme Molière, Eyrolles 2004

Les inconvénients du modèle MVC proviennent de l'essence même de ce pattern. En effet, lorsque l'on applique ce même principe à l'ensemble d'un site web, avec un nombre d'écrans élevés, il s'avère que la maintenance des différents contrôleurs et vues à gérer devient délicate. Il faut bien se rendre compte que dans ce modèle de gestion d'événements, chaque contrôleur est spécifique à la requête HTTP à traiter, ce qui pose donc des problèmes de configuration, d'évolution et de réutilisation.

Une simplification du paradigme réside dans la seconde génération de ce pattern, plus communément appelé MVC2. Cette variante consiste à utiliser un unique contrôleur pour l'ensemble des requêtes. Pour chaque requête, le contrôleur délègue à une classe nommée la plupart du temps `Action`, les opérations à effectuer sur le modèle. Le modèle et la vue restent inchangés dans cette nouvelle architecture. Ainsi, l'explosion du nombre de contrôleurs est évitée, permettant aussi une meilleure réutilisation des classes `Action`. Ceci constitue le principal avantage de cette approche.

Pourquoi utiliser le modèle MVC2 alors que l'on aurait très bien pu gérer au sein d'un même contrôleur tous les appels aux différentes méthodes métiers au moyen de l'opérateur non-objet `switch-case` ?

La réponse à cette question est simple et sans équivoque. Une méthode d'une classe Java ne doit pas dépasser au grand maximum une vingtaine de lignes, et ne doit jamais dépasser la taille fatidique des 64 ko. En concentrant tous les appels à la logique métier dans un unique contrôleur (en J2EE, un servlet), ce dernier devient trop gros pour être évolutif tout en étant source d'anomalies et d'effets de bords indésirables. Pour résoudre ce problème, le principe du pattern MVC2 repose sur le design pattern Commande. Celui-ci constitue la nouveauté de la seconde génération du paradigme MVC.

Le pattern Commande permet pour le modèle MVC2 d'invoquer une opération bien précise par rapport à une source d'événements. En J2EE, pour de nombreux frameworks, la source d'événements est l'analyse de la chaîne de caractères représentée par l'URL. Pour cela, un fichier de liaison ou de correspondance est nécessaire, permettant au contrôleur unique de déléguer à une classe `Action` l'exécution du traitement métier de la couche fonctionnelle de l'application, comme le montre la figure suivante.

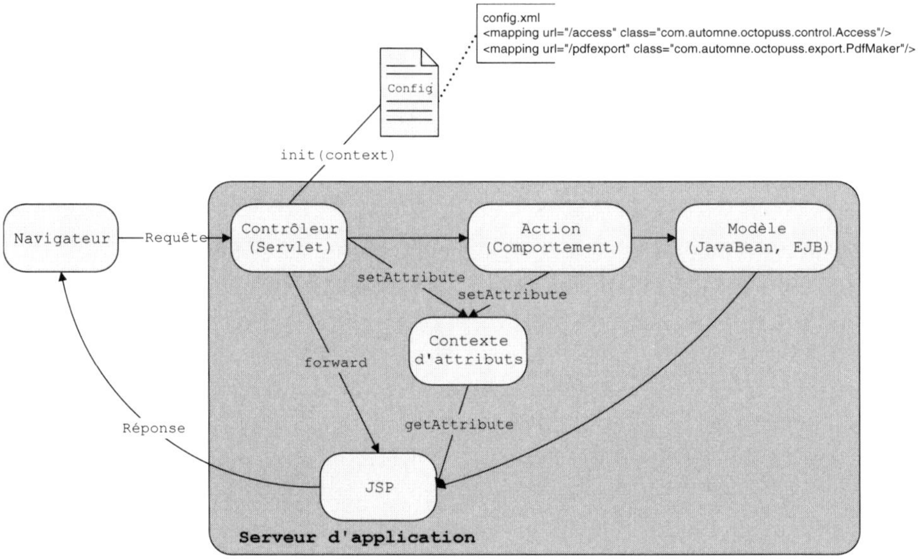

Figure 5–2
Le pattern MVC2

L'avantage du pattern MVC2 est donc une simplification du paradigme MVC en utilisant un contrôleur unique et de multiples classes correspondant à l'ordonnancement de la logique métier dédiée à tout un site. Il rend ainsi l'application plus évolutive, plus simple à maintenir, mais aussi plus rapide à produire, l'architecture même de ce pattern permettant de paralléliser le développement des tâches.

Le pattern MVC2 est la base de nombreux frameworks d'IHM dans le monde J2EE. La société Automne, ne sachant choisir parmi ces différentes offres pour la couche de présentation d'Octopuss, décide donc de faire une étude sur un ensemble de frameworks reconnus, ainsi que sur un *outsider*, afin d'évaluer au mieux le coût de chacun.

Pourquoi un framework pour une application J2EE ?

L'utilisation d'un framework pour la couche de présentation, comme pour toutes les autres couches, a l'avantage de répondre à beaucoup de problématiques comme celles de la modélisation et de l'implémentation. En fournissant un cadre ainsi qu'un modèle de développement testé et éprouvé, le choix d'un framework est primordial pour le bon développement et la durée de vie d'une application. Par défaut, un framework répond aux besoins qui ont amené à sa création, ce qui implique certainement un manque de souplesse et une perte de temps, si celui-ci est utilisé dans un cadre non adéquat. L'étude d'un framework est une étape nécessaire pour en déterminer son utilisation dans une application, puisqu'une modification qui paraît mineure peut se révéler à terme impossible !

La couche de présentation pour une application web est celle où l'on va informer l'utilisateur des fonctionnalités d'un site. Elle nécessite, comme pour toutes les autres couches du modèle n tiers, une structure, un cadre de modélisation. L'utilisation d'un bon framework pour une couche donnée permet au développeur de ne pas réinventer la roue pour des problèmes complexes ! Il est intéressant pour une application web d'utiliser un framework pour chaque couche, puisqu'en général celui-ci répond à un type précis de problématique. La résolution de problème de présentation d'information n'implique pas que l'on doive coupler à un composant graphique de la logique métier ou de la persistance. Il est, par exemple, aberrant d'avoir du code JDBC dans une JSP !

Barracuda : un framework qui fait swinger le web !

Comme nous venons de le voir, un framework est un outil de développement imparfait à résoudre tous les problèmes. Il est donc logique d'en trouver dans le monde J2EE une immense variété, chacun se voulant le modèle parfait. Chaque framework, spécialisé sur un pattern bien particulier, apporte des améliorations sensibles pour le processus de développement, en restant bien trop souvent limité par son propre modèle de conception.

Barracuda, la solution ultime au framework orienté JSP ?

Basé sur la technologie XMLC d'Enhydra, Barracuda est un pas en avant dans l'amélioration de la séparation de la logique métier et du contenu, comme tente de le proposer Struts sans y arriver pleinement du fait de sa trop grande souplesse. Barracuda fait le pari de transformer en client-serveur toute application web. Il est centré sur la technologie de composant qui agit comme dans l'environnement classique du client-serveur. Les avantages de cette philosophie sont nombreux. Les composants fournissent un haut niveau d'abstraction, ce qui permet ainsi au développeur de ne pas s'occuper du rendu ; le changement par événement d'une valeur dans un composant, implique un rafraîchissement de lui-même au niveau rendu. Enfin, la comparaison de ce type de framework de composants à celui de Swing est possible par l'implémentation du pattern MVC qui a démontré son réel potentiel à travers l'affichage de données à partir d'un modèle dynamique.

Architecture de Barracuda

Le framework de présentation Barracuda est construit sur une série de composants dépendants de l'API Servlet 2.2 et plus. Ces briques peuvent être utilisées indépendamment les unes des autres.

La figure suivante représente l'architecture type de Barracuda.

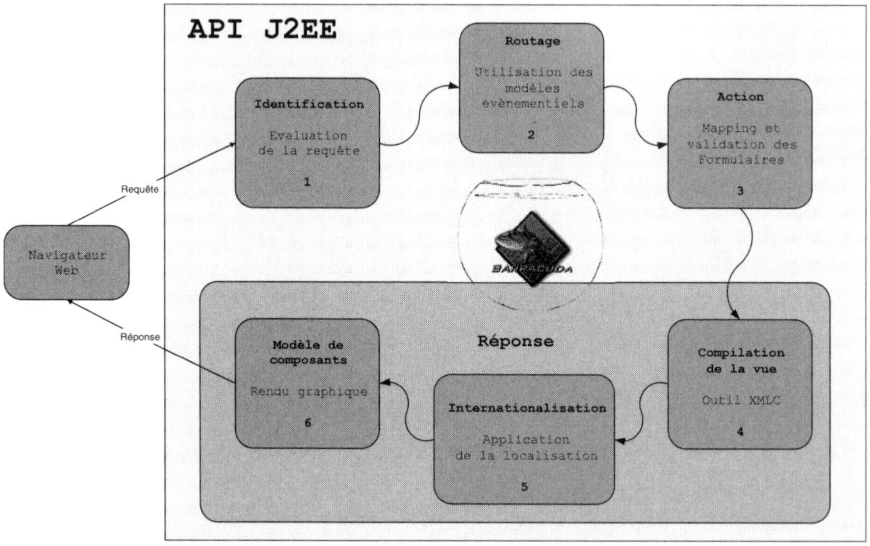

Figure 5–3
Architecture de Barracuda

Nous distinguons six points qui représentent les principales étapes à l'intérieur du framework pour traiter une requête et générer la réponse adéquate, si nécessaire.

Identification des en-têtes de la requête

Automatiquement, lors de la réception d'une requête HTTP, Barracuda analyse les capacités du navigateur qui émet la requête. En particulier, il détermine le type du client, c'est-à-dire la version du navigateur (Internet Explorer, Mozilla/Netscape, Opéra...), mais aussi les catégories de scripts supportés (Javascript, VB Script, WML Script...), le format du flux de réponse désiré (HTML, XML, PDF...), enfin la localisation du client (pays, langue...).

Toutes ces informations accompagnent la requête tout au long de son cycle de vie sur le serveur.

Validation et formulaire

Lors de la soumission d'une requête HTTP, il est souvent nécessaire de réaliser une validation de second niveau (côté serveur) des paramètres envoyés par le navigateur, avant même de débuter le traitement. Cette validation vérifie l'intégrité métier des données. Barracuda offre pour cela différentes fonctionnalités :

- un *wrapper* (objet décorateur) qui transforme les paramètres du formulaire HTTP en objets Java ;
- un ensemble de règles de validation permet d'avoir une collection commune de tâches réutilisables de validation. Ce système de règles de validation est ouvert et extensible : Barracuda permet de construire nos propres règles de validation en fournissant un modèle adéquat ; il est tout à fait possible d'agréger plusieurs règles de validation au sein d'une seule avec l'utilisation d'objets conteneurs de données.

Modèle d'événements

Ce module est le cœur du framework Barracuda. Il intervient dans tout ce qui concerne le routage. Tout d'abord, il transforme l'objet « requête HTTP » en objets événements, puis il distribue ces mêmes événements aux objets enregistrés (notion de Listener), enfin il gère, lorsque le besoin s'en ressent, les événements liés à la production d'une réponse au sens HTTP du terme.

Le modèle événementiel de Barracuda est basé sur le principe des interfaces. Cela le rend ainsi plus ouvert et personnalisable. En plus, ce framework offre l'avantage de pouvoir gérer ses propres événements. Il est ainsi possible d'utiliser une véritable technique de programmation orientée événement côté serveur pour le traitement d'une requête web, a contrario de Struts qui n'effectue qu'un simple routage vers une classe `Action` à partir de l'analyse syntaxique d'une URL.

XMLC

Les concepteurs du framework Barracuda, lorsque l'événement est traité, ne désiraient pas enchaîner sur le même comportement classique des autres frameworks de présentation web : la génération d'une vue en réponse à une requête HTTP orientée sur une unique technologie, par exemple les JSP. Ils innovèrent en créant l'outil XMLC dont le but principal consiste en la création d'objets génériques basés sur le DOM d'une page de présentation (HTML, WML, XML...). Les avantages de l'utilisation de cet outil sont nombreux :

- une séparation totale du contenu et de la présentation ;
- le développement en parallèle des deux mondes constituant l'application web (designer et développeur) ;
- l'amélioration du développement par l'utilisation des meilleur pratiques dans le sens où le développeur ne peut pas créer du code de présentation non maintenable comme il peut le faire avec une JSP ;
- la possibilité d'utiliser des options de compilation avancées, notamment :
  - le support d'une détection automatique de modification de code source et la génération du DOM adéquat si ce dernier a changé ;
  - la modification de code à la volée.

Toutes ces fonctionnalités combinées font de cet outil un mécanisme de templates performants qui n'est pas sujet aux limitations trouvées dans les approches traditionnelles des frameworks du même genre (JSP, Velocity...).

Pour plus d'informations concernant Ant, se reporter au :

Cahier du programmeur J2EE de Jérôme Molière, Eyrolles 2004

Internationalisation

Cette problématique est réduite à néant par Barracuda par la force de l'outil XMLC, qui fournit une solution unique et innovante pour l'internationalisation. Barracuda s'appuie sur le framework Ant d'Apache (mécanisme de `makefile` adapté à Java) qui fournit une tâche XMLC personnalisée. Cette tâche compile le template DOM en objets XMLC en associant à ce template un fichier de propriétés. Ce fichier appelé `master properties files` permet d'identifier des portions du template qui font référence à du texte statique certes, mais spécifique à une langue. Chaque fichier de propriétés respecte la norme du JDK de l'objet `RessourceBundle` pour l'appellation du nom de fichier.

POUR INFORMATION DOM, Document Object Model

Le DOM est une norme W3C qui définit une structure hiérarchisée arborescente d'un flux (ceci peut donc s'appliquer aux documents HTML, XML, WML...). Les recommandations du W3C sont du niveau 1, 2 et 3, le premier symbolisant un document bien formé, le deuxième que le document est valide pour une grammaire donnée, le troisième fournissant une amélioration de gestion de documents XML notamment pour les services web.

Modèle de composants

Il se situe au niveau de la création de la vue. Après avoir chargé en mémoire le template adéquat, les structures DOM sont alimentées avec les données. Malheureusement, les interfaces DOM sont des API bas niveau. Elles ne permettent pas de gérer des éléments complexes comme des listes ou des tables. L'idée qui se cache derrière le modèle de composants de Barracuda est la création d'un modèle hiérarchique de composants correspondant à des portions de l'arbre représenté par le DOM. Ainsi, au lieu de manipuler directement le DOM, on manipule des composants, ou leur affecte des données ce qui déclenche le rafraîchissement de leur affichage.

On peut comparer les composants de Barracuda à des composants graphiques IHM, similaire à ceux de SWT/SWING/AWT :

- Un composant peut contenir d'autres composants.
- L'objet le plus abstrait se nomme `BComponent`. Les objets manipulés qui en héritent sont des `BInput`, `BText`, `BTable`, `BTemplate`... représentant les objets interactifs d'une page web classique.
- Chaque composant est responsable de son rendu et de celui de chacun de ses fils.
- Le cycle de vie n'est pas imposé. Chaque composant peut être créé/caché/détruit à tout moment. De plus, il n'y a pas de restriction sur l'état du composant au cours de son propre cycle de vie.
- Certains composants de Barracuda offrent la possibilité d'intégrer des événements en leur sein. Ainsi, le serveur peut être alerté lors d'un événement type du client sur un composant donné.

Toutefois, Barracuda se différencie de Swing par sa modélisation des données, qui ne se réalise plus sur la fonctionnalité graphique associée à ces données, mais à partir de nœuds DOM.

Nous pouvons donc résumer ce modèle en concluant que Barracuda est plus centré sur les données que sur l'aspect graphique, puisque l'information graphique est encapsulée dans le template DOM de la page produite par l'outil XMLC.

Jusqu'à présent, ce modèle de composants illustre le modèle « push-MVC » (placement statique des composants graphiques dans une page). Toutefois, ce framework intègre un composant nommé `BTemplate`, qui illustre le modèle « pull-MVC » (composant graphique dynamique, piloté par programmation) que l'on retrouve dans les tags de Struts.

Le composant `BTemplate` recherche des instructions dans le template ou dans un fichier de propriétés séparé. Celles-ci correspondent à des données (technique similaire aux taglibs, à l'exception que ce modèle peut retourner des objets autres que des chaînes de caractères). Les avantages de ce composant résident dans la liberté qu'il procure aux développeurs de fournir les données nécessaires pour un nœud donné. Il est possible alors dans un template donné, figé par le compilateur XMLC, d'avoir une partie de la page libre dépendant d'un composant qui ne sera réellement connu que lors de l'exécution. Par conséquent, le designer est plus libre dans sa conception graphique de pages.

En conclusion, Barracuda reste un framework de présentation hors norme de par sa conception d'événements et son mécanisme de composants ressemblant d'une certaine manière à un mélange entre la technologie Swing et la norme JSF de Sun. Ce framework est un concurrent direct à Struts, mais il reste difficile à appréhender pour un novice. En effet, Barracuda s'oriente plus dans la conception graphique à travers le pattern MVC. Ce dernier illustre l'approche plus ancrée dans la philosophie objet pour le rendu graphique. Il est temps d'étudier un framework mettant en pratique le pattern MVC2 : Struts.

Struts : premier vrai framework de présentation du monde J2EE, bâti sur le pattern MVC2

Struts est un framework formalisant la navigation dans les applications J2EE. Chaque développeur Java utilisant Struts doit en connaître le potentiel, sinon, celui-ci peut être mal exploité : il est trop courant de voir de la logique métier dans des classes `Action`. Voyons ensemble ce que Struts doit fournir au développeur :

- une gestion des requêtes/réponses pour un utilisateur ;
- une gestion d'un contrôleur qui délègue les appels à la logique métier à d'autres processus plus en amont ;
- une gestion des exceptions métiers par une transformation nécessaire de celles-ci en une plus compréhensible par l'utilisateur ;
- un mécanisme de gestion de modèle qui peut être présenté dans une vue ;
- un mécanisme de validation côtés serveur et client.

Struts est un framework divisé en deux couches bien distinctes : Navigation et Présentation. La navigation représente le workflow des requêtes/réponses, la présentation a pour responsabilité l'affichage des données, comme le montre la figure 5-4.

Architecture interne de Struts : la réponse à ce type de problématique

Aujourd'hui, Struts est le framework le plus connu et le plus utilisé sur tous les projets web en Java. Sa particularité réside dans l'exploitation des standards de Sun (API, servlets, JSP). Cet avantage d'être centré sur les JSP est aujourd'hui son inconvénient majeur. Toutefois, avant d'en arriver à cette conclusion, étudions le cœur de son architecture.

HISTORIQUE Struts

Struts est apparu en 2000, par la contribution de plus de trente développeurs sous la direction de l'architecte Kraig R. McClanahan, qui est aussi l'architecte de Tomcat 4.x et de l'implémentation de services web de Sun. Il est aujourd'hui le leader de la norme JSF (*Java Server Face*).

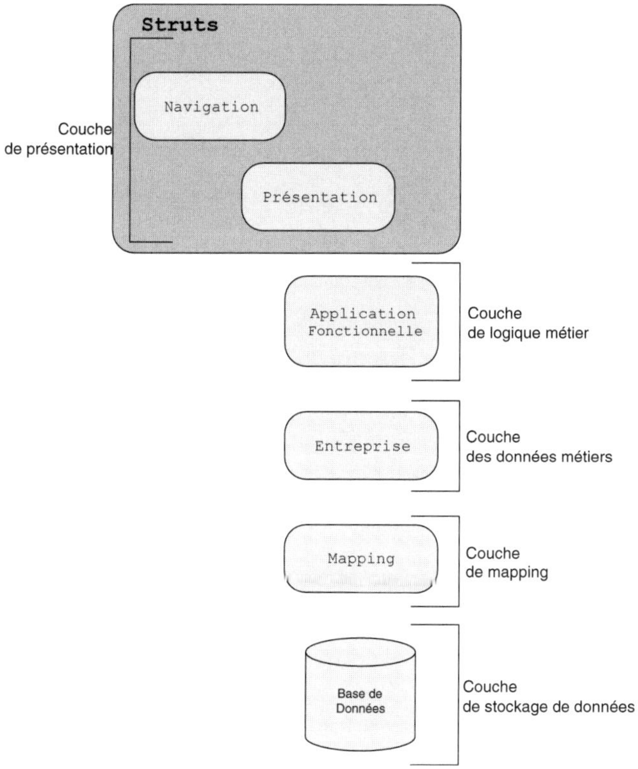

Figure 5–4
La place de Struts dans l'architecture n tiers

Comme on peut le voir sur la figure 5-5, Struts est composé des trois piliers du pattern MVC2 : Modèle, Vue, Contrôleur.

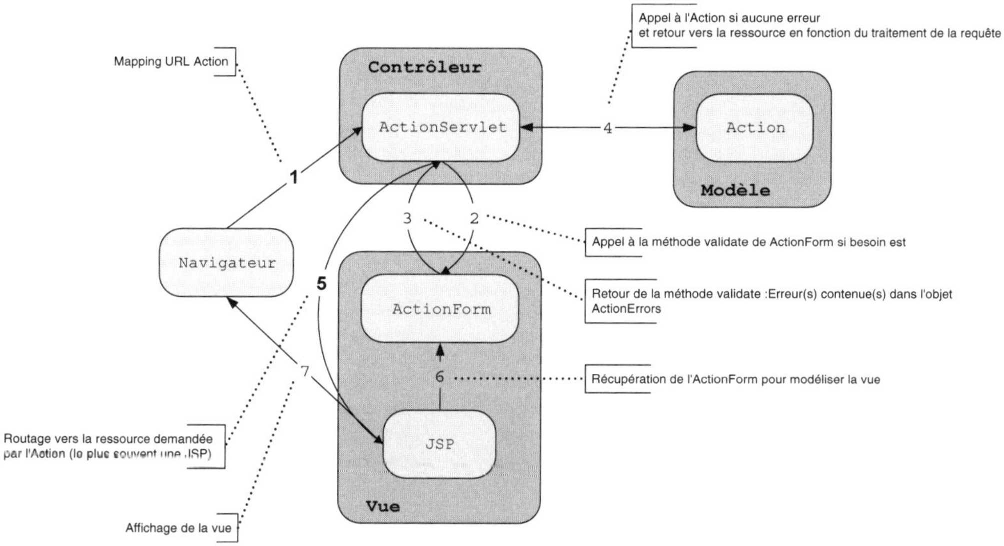

Figure 5–5
Le cycle de vie d'une requête dans Struts

Contrôleur : pièce maîtresse de Struts

Le servlet contrôleur, plus communément appelé `ActionServlet`, fournit au développeur la possibilité de jouer le rôle de centre nerveux du système, qui assure que les requêtes soient bien routées, traitées et la réponse liée, affichée. Ce dernier point est un inconvénient majeur qui oblige la classe `Action` à renvoyer un routage `ActionMapping` vers une ressource. Pour cela, on utilise un fichier de configuration XML nommé `struts-config.xml` (nom paramétrable dans le fichier `web.xml` de l'application web). Ce fichier a pour but principal de mapper les URI d'`Action` aux classes Java à instancier lors d'une requête ; cependant, il constitue aussi l'ensemble des paramètres configurables pour ce framework (définition de gestion d'exception, des ressources, des sources de données...).

Lorsqu'une requête est reçue par le contrôleur, il identifie l'URI, sélectionne la classe `Action` associée, l'instancie et la met en cache pour une future utilisation. Optionnellement, il peut remplir le formulaire lié à une `Action` associée au mapping de l'URI.

Les classes `Actions` ont comme paramètre d'entrée les données de la requête, peuvent mettre à jour le modèle (*Bean*), gèrent les erreurs et renvoient au contrôleur l'objet `ActionMapping` symbolisant une URI de ressource vers laquelle router. Cette URI peut être une page statique (HMTL), dynamique (JSP), une nouvelle `Action` ou bien encore une URL donnée. Le contrôleur retourne alors la réponse au conteneur de servlet du serveur d'application, qui se charge du routage vers la ressource demandée, généralement une JSP.

Ainsi, le contrôleur de Struts est le centre névralgique des opérations graphiques d'une application web.

POUR ALLER PLUS LOIN La notion de classe `Action`

Dans Struts, il existe dix types d'`Action` : la plus abstraite dénommée `Action` est un adaptateur, classe mère dont l'exécution se trouve dans la méthode `execute` anciennement appelée `perform`. À partir de cet adaptateur ont été déclinés neuf sous-types d'`Action`, dont voici une liste non exhaustive :

- `DispatchAction` : classe dont le but est de factoriser dans une `Action`, différents traitements métiers sur un objet donné. Pour cela, dans l'URI se trouve un paramètre défini au niveau de la définition de l'`Action` contenu dans le fichier `struts-config.xml`, permettant de jouer le rôle de sélectionneur.
- `ForwardAction`: `Action` simple dont l'unique rôle est de router vers une ressource. Une des utilisations intéressantes de ce type de classe réside dans la possibilité d'accéder à des ressources inaccessibles en appel direct. Elle joue ainsi un rôle de proxy...

Modèle : DTO de Struts

Le DTO, *Data Transfer Object*, désigne un objet conteneur de données qui navigue entre les différentes couches. Dans le contexte de Struts, il peut transiter par la requête HTTP, la session utilisateur ou encore le contexte de l'`ActionServlet`. Une problématique commune à beaucoup d'applications web est le transfert de données d'une requête HTTP, qui agit comme un fournisseur de données métiers pour la couche fonctionnelle. Comme solution à cette problématique, Struts fournit les deux classes suivantes : `ActionForm` et `Action`. La classe `Action` joue le rôle d'adaptateur (au sens design pattern du terme) entre la couche web et la couche de logique métier représentée par exemple par des JavaBean, des EJB... La classe `ActionForm` est une représentation des données contenues dans le formulaire qui a déclenché une instanciation de la classe `Action`. Celle-ci dispose d'une méthode `validate` jouant le rôle de validateur second niveau pour le contexte métier, une validation premier niveau pouvant s'effectuer dans le navigateur via JavaScript.

Vue : couche de présentation de Struts

Dans toute application web, il est nécessaire de générer une réponse à une requête client. En Struts, ceci se traduit par la couche de présentation. La technologie privilégiée de Struts pour la génération de vues est celle des JSP (servlet de présentation contenant du code HTML statique et du code Java). Pour supprimer le code Java inclus dans la JSP, la technologie des bibliothèques de tags a été inventée. Celles-ci permettent d'extraire de la JSP tout code Java en l'externalisant dans une classe appropriée. Ainsi s'effectue un meilleur découpage pour paralléliser le développement en permettant au designer web d'intégrer des données dynamiques tirées du modèle, sans aide extérieure.

Struts est centré sur les JSP. Il est évident que beaucoup d'efforts ont été investis pour les bibliothèques de tags dont nous allons fournir une liste non exhaustive :

- HTML taglib : redéfinition des balises HTML permettant une simplification de la conception de pages web, notamment avec l'ajout des formulaires dynamiques.
- Bean taglib : tags utiles pour définir de nouveaux beans provenant de sources diverses et permettant de les afficher correctement dans la page.
- Logic taglib : tags qui permettent au développeur de mettre de la logique conditionnelle dans les JSP (comparateur, condition, itération...).
- Template taglib (deprecated) : remplacée par la taglib *Tiles*.
- Tiles taglib : tags utiles pour la création dynamique de template de JSP partageant un format commun.
- JSTL (*Java Server Pages Standard Tag Library*) taglib : tags apparus dans la version 2 des JSP, redéfinissant et concurrençant les principales taglibs de Struts.

B.A.-BA Les taglibs

Au départ, les JSP contenaient du code HTML et du code Java. Pour paralléliser les développements et séparer les domaines de compétences en rendant ainsi une JSP plus maintenable, la technologie des bibliothèques de tags communément appelées *taglibs* a été créée. Toutefois, le but premier des *taglibs* est d'avoir la possibilité de coder une JSP entièrement au format XHTML, déléguant le fonctionnel dynamique à une classe Java. Apparue en notion dans la norme JSP 1.0, mais utilisée à partir de la norme JSP 1.1, celle-ci repose sur deux composants complémentaires : la description de celle-ci (grammaire TLD pour *TagLibs Descriptor*) et la classe Java liée (implémentation de l'interface `Tag`). Attention, même si le code java est externalisé, celui-ci ne doit contenir que de la restitution d'information à partir d'un contexte ou du formatage de données et non de la recherche de données (via JDBC) ou du traitement particulier métier ! Ce serait une faute de design dans le modèle n tiers. Mis à part les *taglibs* spécifiques à de la mise en page, un tag ne doit produire qu'un minimum de code HTML. Enfin, Il faut considérer les *taglibs* comme un moyen de garder la JSP comme une vue passive en permettant l'application de filtres pour la création d'interfaces homme machine.

- Custom taglib : les JSP permettent aux développeurs de créer leurs propres bibliothèques de tags. On peut intégrer n'importe quelle bibliothèque de tags d'une tierce personne, écrire notre propre bibliothèque ou bien encore hériter, voire spécialiser les tags existants de Struts.

Par ailleurs, il est possible d'utiliser une technologie différente autre que les JSP pour la couche de présentation de Struts, sans pour autant changer le contrôleur. Ce serait par exemple, l'utilisation de composants « faces » (JSF) à la place des tags de Struts, l'utilisation du moteur de template de Jakarta Velocity, ou bien encore à travers un plug-in s'orientant dans la philosophie XML de framework de gestion de contenu (Cocoon). Le support automatique des `ActionForm` et de la validation peut continuer à être utilisée puisque Struts fait uniquement attention aux paramètres de la requête HTTP et non à la technologie les soumettant.

Voici qui achève notre étude des concepts majeurs de l'architecture de Struts. La jeunesse de celui-ci n'a guère duré puisque de nombreux ajouts possibles grâce à son architecture ouverte, l'ont vite transformé en framework mature. Découvrons ces ajouts.

Les plug-ins intégrés et intégrables de Struts

Un plug-in pour Struts est en fait un utilitaire qui a pour but d'améliorer le processus de développement ou d'enrichir les fonctionnalités propres à une application.

Entre les différentes versions majeures de Struts, des modifications d'architecture ont permis d'isoler des briques composant ce framework ; cela permet une meilleure réutilisation en dehors de Struts de celles-ci (par exemple, tous les sous-projets appelés `common-*` dans le projet global Apache Jakarta). Voici une brève présentation de ces principales briques.

Digester de Struts, le data-binder hybride de Jakarta

Étudié au chapitre 3, cet outil est un utilitaire simple, mais performant construit autour d'un parseur abstrait basé sur SAX. Son utilisation consiste à convertir un document XML en un arbre d'objets Java à partir de règles décrivant une structure isomorphique.

Support de pool de connexions JDBC

Struts permet de définir des sources de données JDBC à partir de son fichier de configuration `struts-config.xml`, et fournit ainsi un mécanisme de pool en son sein. Ceci est absurde et en contradiction avec l'architecture mise en place pour Octopuss. En effet, la couche de présentation doit être ignorante de la source de données. Son rôle est de gérer le workflow et la présentation graphique. Ceci est un héritage malencontreux des toutes premières versions de Struts.

Internationalisation

L'internationalisation, plus communément appelée par la communauté *i18n*, est un des points forts du framework Struts pour la gestion du multilinguisme de toute application web (i18n représentant les dix-huit lettres séparant le i du n du mot internationalisation).

L'internationalisation pour tout projet web se prévoit lors de la conception de l'application graphique. Pour cela, la vue doit être indépendante du reste de l'application. Techniquement, Struts repose sur la technologie offerte par les API Java en termes de mécanismes de localisation, décorée d'une gestion de ressource accessible par clé. Celle-ci repose sur la classe `ResourceBundle` qui, grâce à une locale définie par la classe du même nom, permet d'accéder avec des formats corrects à l'affichage d'une valeur par rapport à une clé jouant le rôle d'index. La valeur ajoutée de Struts se trouve dans l'apport de taglibs gérant cette fonctionnalité. Il est possible d'utiliser le principe de l'internationalisation avec la notion de paramètres pour avoir un rendu dynamique dans une langue spécifique.

Tiles : le remplaçant des templates de Struts

Les *Tiles* proviennent d'une extension du mécanisme de template développé dans la version 1.0 de Struts. Les templates permettent de définir des gabarits de composants graphiques répondant à une charte. Techniquement, le principe des templates se résume à l'appel de JSP à l'intérieur de JSP prédéfinies constituant le cadre graphique. Le principal avantage de cette solution consiste à éviter la duplication du code HTML/JSP, d'améliorer la qualité et la maintenance par le découpage. A contrario, les templates ont comme principal inconvénient d'augmenter le nombre de JSP à outrance, ce qui est une conséquence de l'architecture native de cette technologie.

Développée par C. Dumoulin, l'extension `Tiles` a été intégrée dans la version 1.1 de Struts. Reprenant le concept même des templates, celui-ci a été amélioré grâce aux apports suivants :

- La construction et le chargement de contenu dynamique. Basée sur les bibliothèques de tags templates, cette extension ajoute de nouvelles fonctionnalités telles que la création d'un composant `tiles definition` ou la récupération comme chaîne de caractères d'une valeur stockée dans un contexte…
- Un mécanisme de définitions de template au format XML. Le principe consiste à définir un ensemble de composants de mise en page *layout*, comme `Classic Layout` (en-tête - Menu à gauche - Corps - Bas de

page) ou encore `Columns Layout` (liste de *Tiles* dans des multicolonnes). Dans les récentes versions de Struts, des classes `Action` spécifiques nommées `TilesAction` et `ViewDefinitionsAction` prennent en compte l'utilisation de ce principe. Enfin, ces définitions peuvent jouer le rôle de ressources appelé par les classes `Action` (nom logique de `l'ActionMapping` renvoyé par une `Action`).
- Un mécanisme d'héritage et de redéfinition pour réutilisation de layouts. Chaque définition a un nom unique utilisable par un tag `Tiles`.
- La prise en charge du mécanisme d'internationalisation de Struts pour les layouts.

Depuis la version 1.1 de Struts, il existe un mécanisme de plug-in au sein de la configuration de `l'ActionServlet`, permettant de définir un ensemble de fabrique de services, au sens pattern du terme. Pour créer une extension à Struts au format plug-in, il faut implémenter l'interface `PlugIn` et redéfinir les méthodes `init()` et `destroy()` appelées respectivement au démarrage et à l'arrêt de l'application. L'extension `Tiles` utilise cette technique pour bénéficier de l'ajout de paramètres éventuels comme le fichier XML de définition de layouts.

Validator : vérificateur premier et second niveau de toute application Struts

Comme le framework Tiles, cette extension a été intégrée à Struts dans la version 1.1. Elle fut au départ un sous-projet Java Open Source créé par David Winterfeldt. Elle a été conçue dans l'unique but de fournir un mécanisme de composants réutilisables pour la validation de formulaires HTML.

La validation peut se réaliser de deux manières différentes et à des fins propres : celle côté client utilise le langage Javascript pour des vérifications de premier niveau sur les zones de saisie (pattern basé sur des expressions régulières pour vérification de la syntaxe d'un courrier électronique, d'une date ou encore d'un code postal). Celle côté serveur est utilisée principalement pour la vérification second niveau des données saisies. Une correction second niveau correspond à la vérification des règles métiers liées à l'application (exemple : lors de la saisie d'un débit/crédit d'un compte, il faut vérifier si le plafond n'a pas été atteint après crédit ou si le seuil minimal du compte n'a pas été atteint après débit).

Tout comme l'extension Tiles, l'extension Validator utilise aujourd'hui le mécanisme de plug-in paramétrable avec le fichier de configuration `struts-config.xml` (avant la version 1.1 de Struts, l'architecture de Struts-Validator reposait sur un servlet unique qui devait assumer la validation des formulaires utilisés). Au même niveau, se trouve la déclaration des validations à effectuer pour chaque formulaire dans l'application en cours. Les deux fichiers de configuration de validation sont : `validator.xml` et `validator-rules.xml`, le premier correspondant aux champs des formulaires à valider et le second aux méthodes de validation Java et/ou Javascript.

Autres évolutions de Struts 1.1 et plug-ins divers

Diviser pour mieux construire : le multimodule

L'un des apports en termes d'évolution vers la version 1.1 pour Struts est l'ajout du support multimodule du fichier de configuration nommé par défaut, `struts-config.xml`. Une conséquence directe, et non des moindres, de l'utilisation des sous-modules (*sub-applications*) est la parallélisation du développement de grosses applications. Le multimodule consiste donc en une séparation d'une grosse application en de multiples, petites et indépendantes ; ces sous-modules, contenant leur propre préfixe (accès par URI contextuelle), peuvent interagir entre eux via la classe `SwitchAction`. La configuration des multimodules s'effectue au sein du fichier `web.xml`.

Exemple de fichier `web.xml`

```
<servlet>
 <servlet-name>actionServlet</servlet-name>
 <servlet-class>org.apache.struts.action.ActionServlet</servlet-class>
 <!-- Configuration par défaut -->
 <init-param>
  <param-name>config</param-name>
  <param-value>/WEB-INF/struts-config.xml</param-value>
 </init-param>
 <!-- Configuration du module Kro -->
 <init-param>
  <param-name>config/kro</param-name>
  <param-value>/WEB-INF/struts-config-kro.xml</param-value>
 </init-param>
</servlet>
```

Cette idée de division en de multiples sous-applications est devenue une convention dans le développement d'applications Struts.

Introspection au service de la déclaration de JavaBean : les DynaBeans de Struts

Depuis les versions 1.1 bêta de Struts, il est possible de déclarer dans le fichier `struts-config.xml`, des beans « dynamiques ». Appelés `DynaBean` ou encore `DynaActionForm` pour les *beans* utilisés dans des formulaires liés à des classes `Action`, ils permettent d'éviter de créer une classe dérivant de `ActionForm`. La déclaration s'effectue via le langage XML, utilisant la syntaxe de XML Schema pour les attributs du *bean*.

Exemple de `DynaActionForm`

```
<form-bean name="LoginForm" type="com.automne.octopuss.LoginDynaForm">
 <form-property name="login" type="java.lang.String"/>
 <form-property name="password" type=''java.lang.String"/>
</form-bean>
```

Les DynaBeans, de par leur nature, sont coûteux en performance au niveau des temps de réponse. Ils doivent donc être utilisés avec modération.

Bibliothèques de tags : un moyen simple d'évolution et d'intégration

Il est possible d'accélérer le temps de développement des JSP d'une application Struts. L'utilisation de taglibs externes à Struts est préconisée. Une des taglibs les plus renommées par la communauté sur le Web est `Struts-Layout`, développée par Jean-Noël Ribette de la société Improve. Celle-ci permet notamment de créer des champs de saisie, des tableaux, des listes triables, de parcourir des collections de données afin de remplir des listes à choix multiples (*combobox*) par exemple. Elle est accompagnée d'une mise en page classique et sobre, efficace pour une application de gestion (utilisation de CSS, Javascript). Elle gère aussi l'affichage des champs de saisie par rapport à un mode d'affichage de formulaire (édition, lecture et création) et par profil utilisateur. Après de multiples utilisations de cette bibliothèque, on se rend compte que réduire la quantité de code dans une JSP devient un jeu d'enfants.

La librairie `Struts-Layout` est disponible à l'adresse :
- http://struts.application-servers.com

Exemple de JSP avec des tagligs Struts-Layout

```
<layout:form action="/login" key="form.title">
 <layout:text key="loginForm.login"
    property="login"
    isRequired="login"/>
 <layout:password key="loginForm.password"
    property=" password "
    isRequired="true"/>
 <layout:submit>Logon</layout:submit>
</layout:form>
```

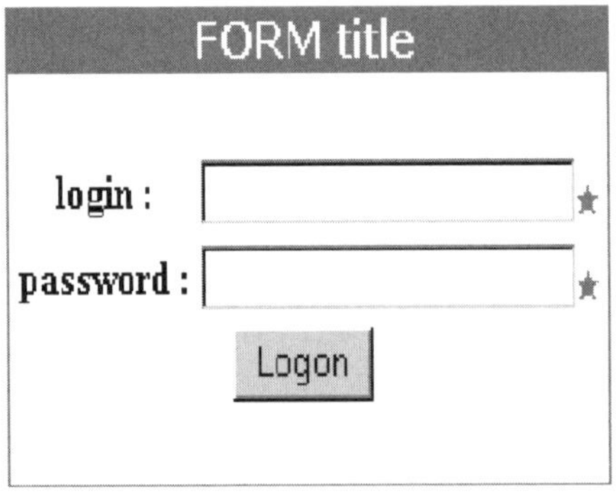

Figure 5–6
Exemple d'utilisation de Struts-Layout

Toutefois, cette taglib se révèle aussi difficile à modifier lorsque l'on désire changer l'ergonomie par défaut. Aujourd'hui, avec l'arrivée des JSTL de la norme JSP2, l'utilisation d'une telle bibliothèque devient moins intéressante. Cependant, une de ses évolutions probables consiste en la migration vers la norme de composants graphiques JSF (*Java Server Face*). Aujourd'hui, l'utilisation des JSP en tant que méthodes de présentation commence à devenir désuète. Une nouvelle technologie plus adaptée à la conception et à l'ergonomie graphique, ainsi qu'à la gestion de contenus, émerge : l'utilisation de XML couplée à XSL et CSS voire FO pour la génération de PDF. Il ne faut pas croire que Struts soit en reste, puisqu'il existe des *add-ons* spécifiques à cette technologie.

Gestion de la présentation en XML natif pour Struts

Les JSP facilitent la vie des développeurs web Java. Couplées aux taglibs, elles fournissent une vaste gamme d'outils robustes pour la couche de présentation des applications J2EE. Toutefois, les JSP ont de nombreux inconvénients :

- Les développeurs peuvent y intégrer de la logique métier. Or elles sont exclusivement dédiées à l'affichage de données. Les applications construites sur cette technologie peuvent vite devenir complexes et difficilement maintenables.
- Les JSP ne sont pas forcément compatibles avec la norme XML. En effet, la norme JSP ne garantit pas que le format de sortie sera à 100 % du XML bien formé. Vu le nombre de terminaux hétérogènes potentiels pour les applications J2EE, ceci peut être source de problèmes potentiels.
- Durant les développements, tout changement fait à une JSP force le conteneur de servlets à la retransformer en servlet, le recompiler pour l'interpréter. Ceci peut s'avérer coûteux en temps de développement avec certains serveurs d'applications (Websphere...).

Pour pallier ces inconvenients, tout en utilisant Struts, il existe une solution de remplacement : les frameworks XML de gestion de contenu. En effet, même dans Struts au travers de plug-ins, il est aisé de préparer un pipeline (succession de transformations XSLT) avec la technologie XML en séparant le style, le type de terminal et les données. Pour cela, XSL est la technologie adéquate.

Struts, de par son architecture, est orienté sur une vue de présentation basée exclusivement sur les JSP. Aussi, pour utiliser une technique alternative, il faut savoir comment les remplacer. Deux possibilités : utiliser un autre servlet pour gérer la vue ou utiliser une fabrique de vues initialisée par la fabrique de plug-ins de Struts. Ces deux options sont disponibles pour StrutsCX et Stxx.

StrutsCX : Struts avec XSLT

XSL est une norme standard du W3C (déjà étudiée au chapitre 4). Le but de XSLT est de définir un ensemble de transformations appliqué à un document XML afin d'obtenir en sortie un document au format XML, WML, HTML/XHTML ou encore PDF. Pour cela, un processeur XSLT est requis. Les deux principaux sont Xalan et Saxon. XSL utilise des expressions XPath permettant de sélectionner des noeuds d'un document XML. Le but est de construire une présentation à partir de données au format XML.

Appliqué à Struts, ce principe de présentation implique que toutes les données à afficher, dans un formulaire ou non, se trouvent dans un document XML. La transformation du document en question peut se faire dans n'importe quel type de format de sortie. Bien entendu, la création du document XML se fera la plupart du temps en mémoire, et non à partir d'un fichier physique sur disque. Les performances seront aussi sensiblement améliorées si on passe directement le document XML au processeur XSLT sous forme d'un objet adéquat.

Intégration de StrutsCX dans Struts

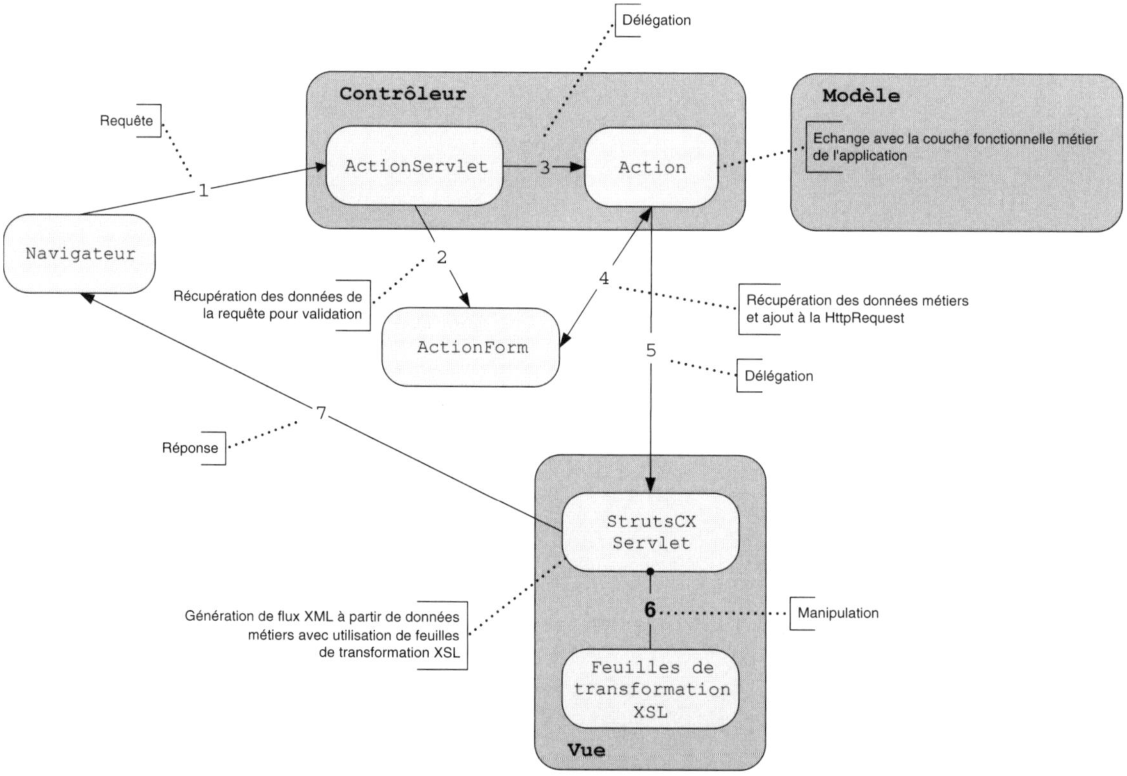

Figure 5–7 Intégration de StrutsCX dans Struts

Cet *add-on* reprend l'architecture MVC2 de Struts en remplaçant les JSP par une fabrique basée sur XSLT, n'impactant que la vue. Lors d'une requête, l'`ActionServlet` de Struts ne renvoie plus vers une JSP mais à un servlet qui organise la construction d'un objet représentant un document XML de sortie associé à une feuille de transformation XSL. S'il existe un formulaire lié à l'`Action`, alors ce dernier est copié dans la requête HTTP qui est sérialisée dans le document XML de sortie.

Toutefois, StrutsCX se distingue de Struts par différents aspects. L'internationalisation n'est plus réalisée à partir de la technique du `ResourceBundle` de Java, mais à partir d'une solution XML. StrutsCX n'a pas besoin de taglibs pour l'affichage des `ActionErrors` de Struts, puisque celles-ci sont sérialisées dans le document XML de sortie. Malgré ces légères différences, StrutsCX peut être utilisé en parallèle avec une application développée sur le socle de Struts.

Architecture de StrutsCX

Dans StrutsCX, le processus de transformation XSLT s'organise principalement autour du servlet `StrutsCXServlet`. Celui-ci s'appuie sur deux classes principales : `StrutsCXDocumentBuilder` et `StrutsCXTransformer`.

L'exécution d'une requête se réalise en deux étapes :

1. Création du document XML à partir de la classe `StrutsCXDocumentBuilder`. Cette classe a pour but de récupérer les informations dont elle a besoin dans la requête (`HttpServletRequest`), la session (`HttpSession`) et le contexte de Servlet (`ServletContext`) pour générer le document XML de sortie. C'est la classe nommée `StrutsCXBaseAction` qui filtre les informations nécessaires.
2. Redirection vers le `StrutsCXTransformer` pour la transformation XSLT.

Le document de sortie XML créé par la classe `StrutsCXBuilder` contient les données suivantes :

- les données provenant de la couche de l'application J2EE (EJB, JavaBeans, `ResultSet...`) ;
- le JavaBean représentant le formulaire, si existant, lié à l'`Action` ;
- les messages liés aux remontées d'erreurs lors de la validation `ActionErrors` ;
- les `StrutsCX-Resources-Properties` ;
- les attributs, les paramètres... de `l'HttpServlet` ;
- les attributs de l'`HttpSession`.

La figure 5-8 fait la synthèse de l'architecture de ce plug-in, sous forme de diagramme de séquence.

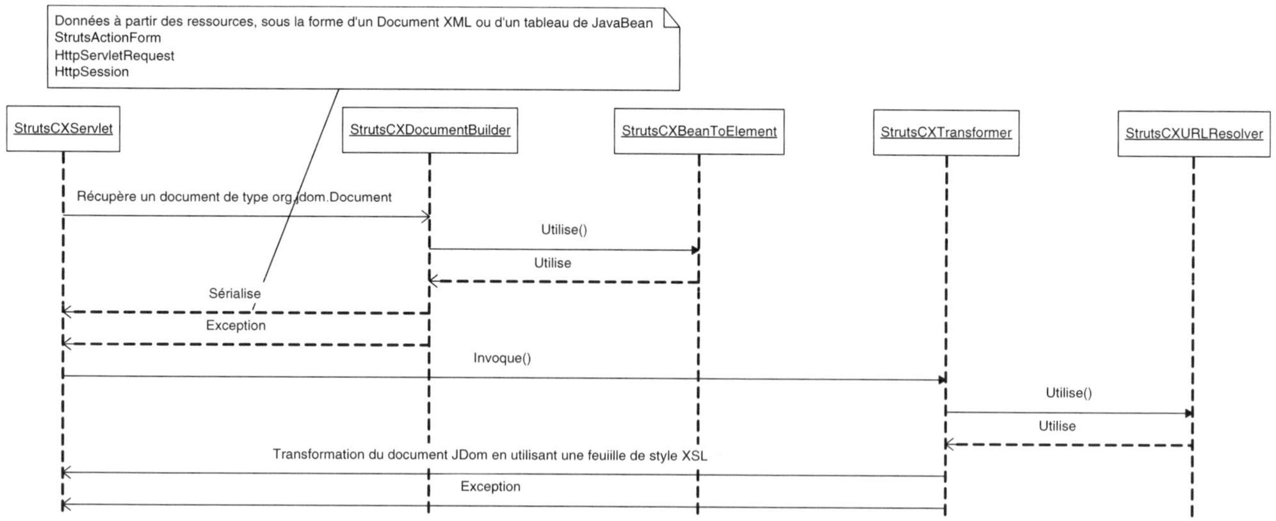

Figure 5–8 Architecture de StrutsCX au travers d'un diagramme de séquence

Construction du document de sortie XML

Celle-ci s'appuie sur l'API JDom déjà étudiée. Chaque objet d'une collection peut être représenté comme un objet XML grâce à la classe `StrutsCXBeanToElement`. Ceci impose uniquement que l'objet soit à la norme JavaBean. Par le processus de l'introspection, cette classe dite « fabrique de services » permet de générer l'élément XML à partir du nom de chaque attribut et de la valeur associée.

De la même manière, StrutsCX sérialise les données de l'objet `ActionForm`, des `ActionErrors`, ainsi que les interfaces `HttpServletRequest` et `HttpServletSession`. StrutsCX contrôle la validation d'erreurs éventuelles de saisie à l'intérieur de la classe `Action`.

Les `StrutsCX-Resources-Properties` sont des fichiers XML de ressources analogues à ceux de Struts. On doit fournir un fichier pour chaque langue désirée. Celui-ci doit contenir les chaînes de caractères internationalisées dont on a besoin dans notre application. Ce flux est chargé lors de l'initialisation du `StrutsCXServlet` en tant qu'objet de `org.jdom.Document` ; il est contenu dans le `ServletContext` lié. Chaque fichier de langue est spécifié dans le fichier de configuration, `strutscx-config.xml`. Son fonctionnement est analogue à celui de Struts, c'est-à-dire que durant le *runtime*, StrutsCX sélectionne le fichier de langue approprié par rapport à l'objet `java.lang.Locale` en cours. L'apport de cette redéfinition est une meilleure gestion des clés-valeurs de l'internationalisation, car elle bénéficie des avantages intrinsèques du langage XML (validation -DTD et XML Schema -, gestion hiérarchique d'éléments, utilisation de l'encodage UTF-8 - accès unique à toutes les langues -…).

Transformation du document de sortie XML

Celle-ci est basée sur la classe `StrutsCXTransformer` qui encapsule tout le processus de transformation par l'utilisation de l'API JAXP. Ceci est appréciable car indépendant du processeur XSLT utilisé. La feuille de transformation XSL est sélectionnée par la classe `Action` puis ajoutée à la requête HTTP. Cette classe lit et parse le XSL à chaque changement.

La classe `StrutsCXTransformer` offre aussi la possibilité de récupérer le document XML de sortie si on ajoute le paramètre suivant dans l'`HttpServletRequest` : `debugxml=true`. Il s'agit aussi d'une possibilité du framework Cocoon, dont on abordera l'étude un peu plus tard dans ce chapitre.

Si on désire effectuer la transformation côté client (navigateur), il suffit d'ajouter le paramètre suivant dans l'`HttpServletRequest` : `xsl_clientside=true`

En conclusion, la manipulation de StrutsCX à la place de la vue JSP centrique de Struts apporte les avantages suivants :

- On est sûr et certain qu'il n'y a pas de logique métier à l'intérieur de la vue représentée par les feuilles XSL. La separation de données, la logique de l'application et la représentation graphique sont au cœur même du concept du langage XSLT.
- XSLT garantit des formats de sortie hétérogènes à partir de données homogènes. À partir de données au format XML, il est possible d'obtenir n'importe quel format de sortie : texte, HTML, XML, a contrario de la technologie JSP qui est HTML centrique.
- XSLT garantit que la sortie sera 100 % XML bien formé.
- Il est aisé de créer un pipeline de transformation pour la vue en enchaînant plusieurs transformations les unes derrière les autres (principe de base du framework Cocoon).
- Enfin, il est possible de séparer le style de la présentation avec XSLT en redéfinissant des templates de présentation comme le permettait le framework Tile dans Struts. Les Tiles sont remplacés par des templates XSL (notion de `strutscx-definition` définie dans le `strutscx-config.xml`)

Voyons maintenant un concurrent direct : Stxx.

Stxx : Struts for Transforming XML with XSL

Tout comme StrutsCX, Stxx est une extension du framework Struts pour le support de XML avec les transformations possibles liées à ce format, sans altérer les fonctionnalités de Struts. L'intérêt essentiel de Stxx réside dans la possibilité qu'ont les nouvelles classes `Action` de générer des flux XML. Ceux-ci seront transformés en Interface Homme-Machine par un langage quelconque de transformation, comme XSL (langage de transformation

XML par définition) ou encore Velocity (framework de la communauté Apache-Jakarta de transformation de templates génériques).

À l'instar de StrutsCX, le but de Stxx est de supprimer l'utilisation des JSP et la notion de bibliothèques de Tags pour la couche de présentation de Struts. L'architecture de cette extension est exactement la même que celle de StrutsCX. Elle diffère uniquement, comme nous le verrons un peu plus tard, par des options supplémentaires. En réalité, l'évolution de l'architecture de Stxx et StrutsCX est liée à celle de Struts.

POUR INFORMATION **Compatibilité de bibliothèques de manipulation de données XML**

La manipulation des bibliothèques de transformation XML, notamment les frameworks XERCES et XALAN, a été intégrée dans le JDK 1.4 de Sun. Ceci peut provoquer des incompatibilités avec les dernières versions de framework Open Source tel que StrutsCX, Stxx, ou encore Cocoon, qui utilisent les dernières versions de ces frameworks. Ainsi, il est nécessaire de déplacer les bonnes versions des bibliothèques Xerces et Xalan à utiliser dans le répertoire `$JAVA_HOME/lib/endorsed` pour éviter tout problème de compatibilité lors de l'utilisation du JDK 1.4.x de Sun. Pour les JDK 1.3.x et antérieurs, aucun problème ne sera détecté si les bonnes versions de Xerces et Xalan se trouvent dans le répertoire `/WEB-INF/lib` de l'application web.

Intégration de Stxx dans Struts 1.0

Celle-ci s'effectue à travers l'intégration d'un autre type de `ActionServlet`, livré avec la distribution de Stxx. Cet `ActionServlet` hérite de celui de Struts en apportant le code nécessaire à l'exécution du support XML pour cette extension. Cette intégration nécessite des paramètres d'initialisation, notamment de la fabrique de ressources (gestion de l'internationalisation), d'une nouvelle classe `ActionForward` ainsi que du fichier `stxx.properties`. Il faut faire attention à ce que le fichier `stxx.properties` se trouve dans le `classpath` de l'application pour que celui-ci soit chargé par l'application web. Pour cela, le répertoire `/WEB-INF/classes` est tout indiqué.

La classe `ActionForward` de Stxx diffère par son comportement. En effet, le but de Stxx est de permettre la génération des données au flux XML pour l'affichage. La classe `ActionForward` par défaut de Struts permet de router vers une ressource. Or, dans le contexte Stxx, il en est tout autrement : il faut redéfinir une classe `ActionForward` permettant de définir la transformation adéquate pour chaque cas possible du résultat lors de l'exécution d'une `Action` (succès/échec...). Ceci a pour conséquence la modification même de la structure du fichier `struts-config.xml` (ajout du nouveau tag `<transform>` permettant de donner un nom logique à cette transformation, ainsi que le chemin de la ressource permettant cette transformation). Le nom de la transformation correspond généralement à celui du navigateur web utilisé. La correspondance entre chaque type de navigateur peut être sérialisée au sein du fichier d'initialisation `stxx.properties`. Enfin, il est possible d'affecter un type à la transformation du flux XML. Par défaut, ce dernier est fixé à `"HTML"`. Toutefois, si l'on désire transformer le flux XML en format PDF, SVG, texte ou tout autre format, ceci se réalise par les options offertes par les transcodeurs XSL supportés par Stxx, dont nous verrons une liste un peu plus loin.

Intégration de Stxx dans Struts 1.1

Cette version majeure du framework Struts introduit une modification d'architecture en son sein assez importante. Celle-ci a eu pour conséquence une refonte totale de l'architecture Stxx car incompatible avec cette nouvelle version. Struts a modifié son architecture pour le rendre plus ouvert et donc extensible. Ceci se traduit par l'apparition de la fabrique de plug-ins. C'est ce qu'utilise Stxx pour l'exécution des transformations dans cette nouvelle version. La configuration de Stxx pour Struts 1.1 est différente de la précédente, car tous les paramètres par défaut de Struts doivent être laissés en l'état. Il suffit d'ajouter dans le fichier de configuration de l'application web nommée `web.xml`, uniquement la localisation du fichier `stxx.properties` qui rassemble les paramètres de configuration de l'extension Stxx. La fabrique de transformation de Stxx est chargée par le service de plug-ins de Struts. Dans la définition de celle-ci, est spécifié le fichier de configuration lié à cette fabrique. Ce dernier s'appelle `stxx-transform.xml` pour les versions 1.1 ou antérieures et a été renommé en `stxxpipeline.xml` à partir de la version 1.2 de Stxx. Si l'on désire utiliser les fonctionnalités de localisation de Struts appliquées à Stxx, on doit charger une fabrique au niveau du tag `<message-resources>` du fichier `struts-config.xml`.

Dans cette nouvelle version de Stxx, les transformations ne sont plus définies comme auparavant dans le fichier `struts-config.xml`. Par défaut, le plug-in est configuré pour router vers n'importe quelle ressource dont l'extension se termine par `.dox`. Stxx dans cette nouvelle architecture introduit la notion de pipeline.

Définition de transformation

Depuis la version 1.2 de Stxx, on peut englober des définitions de transformation dans des tubes qui servent de valves entrantes pour des retours d'`Action` de Struts. Auparavant, chaque `Action` de Struts obligeait à réaliser de une à n transformations par `Action`, ce qui avait pour conséquence une taille non négligeable du fichier de configuration.

Cette notion de pipeline est donc un avantage certain pour canaliser un rendu commun pour de multiples retours d'`Action`. Cette notion n'est pas nouvelle puisqu'elle a été introduite dans l'architecture de Cocoon 2 en 2001. De plus, liée à la notion de pipeline, l'utilisation de *wildcards*, sorte de pattern générique, est très importante pour leurs définitions. Par exemple, un « * » correspond à n'importe quel texte n'incluant pas le caractère « / ». Le pipeline comprenant « ** » correspond à n'importe quel texte incluant ou non le caractère « / ». Enfin, il est possible de récupérer le texte désigné par ces *wildcards* dans les paramètres de transformation par la chaîne de caractères suivante : `{X}` où X est un chiffre entre 1 et 9 représentant la position du texte correspondant à celui du *wildcard* dans l'URI.

Un exemple de pipeline

```
<pipeline match="navette/*.pdx">
 <transform type="pdf">
  <param name="path" value="/{1}.xsl">
  <param name="render" value="server">
 </transform>
</pipeline>
```

Dans cet exemple, la valeur du paramètre `path` exprimé par `{1}.xsl` correspondra à n'importe quel texte avec l'extension `.xsl` répondant à la règle exprimée par le paramètre `match` du tag `<pipeline>`.

Cette notion de pipeline sera largement plus explicitée dans le cadre de notre étude du framework Cocoon. Auparavant, examinons les options supplémentaires fournies par ce framework.

Reconnaissance des XML Forms

Un XML Form au sens Stxx est une implémentation réutilisable de la classe « ActionForm » de Struts utilisant XML pour formaliser les données du formulaire au lieu d'un JavaBean ou encore d'un DynaBean. Automatiquement, Stxx se charge de remplir les attributs et les noeuds texte au format XML à partir de la requête HTTP. La validation du XML s'effectue par l'utilisation d'une implémentation de validation « pluggable » ; le validateur par défaut respecte la grammaire schématron (version de XML Schema allégée). Le support des XML Forms de Stxx peut être intégrée via l'implémentation des XForms de la norme définie par la communauté du W3C. Optionnellement, on peut utiliser un mécanisme de sauvegarde de l'état de la vue. Enfin, les XML Forms sont indépendants de Struts ou des API servlets. Ils peuvent donc être utilisés aussi dans le cas de service web.

▸ http://xmlform.org

XML Form supporte de multiples méthodes de validation. Pour déterminer quelle validation technique sera utilisée, Stxx utilise la notion d'espaces de noms de schéma. Ces propriétés sont configurées au niveau de la déclaration de la fabrique de plug-ins dans `struts-config.xml`. Les paramètres ont pour nom `xmlform-schema` désignant la localisation du fichier contenant les règles de validation des formulaires et `xmlform-schemaNS` désignant l'espace de noms à utiliser pour déterminer comment valider le XML. Se basant sur les principes de Struts, les messages d'erreurs déclenchées à partir d'une validation sont affichés dans la langue que l'utilisateur a choisie.

Pour créer un XML Form, il est nécessaire d'implémenter l'interface `com.oroad.stxx.xform.XMLForm`. Si le formulaire est destiné à être utilisé avec Struts en tant que classe `ActionForm`, le moyen le plus simple est de faire hériter le formulaire de la classe `DOMForm` ou `JDOMForm`. Les formulaires XML peuvent être simultanément utilisés par une `ActionForm` de Struts ou un service web SOAP. La différence notable entre ces deux utilisations est la notion de sauvegarde des données du formulaire sur deux requêtes HTTP. En Struts, ce mécanisme est natif, alors qu'à travers l'utilisation des services web, il est nécessaire d'hériter d'une des deux classes citées ci-dessus et de redéfinir la méthode `save`.

Transcodeurs XML de Stxx

Un transcodeur est une implémentation de transformations de données XML dans un autre format. Pour cela, il utilise l'API JAXP 1.2 implémentant un processeur XSLT générique pour transformer un flux XML au moyen de 1 à n flux XSL. Ainsi, chaque transcodeur utilise les avantages des interfaces TRaX pour compiler et mettre en cache les feuilles de styles pour optimiser la vitesse de transformations XSL. Stxx permet de gérer les transformations tant côté serveur que côté client. L'utilisation d'un navigateur permettant le rendu XSL est obligatoire. Cette optimisation permet d'alléger le temps de réponse pour le rendu client. Dans ce cas, Stxx n'effectue pas la transformation, mais ajoute au début du fichier XML la *processing instruction* pointant sur la feuille de style XSL située sur le serveur. Cette transformation côté client ne gère malheureusement pas de caches et est sensible au moteur de transformation lié au navigateur : à utiliser donc avec parcimonie. Les principaux transcodeurs de Stxx sont :

- `CachedXSLTransformer` : transcodeur de base avec gestion de cache XSL.
- `CachedFOPTransformer` : transcodeur utilisant XSLT et le framework Apache-FOP pour transformer du XML à l'aide de 1 à n fichiers XSL-FO en format PDF.
- `CachedXFormTransformer` : transcodeur qui hérite de `CachedXSLTransformer` permettant d'insérer des XForms. Cela combine les fonctionnalités de Struts au niveau des formulaires avec l'abstraction des XForms. Cette transformation insère les valeurs de `ActionForm` et des `ActionErrors` dans le formulaire XForm.
- `VelocityTransformer` : transcodeur utilisant le framework Velocity de la communauté Jakarta Apache pour transformer du XML intégrant des templates de ce framework. L'utilisation d'objet `JDOM` rend la manipulation du XML plus aisée et permet ainsi à chaque objet (élément au sens XML du terme) de supporter le langage de requêtes XPath.
- `DOMWriteTransformer` : transcodeur permettant de récupérer un flux XML créé dans une `Action`. Il le convertit en un arbre DOM et le stocke soit dans la requête, soit dans la session, soit dans le contexte de l'application pour une utilisation future. L'utilisation principale de ce transcodeur est la création d'un flux XML utilisé par une page JSP. En stockant le XML sous forme de nœuds DOM, les tags XML de la norme JSTL seront capables d'accéder à ces informations grâce à XPath.

Des notions avancées de Stxx

Il existe de nombreuses fonctionnalités, configurations et personnalisations pour Stxx. Leur utilisation peut sembler parfois inutile voire optionnelle, toutefois elles restent à la disposition des utilisateurs avancés. La notion de sélecteur fait partie de cette catégorie. Pour chaque pipeline, on peut définir de multiples transformations et laisser Stxx choisir laquelle utiliser suivant un critère de sélection. Ce critère peut être le type de navigateur, un attribut de la session ou de la requête, ou bien encore, la date du jour. Pour configurer ceci, Stxx utilise l'interface `TransformSelector`.

Voici une liste non exhaustive des classes implémentant cette interface :

- `UserAgentSelector` : ce sélecteur choisit la feuille de style en fonction du type de navigateur. Ainsi, dans le fichier `stxx.properties`, on peut énumérer une liste de types de navigateur pour les rassembler sous un type de navigateur générique (`stxx.userAgent.Opera= "Opera6.5", "Opera7.2"`).
- `UserAgentRegexpSelector` : ce sélecteur possède les mêmes fonctionnalités que `UserAgentSelector` à la différence près que la détection du type de navigateur s'effectue à partir des règles de validation générique, par l'utilisation des expressions régulières de Perl 5.
- `RequestAttributSelector` : ce sélecteur utilise la valeur d'un attribut de la requête pour choisir la feuille de style à appliquer. Pour configurer le nom de l'attribut de la requête à utiliser, il faut positionner la clé stxx.transform.Selector.key dans le fichier `stxx.properties`.

En conclusion, Stxx et StrutsCX donnent à Struts la possibilité de concourir dans le domaine des frameworks de publication basés sur XML. Néanmoins, tous ces efforts ne sont pas suffisants pour pouvoir lutter dans ce domaine face au framework Cocoon que nous allons maintenant étudier.

DESIGN PATTERN Proxy

La définition à ce pattern serait : objet léger qui s'intercale entre l'objet client et le véritable objet serveur auquel celui-là essaie d'accéder. Cet objet Proxy est donc transparent pour l'objet client. Ce dernier a l'impression de manipuler l'objet serveur qui est en fait manipulé réellement par l'objet Proxy. Ce principe a pour but majeur de masquer la complexité et l'implémentation réelle de l'objet serveur final utilisé. La notion de Proxy est omniprésente en Java, à travers la classe `java.lang.reflect.Proxy` d'une part, mais surtout dans le monde J2EE avec les EJB, composants métiers à architecture distribuée. D'autre part, le design pattern Proxy illustre un des dogmes principaux de la programmation objet : la délégation. Derrière ce design en est caché un second grandement utilisé par le serveur d'application JBoss : les intercepteurs. Un Proxy sert de conteneur d'appels d'intercepteurs/handlers lors de la demande d'un service pour ajouter des fonctionnalités liées à cette demande sans que l'utilisateur ait conscience de cette nécessité, du moment que le service demandé soit rendu. L'architecture change pour décorer un service et donc réutiliser un ensemble de fonctionnalités défini une fois seulement pour une multitude de traitements/services différents sans que l'utilisateur final ne s'en aperçoive.

POUR ALLER PLUS LOIN Navette, un concept qui va vous réconcilier avec les frameworks de présentation !

Le framework Navette est né d'une idée personnelle de réaliser un framework simple, souple, ouvert et Open Source de présentation d'un style nouveau. Il est clair que les frameworks tels que Struts, Barracuda ou encore Cocoon demandent un temps d'adaptation certain. L'idée originale de Navette réside dans sa simplicité de mise en place, de configuration et de prise en main pour répondre bien entendu à la problématique du traitement d'une requête HTTP, mais aussi en apportant un plus par rapport aux autres frameworks : le découplage de la résolution de certains problèmes récurrents comme la mise en place de traces, de statistiques, d'affichage de messages d'erreurs des différentes couches traversées, etc. que l'on retrouve dans la couche de présentation d'une architecture n tiers... Ces problèmes récurrents peuvent être réglés d'une manière très élégante grâce à la Programmation Orientée Aspect. Ce style de programmation fait appel à des notions avancées de conception objet notamment la notion du pattern Proxy. Ainsi l'architecture d'une application web, basée sur Navette, sera souple et agrémentée de fonctionnalités annexes réutilisables sans avoir à modifier la structure même de l'application. Il suffira de déposer une bibliothèque dans le répertoire `WEB-INF/lib` et de modifier le fichier de configuration `navette.config.xml` de l'application pour prise en compte de la nouvelle fonctionnalité.

Le framework Navette utilise la philosophie du pattern MVC2 comme Struts ou encore Cocoon pour tout ce qui est traitement physique de la requête, agrémenté d'une fabrique d'intercepteurs qui agissent en entrée et en sortie d'un traitement déclenché par une requête. Ainsi appliqué à notre contexte, l'AOP va consister à utiliser de la notion de Filtres HTTP au sens API Servlet du terme pour la résolution des problèmes récurrents énoncés ci-dessus.

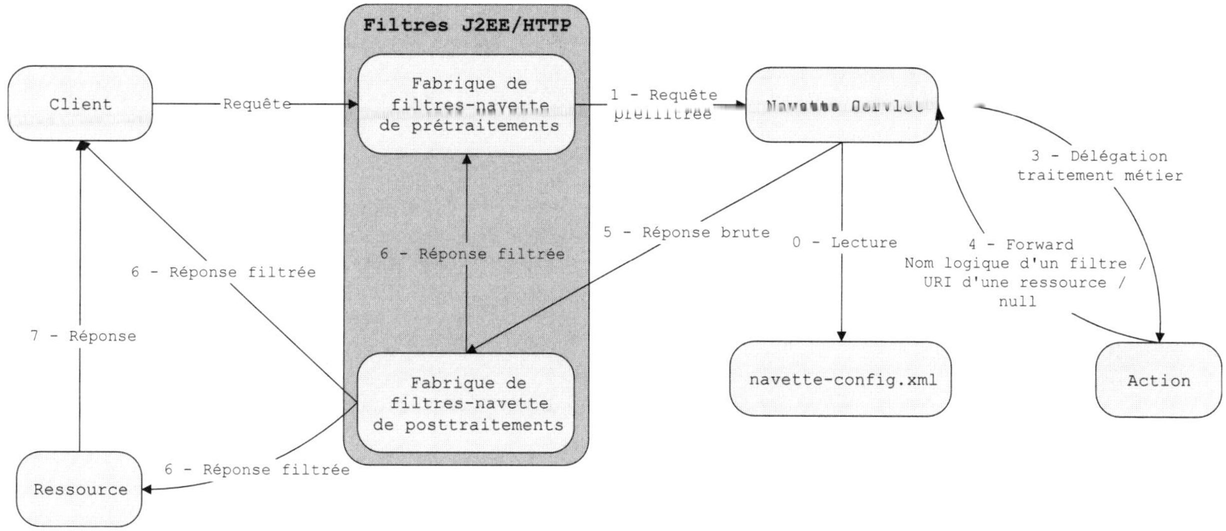

Figure 5–9 Architecture de Navette

Pour l'heure, Navette n'est qu'au balbutiement des développements (dernier développement datant de mars 2004), il intègre :

- le traitement de la requête selon le modèle MVC2 ;
- la fabrique d'intercepteurs/filtres ;
- une application intégrant des exemples des différents types d'`Action` ainsi qu'un exemple de filtre (ajout d'un copyright à chaque bas de page, par exemple).

L'avenir de Navette réside dans le développement de futurs filtres comme celui de transformation de flux XML à travers un pipeline. Ce filtre sera un pendant aux extensions que l'on vient d'étudier à travers StrutsCX ou Stxx et sera disponible dans le dernier trimestre 2004.

Le framework Navette est disponible sur le site SourceForge à l'adresse :

▸ http://navette.sourceforge.net

Cocoon, la solution de publication XML pour l'étude de cas ?

Qu'est-ce que Cocoon ? Un énième framework ? Oui et non ! Ce framework, bien que basé sur le pattern MVC2, utilise aussi la technologie XML. Ainsi, en se basant sur la transformation XSL de document XML, déclenchée par une requête web, il permet la création de site dynamique sur divers supports. Cocoon est malheureusement un framework complexe. En effet, comme à l'accoutumée de nombreux frameworks, il désire être la solution ultime à tout besoin. Par exemple, de nombreuses configurations sont possibles pour des développements identiques !

HISTORIQUE Cocoon

En 1999, Stephano Mazzocchi créa un nouveau projet Apache Open Source, basé sur le méta-framework Avalon : Cocoon. Celui-ci consistait en un simple servlet qui transformait à la volée des documents XML à l'aide de feuilles de style (XSL). À l'époque, ce framework était basé sur l'API DOM (chargement du document entièrement en mémoire). Ceci devint vite une limite bloquante. En effet, l'API DOM étant très consommatrice d'espace mémoire, le temps de réponse devenait un goulet d'étranglement.
Pour résoudre ce problème, le framework Cocoon a été entièrement remodelé et réécrit pour donner naissance à Cocoon 2. Les changements apportés par cette version sont tout à fait notables au niveau de la gestion de la mémoire. En effet, à défaut de DOM, ce framework utilise l'API SAX pour parser les flux XML. Stephano Mazzocchi créa le concept de pipeline (principe repris dans StrutsCX et Stxx) qui détermine les différentes étapes qu'un document doit traverser pour pouvoir être utilisé comme réponse à une requête. La notion de cache a aussi été mise en place. Ainsi Cocoon 2 est devenu une référence en tant que framework de publication.

Architecture de Cocoon

Elle se décompose en deux parties : l'architecture de publication et l'architecture du framework d'application web.

Qu'est-ce qu'un framework de publication ?

Imaginons que deux clients de types différents (un navigateur et un PDA) fassent la même requête sur un site web. Le serveur récupérant la requête va détecter le type de plate-forme émettrice (partie des informations contenues dans l'en-tête d'une requête HTTP). Une fois le traitement de la requête exécuté, le serveur appliquera la transformation XSL adéquate pour générer le bon document correspondant au navigateur. La détection du client, comme le propose Barracuda, constitue ce que l'on appelle un framework de publication. À une requête et un type de client donné correspond une unique réponse. Cocoon fait partie de ces types de framework d'une part par la technologie XML qu'il utilise et d'autre part par les possibilités offertes par la notion de pipeline pour la génération de la réponse appropriée.

Les avantages d'un framework de publication sont de deux types. Premièrement, pour les développeurs de contenu, ce type de framework leur permet de ne plus se soucier de créer plusieurs types de contenus correspondant aux différentes plates-formes. Les développeurs produisent des documents XML qu'habillent les designers via les XSLT correspondant aux plates-formes. Ceci permet donc une séparation complète du contenu et du contenant. Le second avantage réside dans la flexibilité et l'ouverture de l'application : pour une nouvelle plate-forme, il suffit de développer uniquement une nouvelle feuille de style !

À ces avantages correspondent évidemment quelques inconvénients. Le premier inconvénient reste, malgré la remodélisation du framework Cocoon, la gestion mémoire. En effet, le processus de transformation de document XML reste un problème pour les machines possédant peu de ressources autant au niveau mémoire que processeur. Le second inconvénient repose sur la complexité du langage XSL. Le langage XSL reste un langage fonctionnel, difficile à maîtriser et à apprendre. Le développement d'une feuille de style se fait manuellement et au pixel près. Les bons développeurs de feuilles de style sont rares, ce qui limite l'utilisation de ce genre de framework. Cependant, j'ai bon espoir que des outils d'ingénierie viendront industrialiser ce processus, notamment pour tout ce qui concerne le langage XSL-FO.

Cœur de Cocoon : la notion de pipeline

Un pipeline, au sens où Cocoon le définit dans son processus de traitement de requêtes, est une série d'étapes qui constitue le traitement d'un certain type de contenu. Généralement, un pipeline est constitué de la génération d'un flux XML, de une à n transformations possibles et de sa sérialisation dans un certain type de format, le tout étant orchestré par des événements SAX. Ces trois étapes sont personnalisables. À la fin de chacune, un événement SAX appelle la suivante.

Ainsi s'achève la partie sur l'architecture de publication du framework Cocoon, voyons maintenant son application en tant que framework d'application web.

Architecture de Cocoon dans le monde web

Cocoon, par son architecture, est plus qu'une extension d'un framework de présentation standard avec des extensions orientées traitement XML (par exemple, Struts couplé à Stxx). La véritable finalité de Cocoon est la séparation de la gestion de la génération du flux XML (classe `Action` au sens MVC2), des transformations réalisées par les designers pour un rendu adéquat.

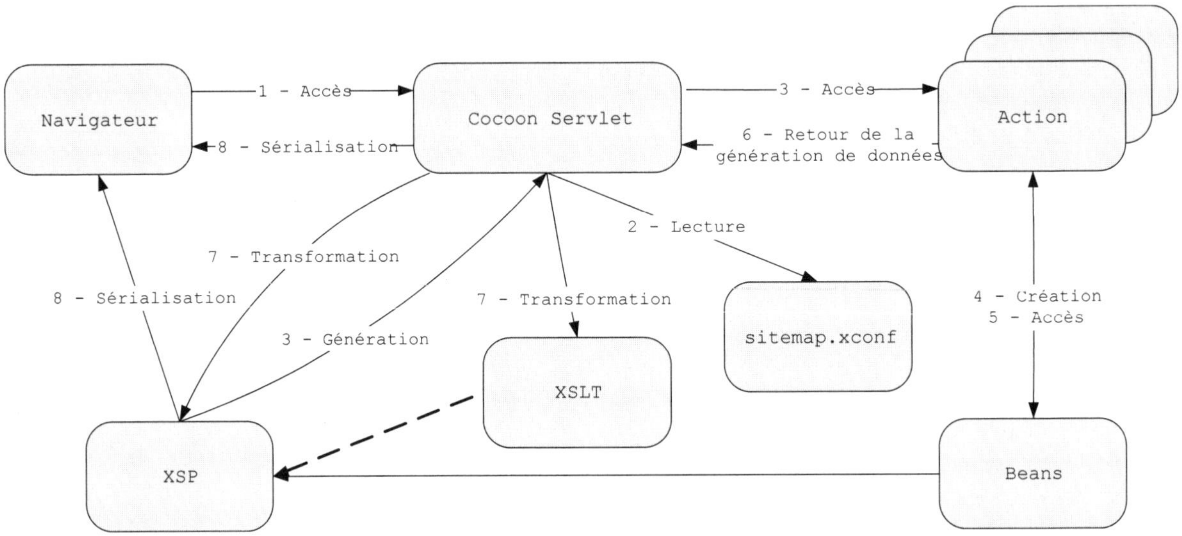

Figure 5–10 Architecture de Cocoon

La figure 5-10 illustre l'architecture web de Cocoon construite sur le modèle MVC2. Le servlet détermine le contenu à travers le `sitemap.xconf` (fichier de configuration de l'application web Cocoon) et instancie la classe `Action` adéquate. L'`Action` référence un modèle qui sera créé et invoqué pour récupérer les données nécessaires à la bonne exécution de la requête. Le retour de la classe `Action` est stocké sous forme de collection standard et retransmis au servlet. Si aucune erreur n'a été remontée, celui-ci utilise la transformation adéquate lue à partir du `sitemap.xconf` pour générer la réponse. L'utilisation d'une vue particulière, concept baptisé XSP (*eXtensible Server Page*), peut être choisie. Cette vue est similaire au JSP, mais utilise une syntaxe XML stricte et des structures différentes manipulant le langage Java ou Javascript.

Appliqué dans le cadre du monde web, le framework de publication Cocoon reste encore une pâle copie des frameworks de présentation classiques tels que Struts. Son originalité réside uniquement par l'utilisation native de la technologie XML.

Fichier de configuration sitemap

Le `sitemap` est le fichier de configuration au format XML de toute application web basée sur Cocoon. Il définit tous les pipelines générateurs de flux XML et autres informations de configuration nécessaires pour une application Cocoon. Par ailleurs, c'est aussi dans ce fichier que l'on définit la relation de correspondances entre les URI et les ressources à utiliser. Le `sitemap` d'une application Cocoon est comparable au centre nerveux du corps humain. Il est complexe, long, difficile à mettre en œuvre et contient de nombreuses informations. Toutefois, on peut en distinguer deux parties bien distinctes : les composants et les pipelines, un pipeline étant lui-même un enchaînement de composants.

Composant Generator

Les generators sont des composants définis à l'intérieur du `sitemap`. Tout pipeline est consistué au minimum par l'enchaînement de deux composants : un generator (le contenu) et un serialiser (l'assemblage du document délivré à la requête cliente). À l'intérieur du `sitemap`, chaque generator dispose d'un nom unique ; il y en a toujours un déclaré par défaut qui est appelé lorsque aucun generator n'est associé à un pipeline.

Composant Transformer

Les transformers se définissent aussi dans la section des composants. Chaque pipeline peut contenir de un à n transformers. Chaque transformer peut disposer d'informations complémentaires de configuration. Celles-ci se trouvent dans le fichier `cocoon.xconf`, format de fichier du métaframework Avalon.

Composant Serialiser

Le serialiser constitue la dernière étape rencontrée dans un pipeline Cocoon. Son rôle se résume à la génération dans un format donné du flux de réponse. Un serialiser peut donc être invoqué à partir d'un transformer ou encore d'un generator.

Actions

Une `Action` est exécutée lors de l'initialisation d'un pipeline. La finalité de leur existence au sein de Cocoon diffère très légèrement de celle de Struts : l'exécution d'un traitement d'initialisation ou d'un prétraitement nécessaire au pipeline. Par exemple, une `Action` permet de s'adresser à une source de données qu'un generator utilise pour créer un document XML adéquat. Leur exécution peut réussir ou non. Si une exception est remontée lors d'une exécution d'une `Action`, le pipeline dépendant de cette `Action` ne sera pas exécuté. Les classes `Action` sont les éléments actifs d'un pipeline dans la gestion de publication de contenu. Cependant, les classes `Action` dans Cocoon ne servent pas uniquement à réaliser un traitement spécifique avant d'invoquer un composant vue afin de générer une réponse à une requête HTTP. À la différence de Struts, ces `Actions` renvoient une collection d'objets qui seront utilisés comme contenu dynamique par le composant generator du pipeline. Si l'`Action` ne renvoie aucune donnée, la collection doit être vide, si l'`Action` a besoin d'indiquer une exception le retour doit être `null` ; en tout état de cause l'`Action` doit renvoyer quelque chose !

Vue de Cocoon : les XSP

Le concept des XSP est identique à celui des JSP, mais se distingue de cette technologie par les faits suivants :

- Les XSP sont des documents XML stricts et ne contiennent pas forcément du HTML. En effet, les pages XSP disposent d'un transformer XSP prédéfini dans Cocoon. On peut imaginer un pipeline qui inclut plusieurs `Actions` utilisant un document XSP comme composant generator, qui subit la transformation du `XSP2HTMLtransformer`.
- Les XSP ne sont pas forcément liées au langage Java. Une implémentation existe dans Cocoon utilisant le langage JavaScript.

Les XSP sont des documents XML et bénéficient donc implicitement des avantages de ce langage. On peut importer des fichiers XSP dans un fichier XSP. On peut aussi définir des tags spécifiques à l'exécution et à l'évaluation d'expressions d'un langage donné (Java ou JavaScript). Le tag `<xsp:logic>` peut être comparé aux scriptlets des JSP. Le tag `<xsp:expr>` permet d'évaluer une expression. Enfin, d'autres tags disponibles propres au protocole HTTP existent comme le tag `<xsp-request:get-attribute>` permettant de récupérer un attribut dans le contexte de la requête. On peut conclure que les XSP sont à Cocoon ce que les JSP sont à Struts !

Ainsi, Cocoon est un framework complexe, issu d'une idée géniale. Il a permis d'extrapoler le concept de contenu et de présentation présent dans de nombreux frameworks pour l'emmener à un plus haut niveau, qui permet une meilleure visibilité du concept. Ce type de framework est à préconiser si l'application web se prête à une gestion de contenu dynamique. De plus, si l'application web doit s'interfacer avec différents types de plates-formes, Cocoon est le choix de framework par excellence. Ce sera le choix conseillé et utilisé par le groupe Automne dans le cadre de l'application Octopuss, application web générique permettant la mise en ligne de contenu divers et dynamique. Il est temps maintenant pour terminer cette étude de réaliser le même exemple de présentation de données dynamiques au moyen du panel de frameworks orientés XML que nous venons d'étudier.

Plaçons-nous dans le monde J2EE et XML pour mettre en pratique les notions abordées dans ce chapitre !

L'exemple suivant illustre le développement d'une page web basée sur une transformation de données au format XML à l'aide d'une feuille de style XSL. La finalité de cet exemple est l'estimation du coût de développement permettant la transformation d'un flux XML dynamique provenant d'une source de données et de l'habiller avec un flux XSL simple sans aucun graphisme complexe. La source de données est le flux RSS (format de données XML) d'un site de *news* ou s'orientant vers un portail d'actualités.

Flux RSS du site Applications-servers disponible :
▸ http://www.application-servers.com/rss/appservers.rss

Un exemple simplifié du flux RSS d'A19S

```
<?xml version="1.0" encoding="ISO-8859-1"?>
<!DOCTYPE rss PUBLIC "-//Netscape Communications//DTD RSS 0.91//EN"
                "http://my.netscape.com/publish/formats/rss-0.91.dtd">
<rss version="0.91">
 <channel>
  <title>APPLICATION-SERVERS.COM</title>
  <link>http://www.applications-servers.com</link>
  <description>Forum de news sur les technologies Internet de pointe
  </description>
  <language>fr</language>
  <image>
   <url>http://www.application-servers.com/config_appservers/
                                                images/logo.jpg</url>
   <link>http://www.applications-servers.com</link>
   <title>APPLICATION-SERVERS.COM</title>
   <width>120</width>
   <height>60</height>
   <description>Forum de news sur les technologies Internet de pointe
   </description>
  </image>
  <webMaster>Didier.Girard@Improve.fr</webMaster>
  <item>
   <title>Performances des moteurs de servlets/jsp</title>
   <link>http://www.application-servers.com/comments.do?
               reqCode=readComments&amp;sid=2004-07-02-15:30:02</link>
   <description>
     A l'heure ou les conteneurs légers font beaucoup parler d'eux,
     WebPerformance vient de remettre à jour son comparatif des moteurs
     de servlets/jsp : Jetty, Resin, JRun, WebSphere, Orion et Tomcat
     sont de la partie.
   </description>
  </item>
  <item>
   <title>Livre : Programmation orientée aspect pour Java/J2EE</title>
   <link>http://www.application-servers.com/comments.do?
               reqCode=readComments&amp;sid=2004-07-02-15:25:27</link>
   <description>
     Les éditions Eyrolles viennent de publier un livre sur la
     programmation orientée aspect (AOP). Deux chapitres sont
     téléchargeables sur a19s.
   </description>
  </item>
 </channel>
</rss>
```

L'habillage proposé (flux XSL)

```
<?xml version="1.0" encoding="UTF-8"?>
<xsl:stylesheet version="1.0"
  xmlns:xsl="http://www.w3.org/1999/XSL/Transform">
<xsl:output method="html" version="1.0" encoding="UTF-8" indent="yes"/>
 <xsl:template match="/">
  <html>
```

```
    <head>
     <title>A Miror Page</title>
     <meta http-equiv="Content-Type" content="text/html;
           charset=iso-8859-1"/>
    </head>
    <body marginwidth="0" marginheight="0" leftmargin="0"
          topmargin="0" bgcolor="#FFFFFF">
     <center><b>This page was transformed by Cocoon</b></center>
     <br/>
     <table width="100%">
      <tr>
       <td bgcolor="#FFB56A" align="center" bordercolordark="#000000">
      <strong>Mirror of <xsl:value-of select="rss/channel/title"/><br/>
        <xsl:value-of select="rss/channel/description"/>
       </strong>
       </td>
      </tr>
     </table>
     <br/>
     <br/>
      <xsl:apply-templates select="rss/channel/item"/>
    </body>
   </html>
  </xsl:template>
  <xsl:template match="rss/channel/item">
   <table width="50%" border="0" cellspacing="0" cellpadding="1"
          bgcolor="#000000" align="center">
    <tr>
     <td>
      <table width="100%" border="0" cellspacing="0" cellpadding="4"
             bgcolor="#FFFFFF">
      <tr bgcolor="#FFB56A">
       <td align="center" colspan="2">
        <strong><xsl:value-of select="title"/>
        </strong>
       </td>
      </tr>
      <tr>
       <td valign="top">
        <p><xsl:value-of select="description"/></p>
        <p>
         <a>
         <xsl:attribute name="href"><xsl:value-of select="link"/>
         </xsl:attribute>
         More &gt;&gt;</a>
        </p>
       </td>
      </tr>
      </table>
     </td>
    </tr>
   </table>
   <br/>
  </xsl:template>
 </xsl:stylesheet>
```

Cela donne en rendu final :

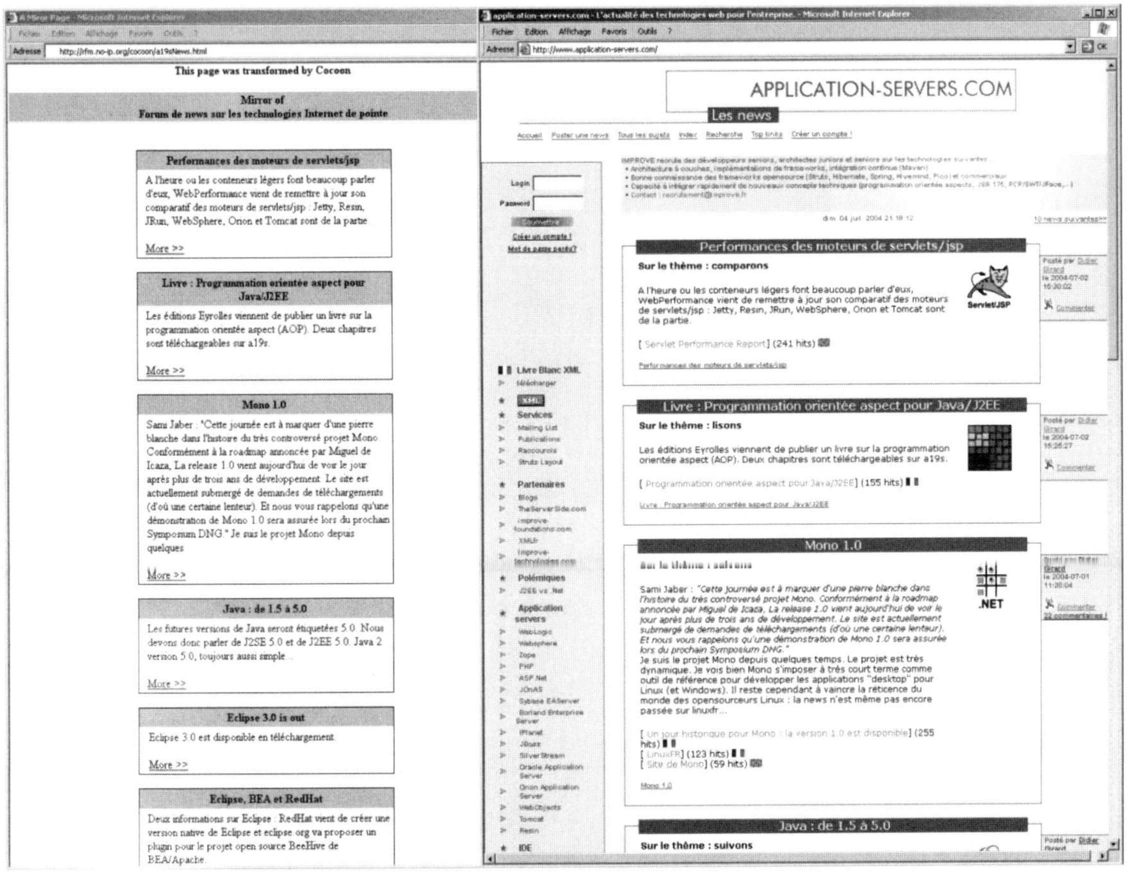

Figure 5–11 Rendu final de l'exemple des nouvelles provenant de www.a19s.com

Pour des raisons de simplicité, nous ne nous attarderons que sur la mise en place dans le framework Struts avec l'extension StrutsCX et Cocoon uniquement. Le temps de développement en utilisant Struts avec l'extension Stxx est sensiblement comparable à celle de notre exemple tant au niveau configuration que temps de développement proprement dit.

Ainsi, voici les démarches à réaliser avec le framework Struts couplé à StrutsCX :

Code de `l'Action` à écrire (A19SAction) - Temps estimé : 10 minutes

```
package com.automne.octopuss.test.strutscx.a19s.action;

import java.io.IOException;
import java.net.MalformedURLException;
import java.net.URL;
```

```
import org.apache.commons.logging.Log;
import org.apache.commons.logging.LogFactory;
import org.apache.struts.action.Action;
import org.apache.struts.action.ActionForm;
import org.apache.struts.action.ActionForward;
import org.apache.struts.action.ActionMapping;
import org.jdom.Document;
import org.jdom.JDOMException;
import org.jdom.input.SAXBuilder;

import com.cappuccinonet.strutscx.util.StrutsCXConstants;

/**
 * Projet  : TP_StrutsCX
 * Classe  : A19SAction
 * Version : 1.0
 * But     : Action simple de Struts permettant de transformer côté
 *           serveur un flux xml avec une xsl vers un
 *
 */
 public class A19SAction extends Action {

 protected Log logger = LogFactory.getLog(this.getClass());
 private static final String MIRROR_URL=
             "http://www.application-servers.com/rss/appservers.rss";

  /**
   * Constructeur par défaut
   */
 public A19SAction() {
  super();
 }
/**
 * Méthode unique à surcharger pour exécution d'opérations
 * lors de l'invocation de l'Action. Ici, il s'agit de
 * transformer un flux xml provenant d'un site distant :
 * http://www.application-servers.com en page web HTML.
 */
 public ActionForward execute(
   ActionMapping mapping,
   ActionForm form,
   javax.servlet.http.HttpServletRequest request,
   javax.servlet.http.HttpServletResponse response)
   throws java.io.IOException, javax.servlet.ServletException {
  logger.debug("------------------- A19SAction --------------------");
  // indication de la définition StrutsCX à utiliser: a19s
  String xslFile = "a19s";
  logger.debug("Using strutscx-definition: " + xslFile);
  // Affectation à la requête Http le nom du fichier XSL à utiliser
  request.setAttribute(StrutsCXConstants.XSL_KEY, xslFile);
  //On loggue la définition StrutsCX utilisée
  logger.debug("Put XSL string: " + xslFile+" in request");
  // Récupération du flux XML pour parsing via le builder Xerces SAX
  SAXBuilder streamXml =new SAXBuilder(false);
```

```
  //Initialisation
  Document doc=null;
  try {
   //Lancement du parsing du flux XML récupéré
   doc = streamXml.build(new URL(MIRROR_URL).openStream());
  } catch (MalformedURLException e) {
   //Une exception due à une mauvaise url!
   e.printStackTrace();
  } catch (JDOMException e) {
   //Une exception due lors du parsing!
   e.printStackTrace();
  } catch (IOException e) {
   //Une exception de flux d'entrée/sortie: Mauvais flux XML? :/
   e.printStackTrace();
  }
  /*Le flux xml à transformer à stocker dans la requête portent
   *le nom de la définition StrutsCX.
  */
  request.setAttribute("a19s", doc);
  //On loggue en mode debug uniquement le document XML résultant
  //du parsing
  logger.debug("set XML document: " + doc.toString());
  // Ici on ordonne les différentes options pour la transformation
  request.setAttribute(StrutsCXConstants.ENCODING_KEY, "ISO-8859-1");
  request.setAttribute("transformer_framework","StrutsCX");
  request.setAttribute("transformer_version","v0.9.4");
  //On route vers la page dont on a demandé la transformation XSL
  return (mapping.findForward("success"));
 }
}
```

Code du changement de la XSL à prendre en compte avec les données supplémentaires induites par le framework StrutsCX - Temps estimé : 10 minutes.

Modification du fichier de configuration de Struts `struts-config.xml` - Temps estimé : 5 minutes.

Pour plus de précisions sur le code, référez-vous au code source disponible :
- www.editions-eyrolles.com
- http://rfm.no-ip.com/octopuss/

Exemple de `struts-config.xml`

```
<?xml version="1.0" encoding="ISO-8859-1" ?>
<!DOCTYPE struts-config PUBLIC "-//Apache Software Foundation//DTD
Struts Configuration 1.1//EN" "http://jakarta.apache.org/struts/dtds/
struts-config_1_1.dtd">
<struts-config>
 <!-- ========== Data Sources Definitions ======================== -->
 <!-- ========== Form Bean Definitions =========================== -->
 <form-beans>
 </form-beans>
 <!-- ========== Global Exceptions Definitions =================== -->
 <!-- ========== Global Forward Definitions ====================== -->
 <!-- ========== Action Mapping Definitions ====================== -->
  <action-mappings>
```

```
    <action
     path="/test"
     type="com.automne.octopuss.test.strutscx.a19s.action.A19SAction"
     unknown="false"
     validate="true"
    >
     <forward
      name="success"
      path="/StrutsCXServlet"
      redirect="false"
     />
    </action>
   </action-mappings>
  <message-resources parameter="ApplicationResources" null="false"/>
  <!-- ============================================================ -->
  <!-- =================== StrutsCX ============================== -->
  <!-- ============================================================ -->
  <!-- StrutsCXLog4jInitPlugIn -->
  <plug-in
   className="com.cappuccinonet.strutscx.util.StrutsCXLog4jInitPlugIn">
   <set-property property="config"
                value="/WEB-INF/strutscx-log4j-config.xml"/>
  </plug-in>
  <!-- StrutsCXPlugIn -->
  <plug-in className="com.cappuccinonet.strutscx.util.StrutsCXPlugIn">
    <set-property property="config"
                 value="/WEB-INF/strutscx-config.xml"/>
  </plug-in>
</struts-config>
```

Modification du fichier de configuration de StrutsCX `strutscx-config.xml` - Temps estimé : 5 minutes.

Exemple de `strutscx-config.xml`

```
<?xml version="1.0" encoding="UTF-8"?>
<!-- ========= StrutsCX Configuration v0.9.4 =================== -->
<properties>
 <!-- ========= StrutsCXDocumentBuilder ============== -->
 <documentbuilder>
  <!-- the documentbuilder we do use;
       replace it with your own version -->
  <class id="standard">
    com.cappuccinonet.strutscx.xslt.StrutsCXStandardDocumentBuilder
  </class>
 </documentbuilder>
 <!-- ========= StrutsCXTransformer ============== -->
 <transformer>
  <!-- the transformer we do use; replace it with your own version -->
  <class id="standard">
    com.cappuccinonet.strutscx.xslt.StrutsCXStandardTransformer
  </class>
  <class id="fop">
    com.cappuccinonet.strutscx.xslt.StrutsCXFOPTransformer
```

```
   </class>
  </transformer>
  <!-- ========== strutscx-definitions ============================ -->
  <!-- define here the locations of your XSL Stylesheets.-->
  <strutscx-definitions>
   <!-- a unique name -->
   <definition name="a19s">
    <!-- location of a XSL stylesheet-->
    <put>/xsl/a19s.xsl</put>
   </definition>
  </strutscx-definitions>
</properties>
```

Mise à jour du fichier `web.xml` - Temps estimé : 5 minutes.

Exemple de `web.xml`

```
<?xml version="1.0" encoding="UTF-8"?>
<!DOCTYPE web-app PUBLIC "-//Sun Microsystems, Inc.//DTD Web
       Application 2.3//EN" "http://java.sun.com/dtd/web-app_2_3.dtd">
<web-app>
 <display-name>StrutsCX Simple Demo</display-name>
 <description>Sample application showing a CRUD cyle</description>
 <!-- Action Servlet Configuration -->
 <servlet>
  <servlet-name>action</servlet-name>
  <servlet-class>
    org.apache.struts.action.ActionServlet
  </servlet-class>
  <!-- ========================================================= -->
  <!-- The location of the ApplicationResources are
                                defined in the struts-config.xml -->
  <!-- ========================================================= -->
  <init-param>
   <param-name>config</param-name>
   <param-value>/WEB-INF/struts-config.xml</param-value>
  </init-param>
  <init-param>
   <param-name>debug</param-name>
   <param-value>2</param-value>
  </init-param>
  <load-on-startup>1</load-on-startup>
 </servlet>
 <!-- StrutsCXServlet -->
 <servlet>
  <servlet-name>StrutsCXServlet</servlet-name>
  <servlet-class>
    com.cappuccinonet.strutscx.xslt.StrutsCXServlet
  </servlet-class>
  <init-param>
   <param-name>debug</param-name>
   <param-value>false</param-value>
  </init-param>
  <load-on-startup>2</load-on-startup>
```

```
  </servlet>
  <!-- servlet mappings -->
  <servlet-mapping>
   <servlet-name>action</servlet-name>
   <url-pattern>*.do</url-pattern>
  </servlet-mapping>
  <servlet-mapping>
   <servlet-name>StrutsCXServlet</servlet-name>
   <url-pattern>/StrutsCXServlet</url-pattern>
  </servlet-mapping>
  <session-config>
  <!-- in minutes-->
   <session-timeout>60</session-timeout>
  </session-config>
</web-app>
```

Cela nous donne un temps global de développement et de configuration de 35 minutes.

Le même développement dans Cocoon à partir d'une application vierge pour ce type de framework, c'est-à-dire un fichier de configuration `sitemap.xmap` vierge de pipelines et de déclarations d'`Action`, mais rempli de generators et de transformers adéquats :

Modification du `sitemap.xmap` - Temps estimé : 5 minutes.

Exemple de code à insérer dans le `sitemap.xmap`

```
<map:match pattern="a19sNews.html">
 <map:generate
         src="http://www.application-servers.com/rss/appservers.rss"/>
 <map:transform src="xsl/a19s.xsl"/>
 <map:serialize type="html"/>
</map:match>
```

En résumé…

Pour conclure sur cet exemple, il est clair que Cocoon s'impose aisément comme solution pour toute problématique de gestion de contenu dynamique basé sur la technologie XML. Struts et Barracuda s'orientent plus vers les applications de gestion classiques. Navette reste un outsider, une solution hybride qui à terme peut certainement tirer son épingle du jeu…

chapitre 6

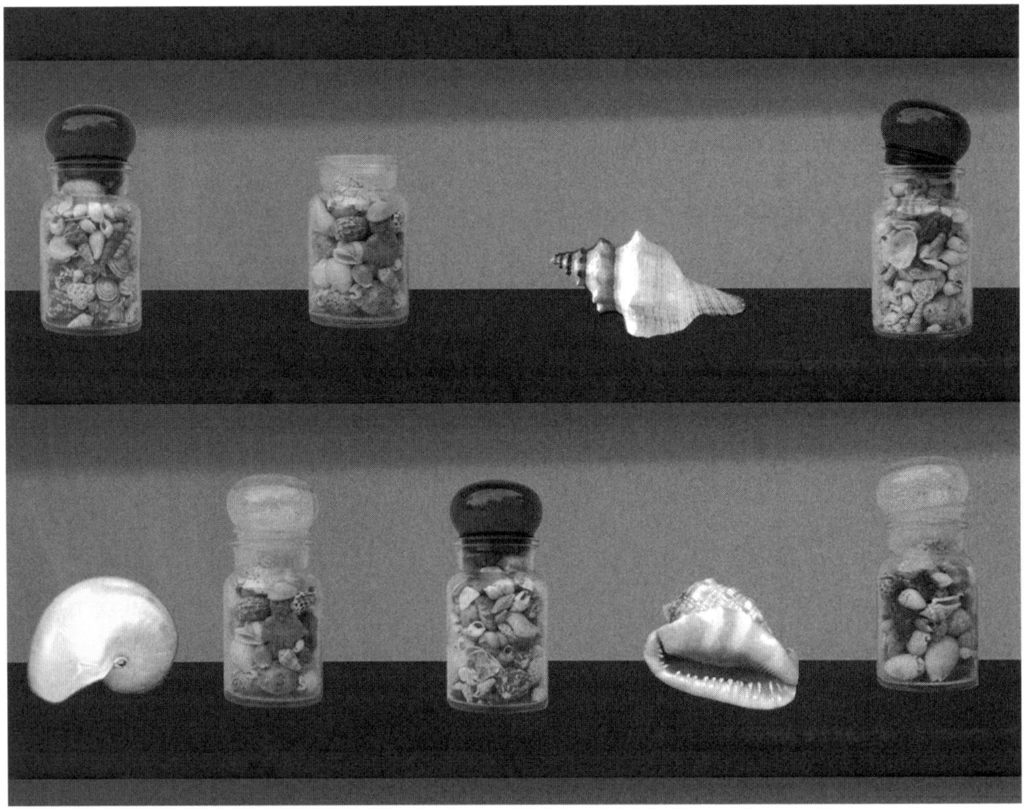

Les bases de données XML natives : grand déstockage d'Automne ?

Le stockage de données, point névralgique de toute application, a connu de nombreuses phases qui ont marqué son histoire. Du modèle hiérarchique au modèle objet, en passant par l'incontournable modèle relationnel, XML introduit dans ce monde une certaine révolution par son mode de stockage natif.

SOMMAIRE

MOTS-CLÉS

- XIndice
- XPath
- XMLQuery
- XML-DB XUpdate
- eXist
- Xperanto
- Oracle SDK XRU
- Sybase XML Processor
- FLoWeR

Jusqu'à présent, dans notre voyage autour de la galaxie XML, bien des domaines (présentation - modélisation d'objets - format transfert de données) que touche cette norme ont été abordés sans toutefois effleurer le point crucial du stockage de ce type de format. La sérialisation de données est souvent un goulot d'étranglement pour les applications informatiques, il faut donc faire très attention à la stratégie que l'on met en place pour résoudre cette problématique.

En ce qui concerne XML, le stockage de données est plus complexe que celui de données brutes d'une application. La sérialisation d'un document XML ne se stocke pas en base comme celle sur disque. Trois approches sont possibles.

La première se situerait dans le monde de la gestion électronique de documents, c'est-à-dire l'utilisation d'un système documentaire orienté SGML (*Standard Generalized Markup Language*) comme moyen de stockage. Cette approche n'est pas satisfaisante car elle limiterait l'utilisation native de documents XML à des applications documentaires. Si on le couplait à une application web, par exemple, il faudrait utiliser un autre principe de sérialisation des données non-XML. Ceci obligerait à avoir deux systèmes hétérogènes de persistance pour une même application ou de concevoir une architecture *full XML*, qui n'est pas forcément la meilleure face à une problématique donnée.

La deuxième consiste à utiliser soit les bases de données relationnelles existantes mises en place depuis les années 1980 dans le monde de l'entreprise à la place du modèle hiérarchique, soit les modèles de données objets (Versant), pour décomposer le document XML dans leur format respectif (en tables pour les SGBDR et en objets pour les SGBDO). Cette approche a l'avantage de permettre une intégration simplifiée d'une application basée uniquement sur du XML dans un ensemble plus grand. En revanche, elle nécessite le développement d'une couche de mapping XML/Relationnel adéquate, ce qui peut s'avérer coûteux en temps de développement pour un novice. L'utilisation d'outils pertinents comme Xperanto d'IBM peut être une solution.

La troisième a pour principe de garder le flux XML dans sa globalité comme base de stockage, en lui liant une clé jouant le rôle d'index, permettant ainsi un accès rapide à l'information stockée. Lorsqu'une application n'utilise que des documents XML, l'emploi d'un outil spécialisé dans le stockage et la restitution d'informations dans ce format ne peut être que bénéfique. Outre le fait de gérer la persistance d'information, cet outil, comme tout système de gestion de base de données (SGDB), offrira des services d'administration tant au niveau droits que partage et sécurité. Cette approche est communément appelée « utilisation de bases de données XML natives ».

Bases de données natives : solution de stockage ?

Le format le plus traditionnel rencontré dans les entreprises est le stockage de données sous forme relationnelle. La conception et la modélisation de données sous ce format consistent à lier des informations entre elles par des relations. Les informations au niveau physique sont stockées dans des tables différentes. À une ligne correspond une instance d'informations et à une colonne de cette même ligne correspond une donnée de cette instance. Ainsi, si on désire stocker un document XML dans ce modèle, la sérialisation peut s'effectuer sans grande difficulté. Toutefois, la restitution d'information (désérialisation) pose problème : comment recréer la structure du document XML à partir de données brutes sans avoir au préalable stocké des informations pertinentes sur le sujet ?

Ceci démontre la pauvreté du modèle relationnel pour le stockage de données XML. En effet, la restitution d'information ne permet de générer que des documents XML dits « plats » (un seul niveau de profondeur d'arbre possible) si on utilise un mapping colonne/attribut. Il existe une autre possibilité de restitution d'information qui correspond à la traduction des colonnes en éléments, chaque ligne étant représentée par un élément racine. Nous obtenons ainsi un document ayant au maximum deux niveaux de profondeur.

Exemple de document XML à sérialiser

```
<?xml version="1.0" encoding="UTF-8"?>
<classique-produits xmlns="">
 <livre id="BK-CLASS-LIT-19EME-FRANCE">
  <information>
   <general>
    <titre>Le docteur Pascal</titre>
    <auteur>
     <nom>Zola</nom>
     <prenom> Emile </prenom>
    </auteur>
    <resume>Ce dernier tome de la saga des Rougon-Macquart fait la
          synthèse de l'épopée d'une famille du 19ème siècle</resume>
   </general>
   <secondaire>
    <type>broché</type>
    <editeur>LGF</editeur>
    <collection> Livre de poche</collection>
    <isbn>1-111-1111-1</isbn>
   </secondaire>
  </information>
  <prix>21.85</prix>
```

```
  <date-de-sortie>
   <annee>1970</annee>
   <mois>04</mois>
  </date-de-sortie>
 </livre>
</classique-produits>
```

Une représentation possible en modèle relationnel donne la table LIVRE suivante :

Tableau 6–1 Tableau 6-1 La table LIVRE

Nom de colonne	Valeur
livre_id	BK-CLASS-LIT-19EME-FRANCE
titre	Le docteur Pascal
auteur_nom	Zola
auteur_prenom	Emile
Resume	Ce dernier tome de la saga des Rougon-Macquart fait la synthèse de l'épopée d'une famille du 19ème siècle
Type	broché
Editeur	LGF
Collection	Livre de poche
Isbn	1-111-1111-1
Prix	21.85
annee_sortie	1970
mois_sortie	04

Restitution d'information suivant le modèle de mapping colonne/attribut

```
<?xml version="1.0" encoding="UTF-8"?>
<classique-produits xmlns="">
<livre livre_id="BK-CLASS-LIT-19EME-FRANCE" titre="Le docteur Pascal"
auteur_nom="Zola" auteur_prenom="Emile" resume="Ce dernier tome de la
saga des Rougon-Macquart fait la synthèse de l'épopée d'une famille du
19ème siècle" type="broché" editeur="LGF" collection="Livre de poche"
isbn="1-111-1111-1" prix="21.85" annee_sortie="1970" mois_sortie="04"/
>
</classique-produits>
```

Autre représentation possible en appliquant le mapping colonne/élément

```
<?xml version="1.0" encoding="UTF-8"?>
<classique-produits xmlns="">
 <livre>
  <livre_id>BK-CLASS-LIT-19EME-FRANCE</livre_id>
  <titre>Le docteur Pascal</titre>
  <auteur_nom>Zola</auteur_nom>
  <auteur_prenom>Emile</auteur_prenom>
```

```
<resume>Ce dernier tome de la saga des Rougons Macquart fait la
        synthèse de l'épopée d'une famille du 19ème siècle</resume>
  <type>broché</type>
  <editeur>LGF</editeur>
  <collection>Livre de poche</collection>
  <isbn>1-111-1111-1</isbn>
  <prix>21.85</prix>
  <annee_sortie>1970</annee_sortie>
  <mois_sortie>="04"</mois_sortie>
 </livre>
</classique-produits>
```

Ainsi, les SGBDR ne permettent pas réellement de reconstituer l'architecture d'un document XML. En effet, le manque de stockage de méta-informations sur la structure d'un document est une faiblesse majeure de ce moyen de stockage de données XML. Par ailleurs, le fait de générer manuellement ces méta-informations à partir d'un ensemble de documents XML pour la sérialisation de données pour ce type de stockage n'aurait aucun sens, puisque celles-ci sont inhérentes aux données. Ainsi, le stockage natif de documents XML à travers un outil dédié paraît-il la solution la plus adaptée pour ce type de données.

Architecture d'une base de données native XML

Celle-ci repose sur les trois critères suivants :

- Un modèle logique doit être défini pour un document XML et des outils doivent exister pour permettre de stocker et restituer des informations liées au modèle prédéfini. Ce modèle est en général une grammaire, la plus connue étant XML Schema du W3C. Chaque base de données peut cependant proposer son propre modèle de stockage. Elle doit au minimum inclure les informations d'un document XML (élément, attribut…), mais aussi les types formalisant les données (string, integer…), ainsi que des informations complémentaires comme les relations inter et intra-documents.
- L'unité logique de stockage est le document XML lui-même.
- Un format physique de stockage optimisé. Il est possible d'utiliser pour cela une base de données hiérarchiques, relationnelles ou objets.

Cette architecture ne nécessite donc pas la création d'un nouveau type de stockage d'informations, mais juste celle d'un outil de gestion de persistance de données au format XML.

Une base de données XML comprend un ensemble de documents respectant le même modèle. Ceci est communément appelé `collection` dans le vocabulaire de SGBD/XML. Une collection équivaut à une table dans une base de données relationnelles. Un des problèmes actuels des bases de données XML est la non-validation de document pour une collection donnée. En effet, il n'existe pas de de spécification unique pour ce genre de bases de données, mais ce problème est partiellement contourné par certaines bases telles que Xindice.

La norme actuelle pour le modèle de base de données XML repose sur les schémas XML. Appliqué au domaine des bases de données de ce type, un schéma XML est forcément lié à une collection de documents XML. Une collection regroupe donc un ensemble de documents XML respectant la même grammaire.

Dans une base de données relationnelles, chaque enregistrement d'une table est généralement identifié par une clé unique. Il en est de même dans les bases de données natives XML. Deux stratégies sont possibles : soit, lors de l'insertion d'un flux XML dans la base, on affecte notre propre clé sous forme de chaîne de caractères, soit on laisse la base calculer automatiquement la clé en question. La notion d'index dans les bases de données XML est très importante car c'est elle qui permet d'avoir de meilleures performances en temps de recherche. En effet, différentes stratégies d'indexation existent pour les SGBD natifs XML : l'indexation sur le nom des balises ou leur contenu ou leurs attributs ou une combinaison des trois. Celle-ci peut aussi se baser sur la profondeur de l'axe de recherche, c'est-à-dire le nombre de niveaux dans l'arbre du document XML, ainsi que sur un dictionnaire de mots-clés associés à rechercher ou à ne pas indexer dans le document. Il existe aussi pour certaines bases des algorithmes astucieux provenant du monde de la gestion documentaire permettant l'indexation sur la sémantique des mots. Ainsi, des index sophistiqués sont nécessaires pour un outil de SGBD natif XML. La performance sur un échantillon d'éléments sera toujours plus lente que la recherche d'un document entier. Ceci est un inconvénient majeur de ce type de bases.

Une base de données XML native stocke les documents XML tels quels sans mapping avec une base de données d'index liée au document XML stocké. L'insertion et la restitution (pour des index optimisés) sont les points forts de ce type de base. La modification de contenu est un des points faibles. Les produits actuels de SGBD natifs fonctionnent pour la plupart sur le principe suivant pour la modification de contenu XML : récupération du document via une requête, modification par programmation ou manuellement du document en question, puis réinsertion avec le même index dans la base. Une seconde possibilité réside dans la manipulation de l'API XML:DB XUpdate. Ceci n'est pas un standard de mise à jour dans la technologie SGDB XML natif, mais est implémenté par un grand nombre d'outils comme Xindice ou eXist. Les requêtes XUpdate sont des commandes manipulant le DOM XML d'un document en jouant sur l'insertion, la suppression et la mise à jour de sous-arbres dont le contexte est sélectionné par une expression XPath.

Les motivations pour le choix d'une base de données XML se résument donc à celui du stockage et de la recherche de l'information. Les limites peuvent être atteintes lors de l'indexation de document pour des recherches complexes. Ce type de SGBD est intéressant lorsque l'on mêle stockage et restitution d'informations en lecture seule. Cette dernière s'effectue généralement à travers le langage XMLQuery.

Langage de requêtes XMLQuery

Basé sur le langage Quilt d'IBM, XMLQuery est le standard officiel du W3C pour l'interrogation d'information stockée dans une base de données XML native. Il peut être vu comme une factorisation de différents langages de requêtes (XPath, SQL, langage de requêtes de systèmes documentaires...). En règle générale, le langage de requêtes est à la discrétion de chaque éditeur de SGBD. Les deux principaux sont XPath et XMLQuery. D'un côté, XMLQuery regroupe les fonctionnalités de XPath, de l'autre il engrange les fonctionnalités de SQL au sens grammaire de requêtes sur les collections constituant la base de données. Ainsi, la sélection d'arbres et de sous-arbres par des expressions sur des valeurs de feuilles est assurée par le langage XPath. Toutefois, XPath démontre un certain manque lorsque l'on désire grouper, trier, créer des documents de jointures, supporter des types pour ces données. Ceci constitue la valeur ajoutée de XMLQuery par rapport à XPath. Ce langage inclut des requêtes plus complexes de type SQL (équivalant à des `select...from...where...`) avec les expressions "FLoWeR" (`For`, `Let`, `Where`, `Return`). On retrouve aussi la notion de calcul algébrique dans ce langage (`count`, `min`, `max`...) ce qui lui confère la richesse des SGBD classiques. Enfin, ce langage supporte des fonctions de système documentaire (`contains`, `like`, `similar`, `sound-like`...). XMLQuery apporte donc au langage XPath, le langage de référence de requêtes XML, l'extension nécessaire pour la manipulation de données XML dans une base de données dédiée.

Voici différents points illustrant la puissance du langage XMLQuery.

Expressions FLoWeR

Celles-ci correspondent aux expressions de la forme `for...let...where...return`. Un parallèle peut être fait avec l'expression régulière de SQL `select...from...where...group by` en lui ajoutant l'assignation de variables par la clause `let`. Le mot-clé `for` introduit une itération sur une collection donnée. La clause `let` fournit la possibilité de gérer des raccourcis (variables) vers des sous-arbres sélectionnés par les requêtes XPath. La clause `where` correspond aux critères de sélection choisis (expression logique ou fonction documentaire). La clause `return` permet de construire les informations nécessaires pour la réponse désirée ; cette clause est vraiment responsable de la réponse retournée. Ainsi, les expressions FLoWeR confèrent une grande souplesse autant au niveau requête qu'au niveau renvoi de résultat, ce qui n'est pas le cas pour le langage SQL.

Imaginons que l'on désire tous les romans d'Émile Zola dans une collection déterminée pour affichage dans une liste de résultats :

```
for $livre in collection("littérature_classique")
let $info="$livre/livre/information"
where $info/general/auteur/nom="Zola" and $info/general/auteur/
prenom="Emile" and $info/secondaire/collection="Livre de poche"
return
 <hit>
  <titre>{$info/general/titre}</titre>
  <collection>{$info/secondaire/collection}</collection>
 </hit>
```

Calcul d'agrégat

Ceci repose sur les mots-clés suivants :

- `count` : compte le nombre d'occurrences d'un contenu ou d'une balise référencée par une expression XPath.
- `avg` : calcule la moyenne des valeurs récupérées par une requête XPath.
- `min/max` : calcule le minimum/maximum d'un contenu ou d'une balise récupérée par une requête XPath.
- `sum` : somme l'ensemble des valeurs récupérées par une requête XPath.

Calcul du prix moyen d'un ouvrage d'Émile Zola dans une collection donnée :

```
for $livre in collection("littérature_classique")
let $info="$livre/livre/information"
where $info/general/auteur/nom="Zola" and $info/general/auteur/
prenom="Emile" and $info/secondaire/collection="Livre de poche"
return
 <hit>
  <prix>{avg($info/prix)}</prix>
 </hit>
```

Imbrication de requêtes

Grâce aux expressions FLoWeR, il est possible d'imbriquer des requêtes au niveau des clauses `for`, `where` et `return`. L'imbrication à ce dernier niveau permet de construire des résultats provenant de différents documents récupérés. Ceci correspond dans le monde SQL à une jointure de tables. L'imbrication d'une requête au niveau de la clause `for` a pour but de définir des variables à partir de différentes collections de documents. Enfin, une sous-requête au niveau de la clause `where` joue le rôle de sélectionneur de données précalculées par l'agrégation.

Recherche de la biographie de tous les auteurs publiés dans une collection donnée :

```
for $nom_auteur in collection("littérature_classique"), $biographie in
collection("litterature_bio")
where $nom_auteur/livre/information/general/auteur/nom = $biographie/
titre/nom and $nom_auteur/livre/information/secondaire/
collection="Livre de poche"
return
 <hit>
  <nom>{$nom_auteur/nom}</nom>
  <biographie>{$biographie/titre}</biographie>
 </hit>
```

Recherche contextuelle

XMLQuery intègre des expressions basées sur des fonctions de systèmes documentaires permettant de réaliser des recherches *full text* ou approchées d'une sémantique donnée.

La recherche documentaire est un monde passionnant et complexe, l'indexation des données est capitale dans cette problématique. Ceci s'appuie sur un dictionnaire (thesaurus) complexe qui définit pour un document donné les mots-clés, des racines, des synonymes ainsi que des relations entre les mots qui constituent un graphe de recherche possible.

XMLQuery reste un peu moins ambitieux que les systèmes de gestion documentaire, mais offre toutefois la fonction suivante capitale qu'est `contains` (récupération de tout contenu correspondant pour tout ou partie à la phrase passée en paramètre à la fonction).

Recherchons dans les résumés littéraires, tous les livres contenant le mot-clé « roman » :

```
for $livre in collection("littérature_classique")
where contains ($livre/information/general/resume,"roman")
return
 <hit>
  <livre>{$livre/nom}</livre>
  <nom>{$nom_auteur/nom}</nom>
 </hit>
```

Par ces différentes fonctionnalités, le langage XMLQuery s'avère par excellence le langage d'interrogation de bases de données natives XML : en plus des accès aux données simples fournies par XPath, des itérations, sélections, jointures, tris et fonctions algébriques fortement inspirés du langage SQL, il intègre des fonctions de recherche liées à la gestion électronique de documents.

Il est temps maintenant, après avoir vu les principaux axiomes des bases de données XML natives, de nous intéresser à l'offre du marché.

Bases de données XML du marché

Solution Xperanto d'IBM

Cette solution d'IBM n'est pas une base de données XML native. Elle s'oriente plutôt vers une approche middleware ou framework destinée à créer, rechercher, supprimer des informations dans des bases de données relationnelles existantes au moyen d'une couche de mapping basée sur des vues XML des données stockées. Sorti du centre de recherche d'Almaden d'IBM, ce framework est dorénavant intégré de base dans sa solution de SGBDR : DB2.

Cette solution d'architecture n'est pas la seule sur le marché. Dans le même ordre d'idée, Oracle propose son SDK XRU. Il permet de traduire des documents XML vers des tables de bases de données relationnelles et réciproquement, la transformation étant coordonnée par un système de mapping comparable à Xperanto. Tous les grands éditeurs de bases de données relationnelles ont publié leur propre solution de stockage XML construite sur l'existant de leur moteur de SGBD en intégrant une solution middleware de mapping. Ainsi, ce genre d'extension est connu sous le nom Oracle XML DB pour Oracle, ou encore Sybase XML Processor pour Sybase…

L'utilisation de Xperanto à la place d'une base de données XML native peut sembler pertinente, lorsque l'on désire garder l'existant d'une entreprise, à savoir les bases de données relationnelles. Comme aucune modification n'est nécessaire, le coût d'intégration est quasiment nul. De plus, Xperanto peut s'avérer intéressant au niveau performance puisqu'il utilise le moteur optimisé de DB2.

L'architecture de Xperanto repose sur plusieurs briques qui peuvent se résumer à un processeur de requêtes basé sur XMLQuery. Celui-ci transforme en SQL natif (langage des bases de données) toute requête XMLQuery, le résultat étant renvoyé sous forme d'un document XML. Examinons maintenant cette architecture en détails :

- Le module XQLTranslation est l'interface de traduction des requêtes XMLQuery en requête SQL. Cette interface est divisée en deux sous-modules. Le premier, XML-QLParseur, traduit la requête dans un langage interne : XQGM (*XML Query Graph Model*). XQGM repose sur un moteur de règles relationnelles modélisant les requêtes XMLQuery. Le second sous-module, QueryReWrite, a pour but de mapper les références des données SQL à des vues XML, à partir de la représentation du graphe précédemment établi.

- XMLViewService est le module de cache de vues XML.
- Le module XMLSchemaGenerator est un générateur de XML Schema pour des vues et des résultats de requêtes à partir des méta-informations des catalogues de bases de données.
- Le module XMLTagger formate le résultat de la requête SQL au format XML. Pour cela, il s'appuie sur une table temporaire constituée par les résultats de la requête SQL effectuée.

Ceci peut se résumer par la figure 6-1 :

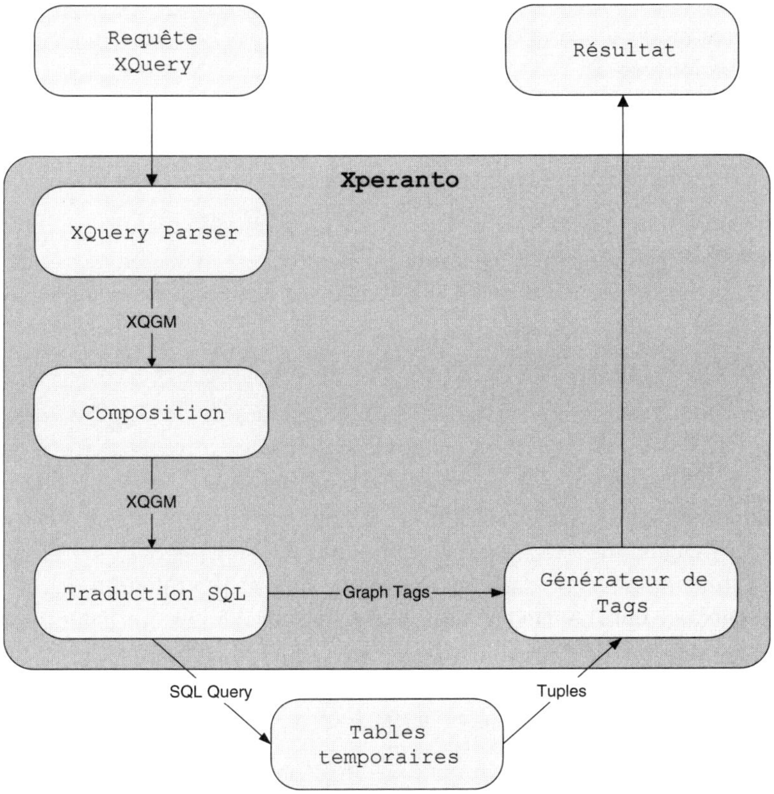

Figure 6–1 L'architecture de Xperanto

Base Xindice d'Apache

▸ http://xml.apache.org/xindice

Cette base de données XML native est une des plus connues. Open Source, écrite en langage Java, cette base gère le stockage et la restitution de documents XML. Toutefois, elle n'en permet pas la mise à jour directe. Son mode de stockage, natif, ne fait intervenir aucun mapping de documents XML. Pour s'y retrouver et améliorer les performances, Xindice utilise des index autant sur les attributs que sur les éléments. La mise à jour des documents repose sur l'API XUpdate dont un exemple sera explicité pour la base eXist. Le langage d'interrogation est XPath.

L'architecture de Xindice repose sur un serveur HTTP qui écoute sur le port 4080. Depuis la version 1.1, Xindice n'est plus un serveur StandAlone de bases de données. Les fonctions du serveur sont maintenant basées sur l'API Servlet 2.2 et plus. Cette base a été éprouvée sur Tomcat et Jetty (conteneur de Servlet de JBoss).

L'administration de cette base de données est riche. Elle est composée de multiples interfaces :

- commandes en ligne via des scripts : ajout/suppression/liste de collections, ajout d'index sur les éléments et attributs, importation/exportation de l'ensemble des collections (chaque document XML étant stocké dans un fichier unique ayant comme nom l'index de la base) ;
- interrogation par l'API Java XML-DB ;
- interrogation via services CORBA pour les langages objets autres que Java ;
- administration possible par les services web (SOAP).

L'intérêt de Xindice réside dans les problématiques de stockage de documents XML, notamment pour les gestions de contenu dynamique utilisant Java et XML. En effet, le nombre de documents XML peut vite devenir important lorsqu'un site repose sur des articles postés, sur une liste d'événements, d'agenda, de catalogues. Il serait absurde d'envisager de les stocker sous forme hiérarchique dans un système de fichiers. L'utilisation d'un serveur tel que Xindice facilite ce stockage en fournissant un mécanisme d'indexation optimisé, ainsi qu'un mécanisme de recherche basé sur XPath. Xindice fournit par ailleurs la possibilité de s'intégrer au framework de gestion de contenu dynamique basé sur XML : Cocoon.

Pour ne pas toujours utiliser les outils fournis par la communauté Apache, utilisons une base de données native concurrente : eXist. Certes, celle-ci est moins connue que la base Xindice, mais les besoins du groupe Automne sont totalement satisfaits par les possibilités offertes par cette base, qui s'avéreront plus performantes que celles de la base Xindice comme nous le verrons en fin de chapitre !

Base eXist (de W.M. Meier)

Cette base gère toute application web qui traite du XML, jusqu'aux systèmes de documentation fonctionnant sur CD-Rom. Complètement écrite en Java, elle peut être intégrée de trois manières différentes dans une application : en tant que serveur StandAlone, en tant que serveur intégré à un servlet (même principe que Xindice), en tant que base de données intégrée directement à l'application.

Elle intègre le stockage de documents dans des collections hiérarchiques, un mécanisme d'indexation supportant des relations internœuds, un moteur de requêtes basé sur XPath avec des extensions avancées standards permettant des requêtes *full text* ou sur des mots-clés ou bien encore sur des expressions régulières de terme recherché.

Enfin, il est possible d'administrer cette base par différentes interfaces, notamment XML:DB API, XML-RPC, SOAP ou encore WEBDAV. Il est temps maintenant de découvrir par l'exemple les possibilités des bases de données XML natives, illustrées par eXist.

Téléchargez le code source de la base eXist à l'adresse :
- http://exist.sourceforge.net

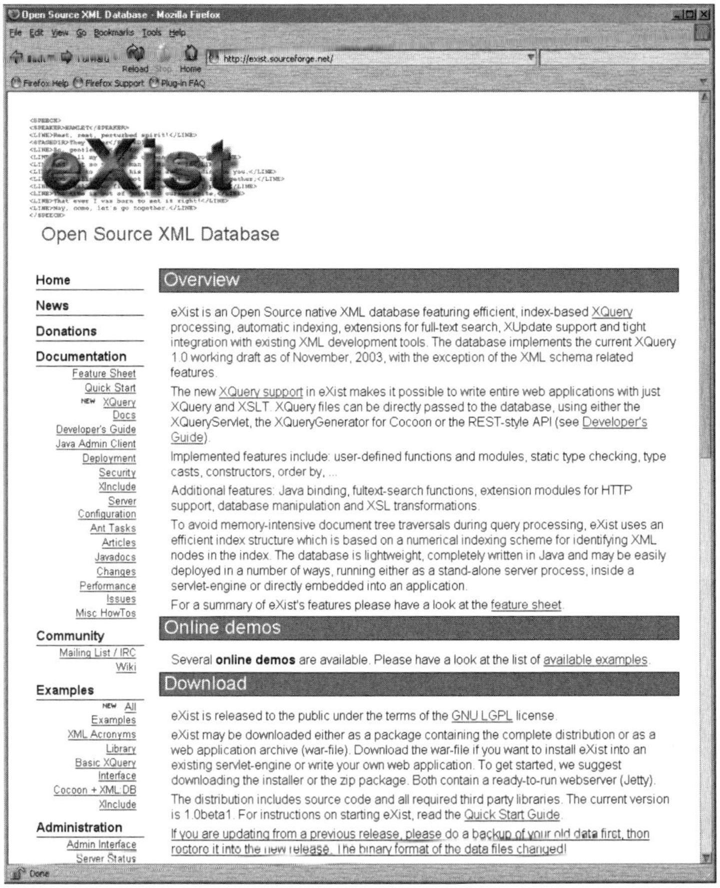

Figure 6–2
La page d'accueil du site eXist

Nous sommes prêts à présent à instancier un nouveau serveur StandAlone dans un répertoire donné comme `database` dans notre projet Octopuss (figure 6-3).

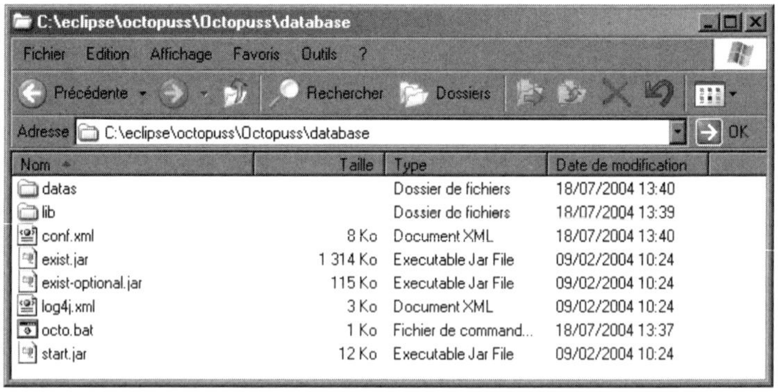

Figure 6–3
Arborescence des fichiers système eXist

Comme vous pouvez le voir, l'architecture système de fichiers pour la base `eXist` reste très simple :

- un fichier de configuration que nous allons détailler par la suite (`conf.xml`) ;
- des bibliothèques fournies dans le ZIP précédemment téléchargées du gestionnaire de cette base de données : `exist.jar`, `exist-optional.jar` et `start.jar`, ainsi que le répertoire `lib` ;
- le fichier `log4j.xml` fourni aussi dans le JAR ;
- le fichier `server.bat` du répertoire `bin` de `eXist`, renommé en `octo.bat` pour l'exemple ;
- le répertoire `datas`, qui contient les données de la base de données, ces dernières étant compressées et indexées pour des performances optimales.

Pour pouvoir exécuter une instance de la base de données, il faut juste après décompression des données, dont nous venons d'extraire dans un répertoire distinct la substance vitale pour un serveur StandAlone, spécifier la variable d'environnement `EXIST_HOME`. Celle-ci pointe sur le répertoire de destination de votre instance de serveur d'eXist. Ainsi, comme on pourra le voir sur la figure 6-4, eXist s'instancie et devient accessible via deux protocoles possibles : HTTP sur le port 8088 ou XML-RPC sur le port 8081.

Nous avons ainsi une instance de base de données que nous pouvons administrer via le client d'administration fourni dans le package d'eXist, qui se lance grâce au fichier `client.bat` fourni. Attention, il faut spécifier l'URI de la base de données que nous venons d'instancier, qui n'est pas celle par défaut. Pour cela, il faut taper la commande suivante dans le répertoire `bin` d'eXist ou changer l'URI par défaut dans le fichier `client.properties` :

```
client.bat -ouri=xmldb:exist://localhost:8081
```

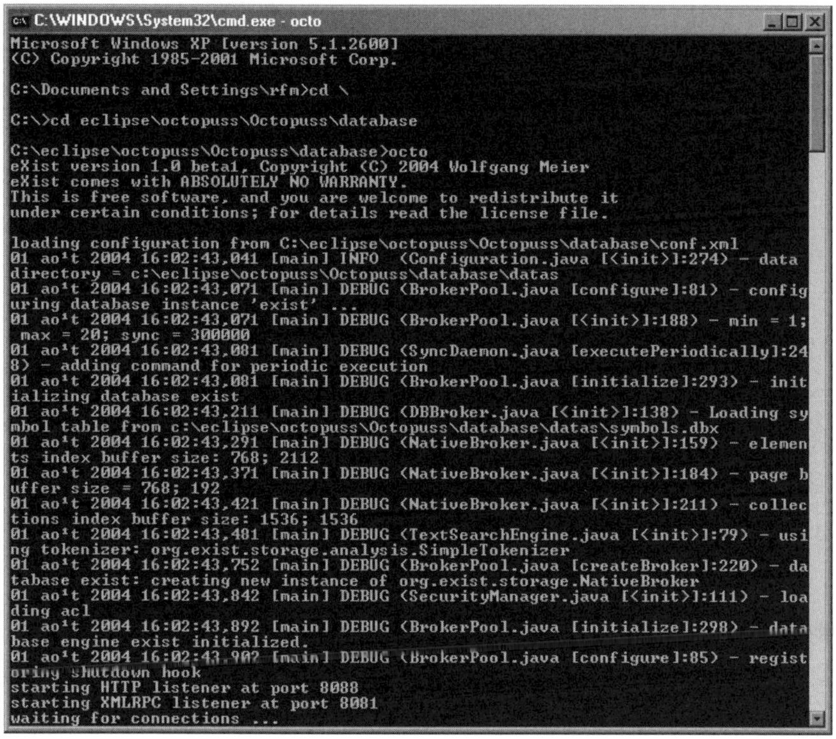

Figure 6–4
Fenêtre d'exécution d'une instance d'eXist (Log4j configuré en mode debug)

Ceci nous ouvre la commande d'administration suivante (figure 6-5) :

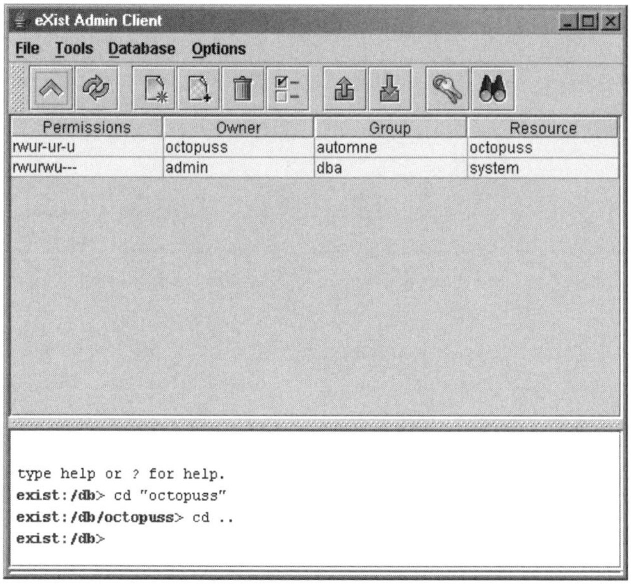

Figure 6–5
Commande d'administration d'eXist

Comme on peut le voir sur la figure 6-6, cette interface permet de :

- naviguer entre les collections ;
- rafraîchir la liste de collections ;
- créer des collections ;
- supprimer des collections ;
- éditer les droits sur les collections et les documents XML stockés ;
- importer des collections déjà sauvegardées ;
- exporter les collections pour sauvegarde ;
- éditer la gestion de profils d'utilisateurs ;
- interroger la base par une interface de saisie de requêtes XMLQuery.

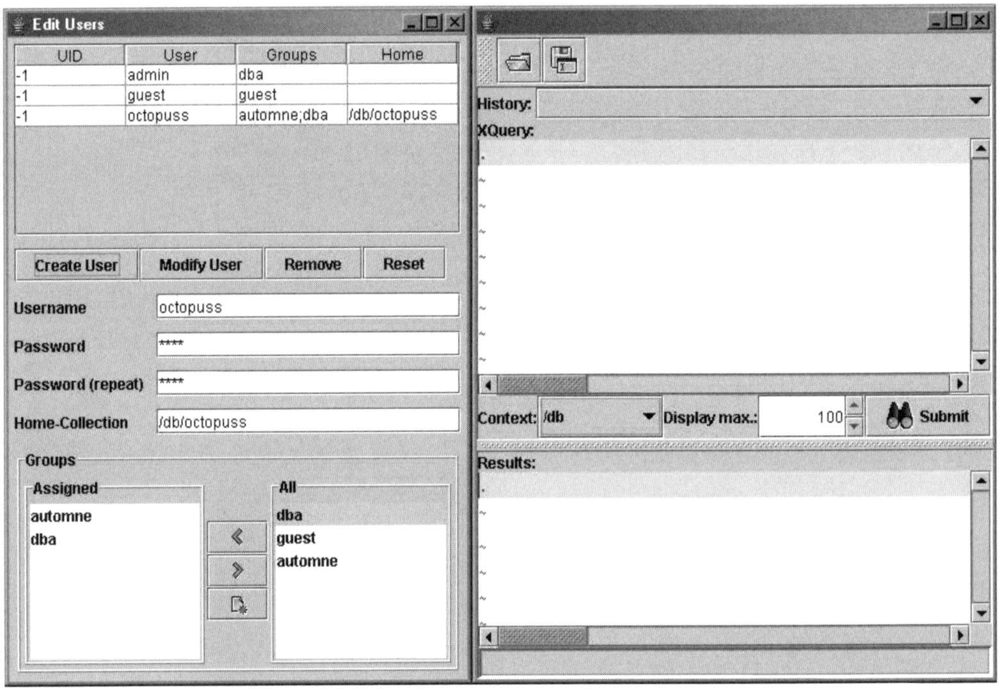

Figure 6–6 La gestion des droits et interface de requêtes d'eXist

La gestion d'utilisateurs, de groupes d'utilisateurs et des droits associés à des collections, ainsi que l'interface de requêtes XMLQuery constituent un plus qui permet à eXist de concourir parmi les bases de données natives XML les plus compétitives. Les droits, identifiants et mots de passe stockés en MD5 se matérialisent dans eXist à travers les fichiers de données compressés.

Examinons plus en détails le fichier de configuration :

Fichier de configuration de la base de données eXist

```
<?xml version="1.0" encoding="UTF-8"?>
```

Déclaration XML du document de configuration

```
<exist>
```

Balise `Root` du fichier de configuration

```
<db-connection database="native" files="c:/eclipse/octopuss/Octopuss/
database/datas">
<pool min="1" max="20" sync-period="300000"/>
</db-connection>
```

Paramétrage de la connexion à la base eXist. `database` spécifie le type de stockage, ici natif. `files` : le répertoire de stockage des données. La balise `pool` permet de définir les tailles minimale et maximale de connexions et le temps de linéarisation des connexions orphelines. `sync_period` correspond à la période d'interruption où le système prend la main sur toutes les opérations en cours pour synchroniser toutes les données en mémoire avec l'existant sur le disque.

```
<serializer enable-xinclude="yes" enable-xsl="no"
  indent="yes" add-exist-id="none" match-tagging-elements="yes"
  match-tagging-attributes="no"/>
```

Il est possible de configurer le format de sortie de chaque requête XMLQuery. Ceci se fait à travers la balise `serializer` qui permet entre autres d'indenter, d'appliquer une feuille de style spécifique…

```
<indexer stemming="no" caseSensitive="no" suppress-whitespace="both"
index-depth="1"
tokenizer="org.exist.storage.analysis.SimpleTokenizer" >
```

La balise `indexer` englobe toutes les définitions des différents index de collections à gérer. Elle permet de spécifier si la recherche doit être ou non sensible à la casse, la profondeur de la recherche, l'algorithme d'indexation, ici SimpleTokenizer (qui indexe chaque mot d'un document ainsi que les balises). L'attribut `stemming` permet de faire une recherche sur le radical d'un mot. Ceci est rendu possible uniquement grâce à des algorithmes spécifiques. eXist en intègre un par défaut qui ne fonctionne que sur le dictionnaire anglais ! L'attribut `suppress-whitespace` permet de supprimer ou non, lors des futures insertions uniquement, les espaces entourant une séquence de caractères.

```
 <stopwords file="stopword"/>
```

Il est possible de ne pas indexer une liste de mots bien précis, la balise `<stopwords/>` sert à cela. L'attribut `file` précise le fichier contenant ces mots.

```
 <index doctype="users" default="none" attributes="false">
 </index>
 <index doctype="octopuss" default="all">
 </index>
```

La balise `index` permet de spécifier la manière d'indexer par collection ou flux XML (attribut `doctype`). Ici, le document `users` (spécifique à eXist) n'a pas besoin d'être indexé ! En revanche, tous les éléments et attributs de la collection `octopuss` le seront. Il est possible via la balise `exclude` d'exclure certaines parties de l'arbre grâce à des requêtes XPath.

La balise `entity-resolver` permet d'indiquer des catalogues, ces derniers contenant la résolution des `entity-type` utilisés dans l'ensemble des documents XML stockés.

```
  <entity-resolver>
   <catalog file="webapp/WEB-INF/catalog"/>
  </entity-resolver>
```

Fin de la déclaration des index

```
 </indexer>
```

Fin du fichier de configuration : fermeture balise `Root`

```
</exist>
```

Après avoir détaillé ce fichier de configuration, nous allons maintenant voir dans un premier temps le code d'un gestionnaire d'accès de la base eXist écrit en Java, puis dans un second temps un test unitaire JUnit permettant l'insertion de documents, l'interrogation via XMLQuery, ainsi que la suppression des documents récupérés par la requête. Dans un troisième temps, nous verrons la mise à jour par XUpdate, ainsi que le même traitement précédemment décrit en fichiers `Ant`, qui est encore une autre possibilité de gestion de la base de données eXist.

Classe ExistDBManager, fabrique responsable de la gestion unitaire des données dans eXist

```
package com.automne.octopuss.xml.db;
import java.io.File;
import java.io.IOException;
import org.exist.dom.XMLUtil;
import org.exist.util.XMLFilenameFilter;
import org.xmldb.api.DatabaseManager;
import org.xmldb.api.base.Collection;
import org.xmldb.api.base.Database;
import org.xmldb.api.base.XMLDBException;
import org.xmldb.api.modules.CollectionManagementService;
import org.xmldb.api.modules.XMLResource;
/**
 * Projet  : Octopuss
 * Classe  : ExistDBManager
 * Version : 1.0
 * But     : Classe de Service de management d'accès à
 * une base de données XML natives : Exist
 *
 */
public class ExistDBManager {
 private String uriDb;
 private String login;
 private String pwd;
/*
 * Constructeur d'initialisation du Manager
 * @throws ClassNotFoundException
 * @throws IllegalAccessException
 * @throws InstantiationException
 * @throws XMLDBException
 */
```

```
public ExistDBManager(String configurationPath,String host,String
   port,String log,String pw) throws ClassNotFoundException,
   InstantiationException, IllegalAccessException, XMLDBException{
 super();
 //Initialisation de l'URI
 uriDb = "xmldb:exist://"+host+":"+port+"/";
 //Initialisation du driver
 String driver ="org.exist.xmldb.DatabaseImpl";
 Class cl = Class.forName(driver);
 Database db = (Database)cl.newInstance();
 db.setProperty("configuration",configurationPath);
 DatabaseManager.registerDatabase(db);
 this.login=log;
 this.pwd=pw;
}
/**
 * Méthode permettant de récupérer le noeud root de la base de données
 * @throws XMLDBException
 */
public void createCollection(String parentCollection,
    String collectionName) throws ClassNotFoundException,
    InstantiationException, IllegalAccessException, XMLDBException{
 Collection root = DatabaseManager.getCollection(
   uriDb+parentCollection,login,pwd);
 CollectionManagementService service = (CollectionManagementService)
   root.getService("CollectionManagementService", 1.0");
   service.createCollection(collectionName);
}
/**
 * Méthode de stockage de flux XML (fichiers) pour une
 *   collection donnée!
 * @return XMLResource : la ressource XML stockée sous la
 *   collection à partir d'un flux Fichier
 * @throws XMLDBException
 * @throws IOException
*/
public XMLResource storeDataInCollection(File xmlFile,
    String uriCollection) throws XMLDBException, IOException{
 Collection collection = DatabaseManager.getCollection(
  uriDb+uriCollection,login,pwd);
 XMLResource res;
 String xml;
 res = (XMLResource) collection.createResource(
 xmlFile.getName(), "XMLResource");
 xml = XMLUtil.readFile(xmlFile, "UTF-8");
 res.setContent(xml);
 collection.storeResource(res);
 return res;
}
```

◄ Constructeur permettant d'initialiser l'URI de connexion, l'instance de la base de données liée, ainsi que les paramètres de connexions (login-password).
Ici, on utilise l'interface XML-DB pour l'implémentation d'eXist.
Enregistrement auprès du `DatabaseManager`

◄ Méthode de création d'une collection à partir d'un contexte d'une collection parente. Utilisation de l'objet `CollectionManagementService` défini par XML-DB et implémenté par eXist pour la gestion de collection.

◄ Méthode permettant de stocker un flux XML représenté par l'objet `File` dans une collection donnée. Ce stockage s'effectue en trois étapes bien distinctes :

```
/**
 * Méthode de stockage de flux XML (Ressources XML) pour une
 *   collection donnée!
 * @return XMLResource : la ressource XML stockée sous la
 *   collection à partir d'un flux Fichier
 * @throws XMLDBException
 * @throws IOException
*/
```

Méthode permettant de stocker directement une ressource XML dans une collection (même principe que la méthode précédente).

```
public XMLResource storeDataInCollection(XMLResource xmlFile,
    String uriCollection) throws XMLDBException, IOException{
 Collection collection = DatabaseManager.getCollection(
  uriDb+uriCollection,login,pwd);
 collection.storeResource(xmlFile);
 return (XMLResource)xmlFile;
}
/**
 * Méthode de stockage de flux XML se trouvant dans un
 *   répertoire donné pour une collection donnée !
 * @return XMLResource : les ressources XML stockées sous la
 *   collection à partir d'un répertoire
 * @throws XMLDBException
 * @throws IOException
*/
```

Méthode permettant de stocker un ensemble de fichiers dans une collection donnée ; appel à la première méthode de stockage pour chaque contexte `File`.

```
public XMLResource[] storeDataDirectoryInCollection(
   File xmlDirectory,String uriCollection)
 throws XMLDBException, IOException{
 XMLResource[] res=null;
 File files[] = xmlDirectory.listFiles(new XMLFilenameFilter());
 res=new XMLResource[files.length];
 for (int i = 0; i < files.length; i++) {
  res[i] = storeDataInCollection(files[i], uriCollection);
 }
return res;
}
/**
 * Méthode de suppression d'une collection
 * @return Aucun!
 * @throws XMLDBException
 * @throws IOException
*/
```

Méthode de suppression d'une collection à partir de son URI. Pour ce faire, on invoque le service `CollectionManagementService` puis la méthode `removeCollection`.

```
public void removeCollection(String uriCollection)
 throws XMLDBException{
 Collection root = DatabaseManager.getCollection(
    uriDb+uriCollection,login,pwd);
 CollectionManagementService service = (CollectionManagementService)
   root.getService("CollectionManagementService", "1.0");
 service.removeCollection(root.getName());
 }
 public Collection getCollection(String uriCollection)
   throws XMLDBException{
 return DatabaseManager.getCollection(uriDb+uriCollection,login,pwd);
}
```

```
/**
 * Méthode de suppression d'une ressource dans une collection
 * @return Aucun!
 * @throws XMLDBException
*/
public void removeRessource(XMLResource res,String uriCollection)
 throws XMLDBException{
 Collection collection = DatabaseManager.getCollection(
    uriDb+uriCollection,login,pwd);
 collection.removeResource(res);
}
/**
 * Méthode de suppression d'une ressource dans une collection
 * @return Aucun!
 * @throws XMLDBException
*/
public void removeRessource(String resourceXMLId,
                            String uriCollection)
 throws XMLDBException{
 Collection collection = DatabaseManager.getCollection(
    uriDb+uriCollection,login,pwd);
 collection.removeResource(collection.getResource(resourceXMLId));
}
}
```

Suppression d'une ressource connue dans une collection donnée

Suppression d'une ressource à l'aide de son identifiant de stockage dans une collection donnée.

Après avoir parcouru les méthodes de base de gestion (principe du CRUD) pour la base de données eXist, voici, dans un test unitaire JUnit, un exemple de stockage, puis de recherche de documents suivant un critère bien précis pour les ranger dans une autre collection et les supprimer de leur emplacement d'origine.

Exemple de test unitaire de manipulation de l'API eXist

```
package com.automne.octopuss.junit.db;

import java.io.File;
import java.io.IOException;

import junit.framework.TestCase;

import org.xmldb.api.base.Collection;
import org.xmldb.api.base.ResourceIterator;
import org.xmldb.api.base.ResourceSet;
import org.xmldb.api.base.XMLDBException;
import org.xmldb.api.modules.XMLResource;
import org.xmldb.api.modules.XPathQueryService;

import com.automne.octopuss.xml.db.ExistDBManager;

/**
 * Projet  : Octopuss
 * Classe  : TestExistDBManager
 * Version : 1.0
```

```
 * But     : Classe de test du Service de management d'accès à une
 *           base de données XML natives : Exist
 */
public class TestExistDBManager extends TestCase {
 /**
  * Constructeur par défaut.
  */
 public TestExistDBManager() {
  super();
 }
 ExistDBManager existDbManager=null;
 public void setUp()throws Exception{
  try{
   // Initialisation par constructeur du DBManager
   // pour la base XML native Exist
   existDbManager = new ExistDBManager("c:/eclipse/octopuss/Octopuss/
                    database/conf.xml","localhost","8081","admin","");
  } catch (ClassNotFoundException e) {
   e.printStackTrace();
   assertTrue(
     "Echec de la création de la base de données octopuss!",false);
  } catch (InstantiationException e) {
   e.printStackTrace();
   assertTrue(
     "Echec de la création de la base de données octopuss!",false);
  } catch (IllegalAccessException e) {
   e.printStackTrace();
   assertTrue(
     "Echec de la création de la base de données octopuss!",false);
  } catch (XMLDBException e) {
   e.printStackTrace();
   assertTrue(
     "Echec de la création de la base de données octopuss!",false);
  }
 }
 /**
  * Constructeur avec l'argument : le nom de test.
  */
 public TestExistDBManager(String arg0) {
  super(arg0);
 }
 /**
  * Méthode de test de la création d'une collection dans eXist,
  * base de données XML natives.
  */
 public void testDBManager(){
  try{
   //Création des différentes collections !
   existDbManager.createCollection("db","octopuss");
   existDbManager.createCollection("db/octopuss","livres");
   existDbManager.createCollection("db/octopuss/livres",
                                   "informatique");
   existDbManager.createCollection("db/octopuss/livres",
                                   "droit-informatique");
```

```
//Stockage de tous les flux XML d'un répertoire
//dans le rep informatique.
existDbManager.storeDataDirectoryInCollection(new File(
  "c:/eclipse/octopuss/Octopuss/xml-content/db-XML/"),
  "db/octopuss/livres/informatique");
//On s'est trompé il y a des livres de droit
//d'informatique dans le répertoire ci-dessus !
//Interrogeons par XQuery quelles sont les ressources XML concernés.
XPathQueryService service = (XPathQueryService)
existDbManager.getRootCollection().getService(
  "XPathQueryService", "1.0");
//On recherche les feuilles XML dont l'id du titre contient DROIT
String query = "for $R in collection('db/octopuss/livres/
  informatique') where contains($R/livre/@id,'DROIT') and
  contains($R/livre/@id,'INFORMATIQUE') return $R";
ResourceSet resultSet= service.query(query);
//Parcours des Ressources pour suppression de la rubrique
//  "db/octopuss/livres/informatique"
ResourceIterator it = resultSet.getIterator();
while (it.hasMoreResources()){
 //On récupère la ressource XML
 XMLResource res= (XMLResource)it.nextResource();
 Collection infoCol = existDbManager.getCollection(
   "db/octopuss/livres/informatique");
 XMLResource resV= (XMLResource)
   infoCol.getResource(res.getDocumentId());
 //pour la restocker au bon endroit !
 existDbManager.storeDataInCollection(resV,
   "db/octopuss/livres/droit-informatique");
 //et enfin pour la supprimer
 existDbManager.removeRessource(resV,
   "db/octopuss/livres/informatique");
 //existDbManager.removeRessource(resV,
 //  "db/octopuss/livres/informatique");
 //existDbManager.storeDataDirectoryInCollection(new File(
 //  "c:/eclipse/octopuss/Octopuss/xml-content/db-XML/"),
 //  "db/octopuss/livres/droit-informatique");
}
}catch(ClassNotFoundException e){
 e.printStackTrace();
 assertTrue("Echec de la création de la base de données octopuss!",
   false);
 e.printStackTrace();
} catch (InstantiationException e) {
 e.printStackTrace();
 assertTrue("Echec de la création de la base de données octopuss!",
   false);
 e.printStackTrace();
}catch(IllegalAccessException e){
 e.printStackTrace();
 assertTrue("Echec de la création de la base de données octopuss!",
   false);
 e.printStackTrace();
}catch(XMLDBException e){
 e.printStackTrace();
```

```
    assertTrue("Echec de la création de la base de données octopuss!",
      false);
   }catch(IOException e){
    e.printStackTrace();
    assertTrue("Echec de la création de la base de données octopuss!",
      false);
   }
   assertTrue("Succès de la création de la base de données octopuss!",
     true);
  }
 }
```

Jusqu'à présent, nous avons inséré des données à l'intérieur de la base de données XML eXist, nous avons évoqué dans ce chapitre la possibilité de modifier directement le contenu d'une ressource XML de la base de données grâce à l'API XUpdate. Voici donc un exemple illustrant ce fait, permettant d'ajouter une nouvelle balise `avis`, après la dernière rencontrée, au contenu d'un des fichiers insérés lors de l'exécution de l'exercice précédent.

```
<xupdate:modifications version="1.0" xmlns:xupdate="http://
www.xmldb.org/xupdate">
 <xupdate:insert-after select="/livre/avis" >
  <xupdate:element name="avis">
   <xupdate:attribute name="id-auteur">Muriel</xupdate:attribute>
   <xupdate:attribute name="id-produit">BK-INFO-PROG-LANG-JAVA-J2EE
   </xupdate:attribute>
   Superbe
  </xupdate:element>
 </xupdate:insert-after>
</xupdate:modifications>
```

Cette modification doit être insérée par le client d'eXist par la ligne de commande suivante :

```
client -ouri=xmldb:exist://localhost:8081/ -c /db/octopuss/livres/
informatique -f cahier-java2.xml -X c:\eclipse\octopuss\Octopuss\xml-
content\db-XML\XUpdate-cahier-java2.xml
```

L'option `-o` permet de spécifier l'adresse de la base de données ; ici l'URI de la base de données est celle de notre base StandAlone d'eXist. L'option `-c` spécifie la collection où est stockée la ressource à modifier, l'option `-f` l'identifiant de la ressource et l'option-`X` le chemin pour accéder au contenu du flux XUpdate.

Enfin, pour terminer l'étude d'eXist par l'exemple, voici les définitions en tâches Ant de notre exemple réalisé en Java par le test JUnit précédent :

```
<?xml version="1.0"?>
<!-- Fichier Ant du projet Octopuss -->
<project name="Octopuss" default="main-tests" basedir=".">
 <property file="build.properties"/>
 <path id="libs.classpath.path">
  <fileset dir="${source.libs.dir}">
   <include name="**/*.jar"/>
  </fileset>
 </path>
 <typedef file="libs-ext/antlib.xml" >
  <classpath >
   <fileset dir="${source.libs.dir}">
    <include name="antlib.xml"/>
    <include name="**/*.jar"/>
   </fileset>
  </classpath>
 </typedef>
 <target name="exist-test">
  <store
    uri="xmldb:exist://localhost:8081/db/octopuss/livres/informatique"
    user="admin" password="" createcollection="true">
   <fileset dir="xml-content/db-XML">
    <include name="*.xml"/>
   </fileset>
  </store>
  <query user="admin" password=""
    uri="xmldb:exist://localhost:8081/db/octopuss/livres/informatique"
    query="for $R in collection('db/octopuss/livres/informatique')
      where contains($R/livre/@id,'DROIT') and
      contains($R/livre/@id,'INFORMATIQUE') return $R/livre/@id"/>
  <query user="admin" password=""
    uri="xmldb:exist://localhost:8081/db/" query="//livre/@id"/>
  <remove
    uri="xmldb:exist://localhost:8081/db/octopuss/livres/informatique"
    user="admin" password="" resource="Droit-Informatique1.xml"/>
  <remove
    uri="xmldb:exist://localhost:8081/db/octopuss/livres/informatique"
    user="admin" password="" resource="Droit-Informatique2.xml"/>
  <store uri="xmldb:exist://localhost:8081/db/octopuss/livres/
                                               droit-informatique"
   user="admin" password="" createcollection="true">
   <fileset dir="xml-content/db-XML">
    <include name="Droit-Informatique1.xml"/>
    <include name="Droit-Informatique2.xml"/>
   </fileset>
  </store>
 </target>
</project>
```

Article de Wolfgang M. Meier :
▸ http://exist-db.org/webdb.pdf

Ainsi s'achève notre étude d'eXist, base de données native XML. Si vous désirez en savoir plus sur cette base, allez lire l'article de Wolfgang M. Meier sur sa base de données. Pour conclure sur des données réelles de performances, le tableau suivant (figure 6-7), tiré de l'article de Wolfgang M. Meier, démontre celles obtenues pour différentes bases de données pour les mêmes requêtes XPath sur les mêmes collections.

XPath Query	**eXist**	**eXist + extensions**	**Xindice**	**Jaxen**
/movie[.//genre='Drama']//credit[@role='directors']	3.44	1.14	10.62	21.86
/movie[genres/genre='Western']/title	0.79	0.23	1.39	7.58
/movie[languages/language='English']/title	1.45	0.97	34.18	8.50
/movie[.//credit/@charactername='Receptionist']	3.12	0.21	27.04	51.48
/movie[contains(.//comment, 'predictable')]	2.79	0.20	25.75	31.49
/movie[.//credit='Gable, Clark']	4.47	0.35	0.38	33.72
/movie[.//languages/language='English']/title[starts-with(.,'42nd Street')]	1.63	0.32	17.47	32.64
/movie[languages/language='English' and credits/credit='Sinatra, Frank']	5.16	0.58	0.11	13.26

Figure 6–7 Comparatif de performances (issu de l'article de Wolfgang M. Meier)

En résumé...

À travers ce chapitre, nous avons parcouru brièvement le domaine passionnant du stockage natif de documents XML. Ce chapitre s'est voulu simple et didactique pour vous sensibiliser sur le fait que la sérialisation de données au format XML est une problématique à part entière qu'il faut gérer par rapport à un existant dans une entreprise donnée. En plus de cette problématique se pose la question de l'interopérabilité de ces données métier. Pour répondre à cela, il existe une solution XML : la technologie des services web. Ceci va constituer le chapitre suivant de ce cahier du programmeur et sera la dernière escale de notre voyage autour de la planète XML.

chapitre 7

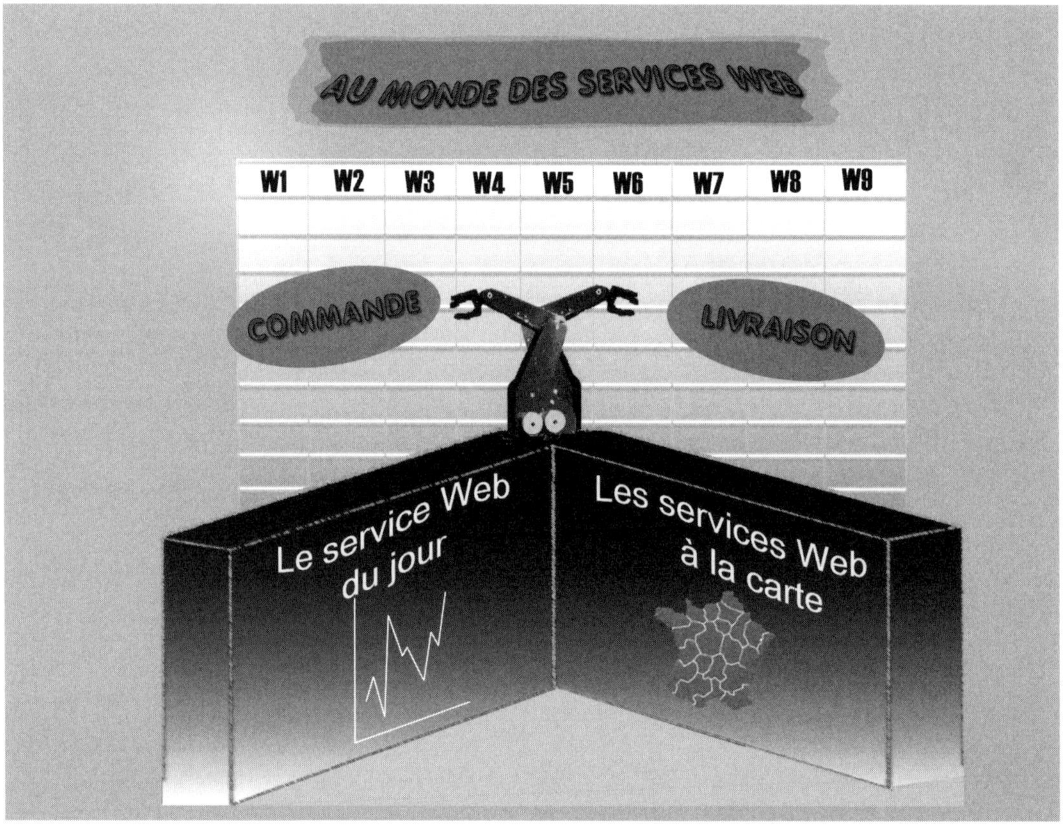

AU MONDE DES SERVICES WEB
W1
W2
W3
W4
W5
W6
W7
W8
W9
COMMANDE
LIVRAISON
Le service Web du jour
Les services Web à la carte

Conception de services web

La mise en place de la logique métier répartie est un vœu pieux de l'informatique de gestion depuis de nombreuses années. Beaucoup de technologies différentes s'y sont risquées sans réel succès. Le service web issu du protocole XML-RPC est une solution simple d'accès, efficace par son ouverture orientée web et rapide à mettre en place.

SOMMAIRE

MOTS-CLÉS

- XML-RPC
- SOAP
- WSDL
- UDDI
- SOA
- Peer to peer
- AXIS
- EAI
- B2B

Il existe de nombreuses façons de créer de la logique métier répartie avec les technologies inventées ces dix dernières années. Avec l'émergence d'Internet, les protocoles de communication HTTP et SMTP ont apporté aux entreprises l'interopérabilité qui leur manquait pour faire cohabiter des mondes hétérogènes existants. Lorsque l'on greffe à ces protocoles les apports du langage générique XML, ceci donne naissance à la technologie des services web. Dans ce chapitre, nous allons étudier dans un premier temps l'architecture de cette technologie de type SOA, puis les différentes technologies mises en jeu, à savoir les protocoles SOAP, WSDL et UDDI. Dans un second temps, un bref résumé de notions avancées telles que la sécurité et l'orchestration de services web sera explicité. Enfin, nous clôturerons ce chapitre par l'exemple, à travers la mise en place de différents services web dans le framework AXIS.

SOA, SOAP

SOA : *Architecture Orientée Services*
SOAP : *Simple Object Access Protocol*
WSDL : *Web Service Description Language*
UDDI : *Universal Description Discovery and Integration*

Caractéristiques d'un service web

Un service web est un composant métier situé quelque part sur le réseau Internet/Intranet, accessible à travers les protocoles de communication HTTP, FTP, SMTP... De nombreuses technologies ont essayé, sans réel succès en termes de vulgarisation, de créer une architecture de systèmes d'objets distribués, notamment les normes DCOM/COM de Microsoft, RMI/EJB de Sun ou bien encore CORBA de l'OMG (*Object Management Group*).

À travers l'énumération de ces technologies, on constate que l'existant offre des protocoles trop sophistiqués, des règles de fonctionnement trop strictes pour satisfaire la demande actuelle.

RMI, Remote Method Interface

API de communication entre objets Java, le protocole de communication associé s'appelle JRMP (*Java Remote Method Protocol*). J2EE recommande l'utilisation de RMI avec le protocole de communication de la norme CORBA, IIOP.

POUR ALLER PLUS LOIN **Les inconvénients des technologies à logique métier répartie actuelles**

- DCOM : cette logique métier a eu une faible diffusion car propriété de Microsoft ; elle ne pouvait tourner que sur la plate-forme Win32. Bien qu'ayant l'avantage d'être accessible via de multiples langages, elle utilisait un protocole orienté connexion qui nécessitait l'échange de nombreuses données pour créer/maintenir une session.
- Java/RMI et EJB : basées sur le langage Java aux deux extrémités (client, serveur), ces technologies sont portables grâce aux caractéristiques intrinsèques de ce langage. Pour des raisons de sécurité (configuration du *firewall* difficile à mettre en place pour ces protocoles) et de performance (nécessité de serveur à forte puissance), ces technologies n'ont pas percé dans le monde de l'industrie.
- CORBA : basée sur le protocole IIOP (*Internet Inter-ORB Protocol*), la technologie CORBA (*Common Object Request Broker Architecture*), bien que multi-langage et multi-plates-formes, est complexe et coûteuse à mettre en œuvre, ce qui l'a freinée dans sa progression en entreprise.

Le but des services web est donc de palier à cet état de fait en offrant aux développeurs la possibilité d'encapsuler des fonctionnalités métiers de l'entreprise pour construire des applications interentités (notion d'EAI), interentreprises (notion de B2B), développées dans n'importe quel langage et s'exécutant sur n'importe quelle plate-forme. Le service web a toutes ses chances d'y parvenir grâce aux caractéristiques intrinsèques qui le composent :

- spécification de logique métier, non-propriétaire, garantie par le W3C ;
- possibilité d'écrire la logique métier dans n'importe quel langage, sur n'importe quelle plate-forme ;
- facilité d'implémentation, car utilisant les protocoles de communication vulgarisés d'Internet, ce qui lui permet de s'affranchir de la difficulté de configuration de la sécurité à mettre en place à travers des pare-feux ;
- utilisation du langage XML comme point d'entrée/sortie du service web.

Les services web ont donc comme caractéristiques majeures la simplicité, l'homogénéité d'accès, l'ouverture vers des mondes hétérogènes et l'évolution du XML-RPC. Ainsi, les données au format XML donnent une liberté totale d'interopérabilité entre les réseaux et les systèmes d'exploitation. Le découplage par interfaces, base de l'architecture des services web, permet une grande souplesse dans l'implémentation du contrat qui lie le client au service web, tant au niveau du choix du langage que dans l'architecture interne conceptualisée pour ce service. Les services web sont exécutables de deux manières différentes : synchrone et asynchrone. L'exécution synchrone oblige le client à attendre le retour de l'invocation du service pour continuer ses opérations. L'aspect asynchrone est un avantage certain de cette technologie pour l'ouverture des applications web vers des systèmes middleware orientés messages (MQ-Series). Enfin, l'utilisation de XML comme représentation générique des données symbolise aussi la volonté de transparence vis-à-vis du contenu pour le traitement du service web. Les données peuvent aller d'une simple structure à un livre entier !

XML-RPC, XML-Remote Procedure Calling

Spécification et ensemble d'implémentation d'appels de méthodes métiers distantes utilisant HTTP comme protocole de transport et XML comme protocole d'encodage. Se voulant simple, cette spécification permet l'appel entre applications hétérogènes fonctionnant sur des systèmes totalement différents.

POLÉMIQUE Les services web, une énième technologie de logique métier trop spécifique ?

Ces dernières années ont été marquées par la sortie de différents frameworks, normes, liés aux services web, qui leur procurent malgré leur jeunesse un futur prometteur. En effet, comme le langage Java à ses débuts, même si leur manque de maturité ne leur permet pas encore d'avoir des solutions aussi compétitives et globales, en termes de sécurité et de transaction de logique métier répartie, que la norme actuelle de CORBA, leur facilité de mise en place et de communication leur confère une présence certaine dans le monde de l'entreprise pour tout ce qui concerne l'échange d'informations métiers entre applications.

Trois piliers technologiques nécessaires aux services web

Les services web ont émergé grâce aux technologies SOAP, WSDL et UDDI qui sont aujourd'hui le cœur du noyau de cette solution.

SOAP, Simple Object Access Protocol

Ce standard du W3C définit un protocole de structures de documents pour l'échange de données au format XML sur les standards Internet pour le protocole de communication (HTTP, FTP, SMTP...). SOAP définit aussi un ensemble de règles de codage et d'encodage pour toutes les données qu'il transporte à travers un message, ceci s'étendant du type complexe de données aux noms de méthodes à invoquer (XML-RPC). Ce protocole est constitué d'une enveloppe et d'un corps.

WSDL, Web Service Description Language

Standard du W3C, WSDL est le langage au format XML de description du service web. Jouant le rôle d'interface du service web comme l'IDL pour les services CORBA, WSDL décrit le service lui-même, c'est-à-dire l'accès, les différentes opérations/méthodes, les paramètres d'entrée/sortie de l'appel de chaque méthode du service, ainsi que les structures et la nature de l'invocation. Enfin, il permet l'écriture d'un accès unique au service web pour des clients à technologies hétérogènes.

UDDI, Universal Description Discovery and Integration

UDDI est une norme du comité OASIS. Elle définit un annuaire jouant le rôle de registre pour les entreprises et les services web associés. Il contient les informations utilisables pour la découverte de services web. La recherche peut se faire par nom, identifiant, catégorie ou bien encore des caractéristiques techniques. Pour cela, UDDI fournit les API nécessaires pour représenter chaque catégorie métier, les relations intercatégories et contient les points d'accès (WSDL) de chaque service web. Il existe trois types de contenu dans l'annuaire : les pages blanches qui définissent les sociétés, les pages jaunes décrivant les services disponibles et les pages vertes contenant les informations techniques permettant de découvrir et d'exécuter les services web.

La relation qui existe entre ces trois technologies forme l'architecture native des services web. Voici un diagramme de séquence qui en explique le fonctionnement.

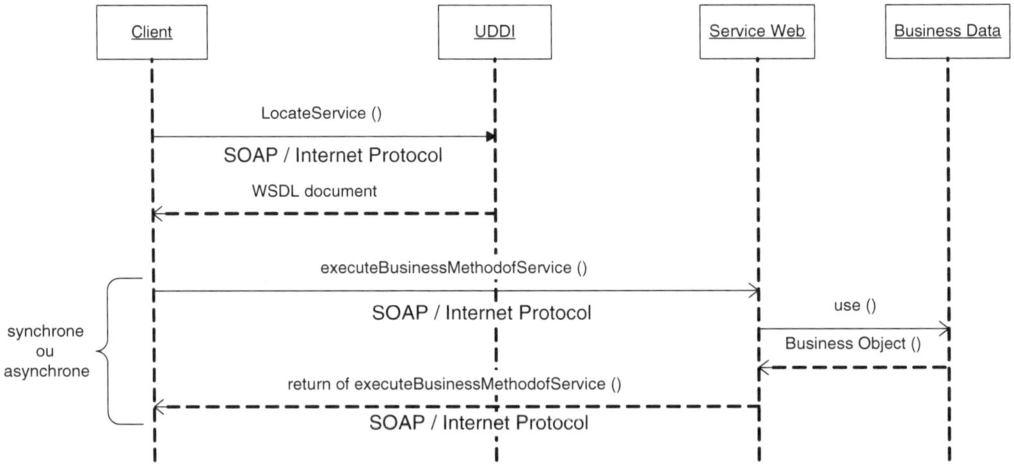

Figure 7–1
Cycle de vie d'un service web

Au travers de ce schéma, on s'aperçoit que le client s'adresse à l'annuaire UDDI pour la localisation et les paramètres d'appel d'un service donné en spécifiant son nom, sa catégorie ou son identifiant… Une fois le service web localisé, le client récupère les informations sur l'interface (document WSDL) du service. Dynamiquement, à partir du schéma XML contenu dans le document WSDL, le client peut invoquer le service web à travers des messages SOAP s'adressant à l'hôte contenant le service.

Architecture des services web

L'architecture d'un service web se rapproche de l'architecture orientée service (SOA). L'architecture SOA représente le modèle composite de l'informatique au sens design pattern du terme, c'est-à-dire une architecture qui utilise un environnement distribué de composants pour exposer, découvrir et exécuter dynamiquement une collection de services métiers. Ce genre d'architecture permet à une entreprise de lier différentes applications ou sous-applications métiers entre elles. Ceci illustre le pattern Façade. Le service englobe et orchestre tant au niveau sécurité que transaction l'application qu'il rend accessible à l'extérieur (notion de EAI). Par exemple, on peut imaginer la réservation de billets d'avion réalisé sur Mainframe par une agence de voyage sur Internet.

EAI, Entreprise Application Integrator

Architecture d'entreprise ou interentreprises fournissant la possibilité d'échanger des informations métiers entre différentes applications.

Depuis quelques années, les entreprises se dirigent vers ce type d'architecture, c'est-à-dire la découverte à la volée de composants métiers exécutables n'importe quand, n'importe où. La technologie Java offre depuis ses débuts ce genre de services, tant par la technologie des EJB qu'aujourd'hui à travers les services web.

Conceptuellement, l'architecture orientée service met en place trois rôles fondamentaux qui interagissent : le fournisseur de services, l'annuaire ou registre, le « requêteur » du service (client). La figure 7-2 illustre ces interactions.

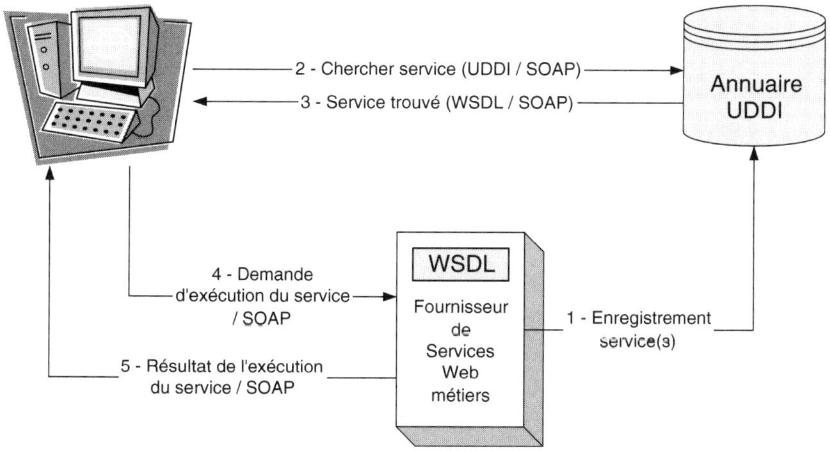

Figure 7–2
Architecture des services web SOA

Fournisseur

Dans l'architecture orientée service, un fournisseur est un composant qui est vu par le monde extérieur comme le cœur d'un service. Celui-ci contient en général la description du service web au format XML (WSDL), ainsi que son implémentation concrète qui encapsule la logique métier du service. Dans le cadre des services, ce service sera accessible via le protocole SOAP et devra aussi fournir la gestion de protocole requête/réponse. En général, cette implémentation est assurée par un serveur dédié comme AXIS de la communauté Apache, ce qui permet ainsi d'alléger le service web de cette gestion et de laisser le développeur se concentrer uniquement sur la logique métier à implémenter.

Annuaire

Il constitue l'espace de stockage d'informations sur les différents services web enregistrés ainsi que leurs caractéristiques métiers (taxinomie). Du point de vue du modèle composite, l'annuaire joue le rôle d'un fournisseur d'information pour un client. Principalement, il répond aux critères de recherche fournis en informant sur les caractéristiques d'appel du service. S'il est doté d'un moteur d'invocation dynamique de services, il l'exécutera de manière automatique.

Taxinomie

Une taxinomie est une classification métier et les références liées à un service web donné. Ceci pour l'annuaire UDDI correspond aux pages jaunes des services web.

Client

Ce terme désigne toute partie logicielle qui recherche, trouve et invoque le fournisseur de services. Dans l'architecture des services web, deux possibilités se présentent : le client peut être soit un programme logique, soit un annuaire.

Deux comportements sont possibles pour un client lors de l'invocation d'un service web : soit il continue son exécution après invocation sans besoin de retour de résultats (mode asynchrone), soit il est dépendant du service web et reste bloqué tant que celui-ci n'a pas répondu (mode synchrone).

POLÉMIQUE Peer to peer, une alternative aux architectures SOA ?

On reproche à l'architecture SOA d'être trop inflexible et de ne pas s'adapter entièrement pour tout environnement temps réel. Pour cela, une architecture plus adéquate est conseillée : le *peer to peer*. L'architecture *peer to peer* se résume au partage des ressources : elle est basée sur le principe de l'étoile. Tout client peut devenir serveur et vice-versa. Un seul serveur de point d'accès joue le rôle d'annuaire de services. Cette architecture peut donc se prêter aux services web. Cette architecture a donc comme point fort sa souplesse et comme point faible la capacité réseau (bande passante) qu'elle nécessite.

Relations du modèle composite des services web

La première phase pour un service web est son enregistrement au sein de l'annuaire UDDI. Il doit pour cela fournir ses caractéristiques d'appel et ses catégorisations métiers. L'annuaire fournit la localisation du service web. Si ce dernier n'est pas disponible, il doit être doté d'un mécanisme permettant de choisir une alternative fournissant ainsi une disponibilité 24H/24H des services. Le service web est une boite noire pour le client. Ce dernier peut être une simple méthode comme une agrégation d'un ensemble de services ou encore comme une façade de systèmes hétérogènes. Il doit donc fournir un mécanisme d'environnement de transactions fiable pour offrir une qualité de service optimale. En général, un service web est doté d'un mécanisme de sécurité évitant le DOS (*Denial Of Service*). Pour cela, de nombreux frameworks existent et fournissent des squelettes de services web sécurisés et/ou transactionnels.

HISTORIQUE SOAP

Il existe de nombreuses possibilités de réaliser des appels à distance : CORBA, EJB, DCOM... Toutes ces normes définissent ce que l'on appelle le RPC (*Remote Procedural Call*). En 1998, lors de l'émergence de XML, est apparu le langage XML-RPC ayant le même but que les technologies citées ci-dessus. L'appel de méthode se symbolise par la balise `<methodCall>` et la réponse par la balise `<methodResponse>`. L'exception est remontée via la balise `<fault>`. Face à l'hétérogénéité des différentes offres des éditeurs permettant de réaliser du XML-RPC est apparu le langage SOAP. Aujourd'hui dans sa version 1.2, il est devenu une recommandation du W3C en tant que langage de référence pour le XML-RPC, mais son utilisation ne se résume pas qu'à l'uniformisation de cette technologie.

Protocoles des services web

SOAP, Simple Object Access Protocol

SOAP est le langage d'invocation des services web. Le plus souvent, SOAP est utilisé au-dessus du protocole HTTP. La spécification de SOAP définit la structure de l'enveloppe et les règles d'encodage utilisées. Pour transporter un document XML ou une invocation de services, SOAP se veut simple. En effet, il s'agit d'un protocole minimal où aucune infrastructure n'est imposée. Il est aussi indépendant de la plate-forme et du langage utilisés. Historiquement issu de l'uniformisation du XML-RPC, son utilisation dans les services web sert principalement aux appels et aux retours de méthodes ou procédures encodées au format XML.

EXPERTISE Stub/Skeleton

Originellement issu du monde CORBA, la notion de *Stub* et de *Skeleton* symbolise dans le monde objet deux classes jouant le rôle de client/serveur pour tout ce qui concerne la communication et l'échange de données entre un service métier réparti et un client donné. L'interface Stub est la partie cliente nécessaire à l'appel du service et l'interface Skeleton est la partie serveur liée au service. Le but de cette architecture est de simplifier l'appel et de masquer la localisation des services métiers.

En règle générale, pour accéder aux services métiers, un client utilise un serveur SOAP. Ce dernier est souvent couplé à un serveur web. Il a pour charge de gérer les messages reçus et de traiter les données incluses dans ces messages. Pour pouvoir accéder à un serveur SOAP, le client utilise généralement un proxy dynamique au sens design pattern du terme. Ce proxy est généré à partir de la description du service accessible via SOAP (interface WSDL). Cette architecture fait appel à la notion de Stub/Skeleton. Le serveur SOAP dispose donc d'outils de manipulation du XML, mais aussi de transactions de logique métier. La figure 7-3 illustre ce concept.

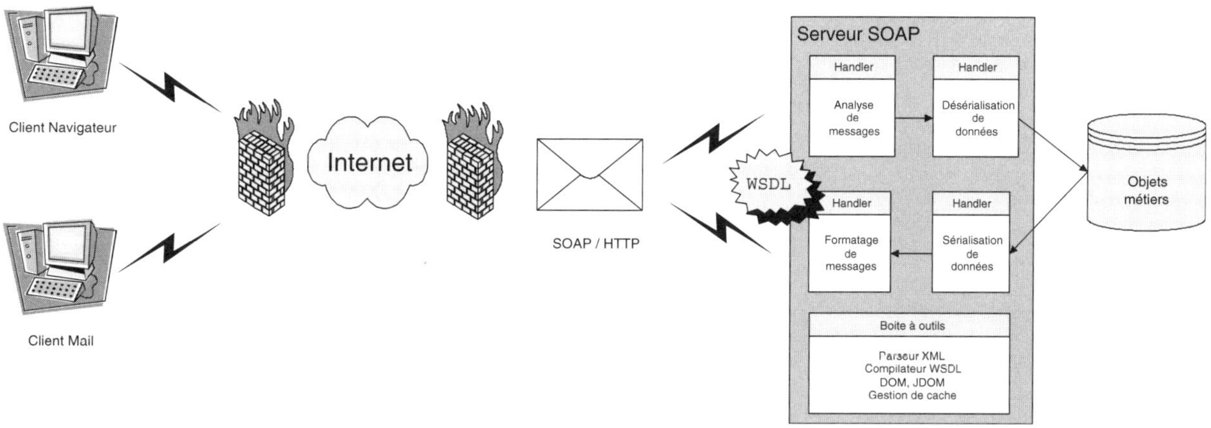

Figure 7–3 Architecture du serveur SOAP

Le protocole SOAP s'organise autour de la notion d'enveloppe. La spécification de celle-ci définit le contenu du message, ainsi que les règles d'encodage des données transportées. L'enveloppe constitue donc le conteneur d'un message SOAP ; en plus de ce dernier, elle contient des informations diverses comme les espaces de noms ou l'encodage. Un message SOAP est constitué d'un en-tête et d'un corps. Cette architecture est illustrée par la figure 7-4.

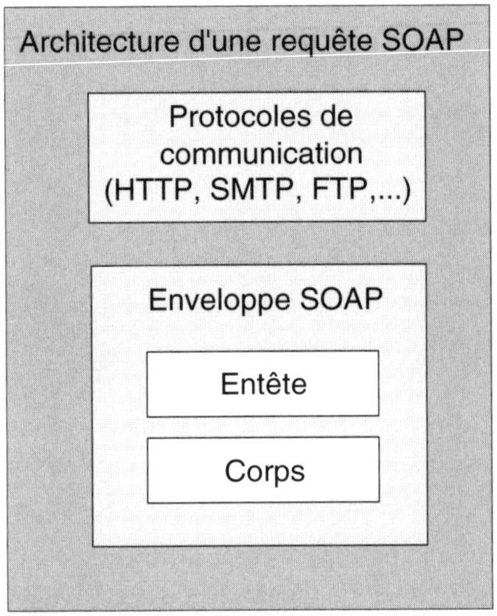

Figure 7–4 Architecture d'une requête SOAP

La requête SOAP est donc constituée d'un en-tête du protocole de communication, d'une enveloppe SOAP avec des options et du message proprement dit. Dans les en-têtes de protocoles de communication, se trouve un attribut important nommé `SOAPAction` qui qualifie le rôle de la requête. Ceci peut s'avérer utile pour la configuration de sécurité de routage traitée par un pare-feu.

Enveloppe SOAP

La balise racine du document XML représentant une enveloppe SOAP est `<Envelope>`. Elle définit les espaces de noms associés. Celle par défaut est `http://www.w3.org/2001/09/soap-envelope`. On y définit aussi le style d'encodage du message SOAP contenu.

L'en-tête du message SOAP est optionnel. Généralement, il contient des informations supplémentaires sur les transactions, l'orchestration, l'authentification du message SOAP lié. Il est donc couramment utilisé pour la sécurité des services web. L'attribut `mustUnderstand` de la balise `<header>` précise si cet en-tête est obligatoire ou non. Si cet attribut est positionné à vrai et que les renseignements fournis sont incorrects, l'appel au service échoue.

Enfin, le corps du message SOAP définit les entrées applicatives qui seront traitées par le service métier. Dans le cas où SOAP est utilisé comme méthode d'appel de procédure distante (RPC), la requête contiendra l'objet, la méthode et les paramètres liés. La réponse SOAP sera constituée au retour de l'exécution de la requête : soit un objet, soit une faute.

Voici le contenu d'une requête SOAP :

```
POST /Computer HTTP/1.1
Host: rfm.no-ip.org
Content-Type:text/xml;
charset="utf-8"
Content-Length: 50
SOAPAction:
<SOAP:Envelope xmlns:SOAP="..." SOAP:encodingStyle="...">
 <SOAP:Header
  SOAP:actor=...
  SOAP:mustUnderstand="1">
...
 </SOAP:Header>
 <SOAP:Body>
...
 </SOAP:Body>
</SOAP:Envelope>
```

SOAP RPC

Le bénéfice d'utiliser SOAP pour le RPC se résume à l'apport par cette norme des règles d'encodage. Celles-ci définissent un système de types pour les données transportées. Elles se basent sur la norme XML Schema, on peut donc y définir des données à partir de types simples (chaînes, entiers…) comme de types complexes (tableaux, structures…).

Le protocole permet de définir les données de différentes manières : soit on utilise le passage par référence, soit on utilise des valeurs indépendantes. Pour ce dernier cas, la définition de ces valeurs apparaît soit dans l'en-tête, soit dans le corps du message SOAP. Elle possède un attribut unique appelé `SOAP:id`. Enfin, on peut utiliser une valeur indépendante faisant référence à une autre valeur indépendante.

Voici le descriptif d'une zone géographique dans un message SOAP utilisant des valeurs brutes :

```
<SOAP:Envelope xmlns: SOAP="http://www.w3.org/2001/09/soap-encoding/">
 <SOAP:Body>
  <fir:fir xmlns:fir="http://rfm.no-ip.org/fir/">
   <fir:bcool>
    <fir:lat>42.000N</fir:lat>
    <fir:long>042.000W</fir:long>
   </fir:bcool>
```

```
    <fir:bcoo2>
     <fir:lat>42.000N</fir:lat>
     <fir:long>041.000W</fir:long>
    </fir:bcoo2>
    <fir:bcoo3>
     <fir:lat>41.000N</fir:lat>
     <fir:long>041.000W</fir:long>
    </fir:bcoo3>
    <fir:bcoo4>
     <fir:lat>41.000N</fir:lat>
     <fir:long>042.000W</fir:long>
    </fir:bcoo4>
   </fir:fir>
  </SOAP:Body>
</SOAP:Envelope>
```

Voici maintenant le même descriptif en utilisant des objets typés :

```
<SOAP:Envelope xmlns:SOAP="http://www.w3.org/2001/09/soap-encoding/">
 <SOAP:Body>
  <fir:fir xmlns:fir="http://rfm.no-ip.org/fir/">
   <fir:bcoo1 soap:href='#idfir1'/>
   <fir:bcoo2 soap:href='#idfir2'/>
   <fir:bcoo3 soap:href='#idfir3'/>
   <fir:bcoo4 soap:href='#idfir4'/>
  </fir:fir>
  <co:Coordinate SOAP:id='idfir1' xmlns:co="http://rfm.no-ip.org/
coordinate/">
   <co:lat>42.000N</co:lat>
   <co:long>042.000W</co:long>
  </co:Coordinate>
  <co:Coordinate soap:id='idfir2' xmlns:co="http://rfm.no-ip.org/
coordinate/">
   <co:lat>42.000N</co:lat>
   <co:long>041.000W</co:long>
  </co:Coordinate>
  <co:Coordinate SOAP:id='idfir3' xmlns:co="http://rfm.no-ip.org/
coordinate/">
   <co:lat>41.000N</co:lat>
   <co:long>041.000W</co:long>
  </co:Coordinate>
  <co:Coordinate SOAP:id='idfir4' xmlns:co="http://rfm.no-ip.org/
coordinate/">
   <co:lat>41.000N</co:lat>
   <co:long>042.000W</co:long>
  </co:Coordinate>
 </SOAP:Body>
</SOAP:Envelope>
```

Lorsque l'on utilise SOAP en mode RPC, celui-ci ne définit pas de modèle objet, d'activation, de contrôle de types... Il ne constitue que le format de message de transport des requêtes et des réponses d'un appel de service distant. Voici un exemple de requête en SOAP-RPC :

```
<SOAP:Envelope xmlns: SOAP="http://www.w3.org/2001/09/soap-encoding/">
 <SOAP:Body>
  <method:doit xmlns:method="http://rfm.no-ip.org/soap/method/">
   <method:param type="string">
    param
   </method:param>
  </method:doit>
 </SOAP:Body>
</SOAP:Envelope>
```

Enfin, lorsqu'une exception est levée durant l'exécution d'une procédure, l'élément `<fault>` symbolise l'erreur en question à travers les attributs suivants :

- `faultcode` : type d'erreur (client, serveur, `mustUnderstand`, `versionMismatch`) ;
- `faultstring` : chaîne de caractères décrivant l'erreur ;
- `faultactor` : attribut optionnel renseignant sur l'objet ayant déclenché l'erreur lors d'un chaînage d'appel de services web.

SOAP et la sécurité des services web

Les services web ne définissent aucune infrastructure de sécurité par leur norme. Or, lors de l'utilisation de logique métier répartie sensible, il faut garantir la provenance, la confidentialité des données transportées, la non-répudiation, l'intégrité du message ainsi que la diffusion au bon destinataire. Pour cela, la gestion de la sécurité des services web dispose de deux possibilités : sécurisation au niveau du transport (utilisation des protocoles HTTPS et HTTPR, qui garantissent l'acheminement et la livraison du message, de manière sécurisée), utilisation d'extensions de SOAP (définition d'attributs supplémentaires dans l'en-tête du message SOAP, contenant des signatures numériques, garantissant la provenance et donc la non-répudiation du message).

WS-Security

Il s'agit d'une spécification d'avril 2002 publiée par Microsoft, IBM et Verisign. Ce framework définit un ensemble d'extensions à SOAP pour construire une infrastructure sécurisée pour les services web. Elle est capable, à travers le langage WSSL (*Web Service Security Language*), d'intégrer des spécifications annexes de sécurité du W3C (XML-Encryption et XML-Signature). La spécification XML-Encryption (initiative du W3C et de l'IETF, *Internet Ingeneering Task Force*) définit un chiffrement XML, notamment les éléments XML cryptés, les clés ou les certificats utilisés, ainsi que les algorithmes nécessaires au décryptage (par exemple : MD5, SHA-1...). La spécification XML-Signature est une recommandation du W3C permettant de standardiser l'identification de l'émetteur du message XML échangé. Le plus généralement, elle est basée sur une infrastructure de PKI (*Public Key Infrastructure*).

Dans le cadre de WS-Security, la sécurité se compose d'une grammaire définissant l'enchaînement de « crédentiels », signatures et des clés de cryptage dans l'en-tête du message SOAP. La grammaire définit donc un élément `<Security>` contenant un « jeton », balise `<UsernameToken>`, constituant l'identifiant de l'émetteur et la balise `<Signature>` contenant la valeur de la signature et la clé publique d'encodage du message. Ainsi, à travers ces en-têtes d'extension du protocole SOAP, WS-Security offre les trois mécanismes de base (certification, intégrité et confidentialité du message) qui sécurisent les services web.

Le transport de certificats et de signatures pour cette sécurité nécessite parfois l'utilisation des pièces jointes attachées au protocole SOAP.

SOAP et les pièces jointes

Le protocole SOAPMessageWithAttachment permet d'attacher des fichiers à un message SOAP. XML sait très bien décrire des données ; toutefois, il existe des types de données, tels que les images, qui ne peuvent être transcodés au format XML. Cette limitation a poussé le protocole SOAP à utiliser la notion de pièces jointes. Pour cela, l'encodage du message utilise les types MIME classiques, pour lier les données binaires aux messages XML SOAP. On peut comparer ce modèle à celui qui est couramment utilisé dans l'attachement de pièces jointes à des courriers électroniques.

C'est notamment ce type d'infrastructure de messagerie qu'utilise le groupe ebXML (*Electronic Business eXtensible Markup Language*) qui est une initiative mondiale désirant démocratiser le concept de l'EDI (*Electronic Data Interchange*) autour de la galaxie XML.

POUR ALLER PLUS LOIN MVC4WS, modèle vue contrôleur pour services web

MVC4WS est un framework de déploiement de services web, qui utilise l'architecture MVC2. Écrit par Didier Girard, directeur technique de la société Improve, ce framework permet un accès unique aux différents services qu'il héberge. Via le pattern MVC2 lors de l'appel de service, ce framework permet de centraliser les appels aux services et de jouer un rôle d'un proxy, base de *crosscutting* (principe d'AOP). En utilisant en plus des en-têtes du message SOAP, le principal avantage de ce type de framework est de disposer d'une infrastructure permettant de développer de la sécurité, une base de logs/statistiques... On peut comparer ce framework à un conteneur de fonctionnalités réutilisables pour les services web. Par exemple, un service web peut nécessiter la spécialisation selon une langue donnée. Ceci, se fera à travers l'utilisation de la notion de domaine proposée par MVC4WS.

▸ http://www.improve-technologie.com/alpha/mvc4ws/

WSDL, Web Service Description Language

Dans l'architecture des services web basée sur SOA, un fournisseur de services enregistre n services dans un annuaire donné (notion de publication) ; un client interroge l'annuaire pour un service donné (notion de *find*). L'annuaire, après l'avoir trouvé, renvoie sa description pour invocation. Cette description pour les services web s'appelle WSDL. Celle-ci est équivalente à la notion d'IDL (*Interface Definition Language*) pour le monde CORBA, mais au format XML. Cette interface contient des informations de deux types : une description abstraite du service et les liens avec l'implémentation de ce dernier.

Structure d'un document WSDL

Elle s'articule principalement autour de cinq types d'information :

- `<types>` : définit les types de données utilisés pour les paramètres du service appelé. Ces types reposent sur les standards de XML Schema.
- `<message>` : décrit les noms et les types de l'ensemble des paramètres d'entrée/sortie pour chaque opération.
- `<porttype>` : correspond à la description de l'ensemble des méthodes/opérations offertes par le service web. C'est ici qu'on lit les paramètres d'entrée/sortie ainsi que les exceptions (fautes) pour chaque méthode.
- `<binding>` : spécifie la liaison de chaque opération définie dans la balise `<porttype>` à un protocole. Une opération peut avoir plusieurs liaisons. Les protocoles principaux sont :
  - SOAP : choix pour le protocole de transport (HTTP, SMTP, FTP...). C'est ici que l'on doit préciser le style du message (`RPC` : exécution d'une procédure distante, `Document` : transfert d'information au format XML). C'est aussi dans cette balise que l'attribut `SOAPAction` est précisé pour le service. Enfin on précise aussi l'encodage des différentes parties du message SOAP.
  - HTTP : choix de la méthode uniquement (GET ou POST).
  - MIME : utilisation du protocole SOAP ou HTTP avec un fichier attaché.
- `<service>` : on associe à travers cette balise un à n ports pour un service. Ainsi, un service peut avoir plusieurs points d'accès.

Pour illustrer cette structure de document, nous allons utiliser un exemple caractéristique. Imaginons le service web suivant représenté par une simple classe Java qui renvoie le paramètre passé en entrée, décoré de la chaîne *echo* :

```
public class EchoWebServices
 public EchoWebServices(){
  super();
 }
 public String echo(String str){
  return "echo: "+str;
 }
}
```

Représentation possible au format WSDL de ce service

```
<wsdl:definitions
     targetNamespace="http://rfm.no-ip.org/axis/EchoWebServices.jws">
```

Définition de l'espace de noms utilisé pour la description du service

```
 <wsdl:message name="echoRequest">
  <wsdl:part name="str" type="xsd:string"/>
 </wsdl:message>
```

Définition d'un paramètre d'entrée (non défini à ce niveau) pour le service EchoWebServicesService, au format String au sens XML Schema. Chaque message est indépendant du protocole utilisé et contient de 0 à n paramètres le constituant (balise `<part>`).

Définition d'un paramètre de sortie (non défini à ce niveau) pour le service EchoWebServicesService

```
<wsdl:message name="echoResponse">
 <wsdl:part name="echoReturn" type="xsd:string"/>
</wsdl:message>
```

Affectation des paramètres (balise <message>) aux différentes opérations du service web.
Pour chaque méthode, on donne un type aux paramètres entrée/sortie ainsi qu'un nom.
Ceci constitue les méthodes métiers visibles par le service (ici, seule la méthode `echo` est exposée).

```
<wsdl:portType name="EchoWebServices">
 <wsdl:operation name="echo" parameterOrder="str">
  <wsdl:input name="echoRequest" message="impl:echoRequest"/>
  <wsdl:output name="echoResponse" message="impl:echoResponse"/>
 </wsdl:operation>
</wsdl:portType>
```

À ce stade de la définition, la description abstraite du service est terminée.
Il faut affecter un protocole (ici, SOAP) pour l'implémentation de l'appel de l'invocation du service.
Pour chaque partie de l'opération, à travers la balise <binding>, nous allons affecter l'encodage à utiliser pour l'invocation de ce service.
Le style de la requête (mode RPC ou document XML), ainsi que le protocole de transport, sont précisés.

```
<wsdl:binding name="EchoWebServicesSoapBinding"
              type="impl:EchoWebServices">
 <wsdlsoap:binding style="rpc"
    transport="http://schemas.xmlsoap.org/soap/http"/>
 <wsdl:operation name="echo">
 <wsdlsoap:operation soapAction=""/>
 <wsdl:input name="echoRequest">
  <wsdlsoap:body use="encoded"
     encodingStyle="http://schemas.xmlsoap.org/soap/encoding/"
     namespace="http://DefaultNamespace"/>
 </wsdl:input>
 <wsdl:output name="echoResponse">
  <wsdlsoap:body use="encoded"
    encodingStyle="http://schemas.xmlsoap.org/soap/encoding/"
    namespace="http://rfm.no-ip.org/axis/EchoWebServices.jws"/>
 </wsdl:output>
 </wsdl:operation>
</wsdl:binding>
```

Affectation des différents ports et points d'accès possibles pour le service décrit.
Le port fait la liaison avec le protocole d'implémentation décrit dans la balise <binding>.

```
<wsdl:service name="EchoWebServicesService">
 <wsdl:port name="EchoWebServices"
   binding="impl:EchoWebServicesSoapBinding">
  <wsdlsoap:address
    location="http://rfm.no-ip.org/axis/EchoWebServices.jws"/>
 </wsdl:port>
</wsdl:service>

</wsdl:definitions>
```

Cette structure de document est issue d'une note technique du 15 mars 2001 du W3C, dont les investigateurs principaux sont les sociétés Microsoft, IBM et Ariba. Le but est de fournir à SOAP une extension uniforme permettant l'interopérabilité entre services web. Ainsi grâce à ce langage, les deux protagonistes que sont le client et le serveur pourront échanger des informations et invoquer le service adéquat.

Pour cela toutefois, nous avons besoin d'outils de génération d'implémentation de classes de dialogue tant pour que le client puisse joindre le serveur, que pour que le serveur invoque le service. Dans le cadre de notre étude d'AXIS de la communauté Apache, deux outils complémentaires seront utilisés. Le premier représenté par la classe `org.apache.axis.wsdl.Java2WSDL` permet, à partir d'une classe Java, de générer le flux WSDL adéquat le représentant. En effet, il peut devenir vite lourd et fastidieux d'écrire l'interface WSDL adéquate pour chaque service web. À partir d'un flux WSDL, grâce à l'outil `org.apache.axis.wsdl.WSDL2Java`, les Stub et Skeleton du service web seront générés automatiquement. Ainsi un proxy dynamique assurera pour le service web le dialogue entre le client et le serveur l'hébergeant.

Voyons à présent comment s'enchaînent la recherche, la découverte et l'invocation d'un service web à partir d'un annuaire UDDI.

UDDI, Universal Description Discovery and Integration

UDDI est un annuaire central destiné à enregistrer des services web. Cet annuaire est une initiative des groupes Microsoft, IBM et Ariba dans la continuité du protocole WSDL. D'une certaine manière, UDDI est une extension de WSDL, dans le cadre de stockage d'information et de référencement. UDDI est aujourd'hui dans sa troisième version de spécification issue du groupe de normalisation OASIS. Le but principal de cette norme est de proposer un annuaire d'entreprises et de services web liés accessibles via SOAP. On pourrait comparer cette norme à une base de données métiers partagée sur le web pour permettre des partenariats interentreprises. Basé sur un cadre technique indépendant de toute plate-forme et ouvert par son accès générique, cet annuaire distribué permet d'automatiser les communications entre les différents partenaires du monde de l'entreprise (clients, prestataires...).

Dans un annuaire UDDI, plusieurs entrées indexées sont divisées en trois entités :

- Les pages blanches : elles contiennent les informations générales et l'identifiant D-U-N-S d'une entreprise. Ces informations incluent le nom de la société, son adresse, la liste des contacts... Celles-ci constituent les éléments permettant d'effectuer une recherche pour un service donné.
- Les pages jaunes : elles sont constituées par les informations décrivant le service web, notamment ses différentes catégories. En effet, les taxinomies constituent les critères de recherche possibles pour un service web. Il existe deux types de catégorisation : `categorybag` et `identifierbag`. Les `categorybag` sont des listes de paramètre/valeur (code industrie NAICS, code du service, code géographique...) qui permettent d'associer des classifications industrielles à une entité. Les `identifierbag` sont des listes de paramètre/valeur (D-U-N-S, numéro de partenaire Ariba...) qui permettent d'associer des mots-clés dans les recherches.
- Les pages vertes : elles contiennent les informations techniques d'invocation du service web d'une entité donnée. Les informations décrivent les méthodes, les paramètres entrée/sortie, ainsi que les points d'accès qui

POUR ALLER PLUS LOIN D-U-N-S, Data Universal Numbering System

Numéro unique de neuf caractères maximum issu de la société Dun and Brad Street. Cette société fournit pour l'ensemble des entreprises désirant s'enregistrer dans un annuaire UDDI le moyen de disposer d'un numéro unique identifiant chacune d'elles. Ceci est comparable dans une moindre mesure au code ISBN pour un livre ou au code Siren pour une société.

hébergent le service. Ces informations sont souvent contenues par le document WSDL correspondant au service.

Toutes les informations qui constituent ces trois catégories sont, en général, stockées grâce à des flux XML transportés via SOAP.

Modèle de données des annuaires UDDI

Le contenu de l'annuaire est composé de multiples documents UDDI. La structure d'un document UDDI est composée de quatre éléments constituant les informations précédemment décrites.

- `<businessEntity>` : balise constituant les informations contenues dans les pages blanches. Elle représente la structure des informations générales de l'entreprise, notamment sa catégorie, ses identifiants, sa description, ainsi que les relations avec les entreprises partenaires. En effet, UDDI offre la possibilité à des sociétés de tisser des liens informatiques entre elles. Ceci s'effectue au moyen de la balise `<publisherASSERTION>`. Toutefois, pour que cette liaison soit rendue publique, les liens doivent être bijectifs.

Exemple d'utilisation du <businessEntity>

```
<element name = "businessEntity">
 <complexType>
  <sequence>
   <element ref="discoveryURLs" minOccurs="0"/>

   <element ref="name" maxOccurs="unbounded"/>

   <element ref="description" minOccurs="0" maxOccurs="unbounded"/>

   <element ref="contacts" minOccurs="0"/>

   <element ref="businessServices" minOccurs="0"/>

   <element ref="identifierBag" minOccurs="0"/>

   <element ref="categoryBag" minOccurs="0"/>

  </sequence>

  <attribute ref="businessKey" use="required"/>

  <attribute ref="operator"/>

  <attribute ref="authorizedName">
```

- URL de découverte pointant vers le fournisseur de service publié dans l'annuaire
- Nom de l'entité
- Description de l'entité
- Liste des contacts de l'entité
- Description des services offerts
- Liste des identifiants
- Liste des catégories auxquelles appartient la société
- Fin de la liste des éléments caractérisant une entité
- Identifiant de la société
- Nom de l'annuaire UDDI de référence (un annuaire peut être répliqué n fois !)
- Nom de l'auteur publiant les informations concernant la société

- `<businessService>` : structure de classification d'un service unique métier. Cette balise est utilisée pour décrire un élément d'un ensemble de services publié par une société. Elle est réutilisable puisque différentes sociétés peuvent publier le même service. Enfin, celle-ci peut contenir de 1 à n structure(s) <bindingTemplate> qui sont des informations techniques sur le service. Elle constitue les informations contenues dans les pages jaunes.

Exemple d'utilisation du <businessService>

```
<element name = "businessService">
 <complexType>
  <sequence>
   <element ref="name" maxOccurs="unbounded"/>
   <element ref="description" minOccurs="0" maxOccurs="unbounded"/>
   <element ref="bindingTemplate"/>
   <element ref="categoryBag" minOccurs="0"/>
  </sequence>
  <attribute ref="serviceKey" use="required"/>
  <attribute ref="businessKey"/>
 </complexType>
</element>
```

- Nom du service
- Description du service
- Liens vers la structure des éléments techniques
- Liste des catégories auxquelles appartient le service
- Identifiant du service
- Identifiant de la société à laquelle appartient le service

- <bindingTemplate> : données techniques nécessaires à l'exploitation d'un service web par un client externe. Cette balise précise notamment des renseignements comme les types utilisés, les modalités d'usage du service (hébergement, paramétrage initial...). Elle constitue les informations contenues dans les pages vertes.

Exemple d'utilisation du <businessTemplate>

```
<element name="bindingTemplate">
 <complexType>
  <sequence>
   <element ref="description" minOccurs="0" maxOccurs="unbounded"/>
   <choice>
    <element ref="accessPoint" minOccurs="0"/>
    <element ref="hostingRedirector" minOccurs="0"/>
   </choice>
   <element ref="tModelInstanceDetails"/>
  </sequence>
```

- Description technique du service
- Choix du point d'entrée
- Point d'entrée direct du service
- Adresse du site hébergeant le service. Nécessité de structure `tModel` spécifiant l'appel du service à partir du premier.
- Référence vers les informations spécifiques modélisées à travers la balise <tModel> pour ce service

- Identifiant unique pour la spécification technique
- Identifiant du service auquel est liée la description technique

```
   <attribute ref="bindingKey" use="required"/>

   <attribute ref="serviceKey"/>

 </complexType>
</element>
```

- `<tModel>` : structure abstraite contenant une description d'une spécification particulière à laquelle le service web se réfère. Il s'agit d'un type permettant de déterminer les spécificités de l'interaction avec un service web. Ce composant très générique est formé d'un mot-clé et d'une URI permettant d'associer des informations supplémentaires lors de l'enregistrement du service web. Les deux principaux usages depuis la norme 2 des annuaires UDDI sont l'indication de la description des services web (WSDL) et un pointeur vers la description de la taxinomie de recherche technique pour ce service web.

Exemple d'utilisation du <tModel>

- Nom du service
- Description du service
- Description complète du service
- Liste des identifiants
- Liste des catégories auxquelles appartient le service
- Identifiant du `tModel` utilisé
- Nom de l'annuaire UDDI de référence (un annuaire peut être répliqué n fois !)
- Nom de l'auteur publiant les informations concernant la société

```
<element name = "tModel">
 <complexType>
  <sequence>
   <element ref="name"/>
   <element ref="description" minOccurs="0" maxOccurs="unbounded"/>
   <element ref="overviewDoc" minOccurs="0"/>
   <element ref="identifierBag" minOccurs="0"/>
   <element ref="categoryBag" minOccurs="0"/>

  </sequence>
  <attribute ref="tModelKey" use="required"/>
  <attribute ref="operator"/>

  <attribute ref="authorizedName"/>

 </complexType>
</element>
```

La découverte dynamique, dans un annuaire UDDI, se réalise par une requête `find` qui peut se décomposer en plusieurs sous-critères :

- `<find_binding>` : recherche un service web par ses caractéristiques techniques (URL, point d'accès, port...).
- `<find_business>` : à partir d'une expression régulière, recherche les caractéristiques se trouvant dans les pages blanches.

- `<find_related_business>` : trouve des services à partir d'une entité et des relations qu'elles possèdent avec des entreprises partenaires.
- `<find_service>` : recherche directement un service à partir de son nom ou de sa description, symbolisée par un `<tModel>`.
- `<find_tModel>` : recherche un service web à partir d'une structure `<tModel>` le caractérisant.

Voici un exemple d'interrogation d'un annuaire UDDI :

```
<uddi:find_business maxRows="50">
 <uddi:name>Automne</uddi:name>
</uddi:find_business>
```

Cette requête XML permet de récupérer l'ensemble des services web proposés par le groupe Automne enregistrés dans un annuaire UDDI. Toutes les requêtes adressées (publication et recherche de service) à un annuaire UDDI s'effectuent par un document XML contenu dans un message SOAP. Il existe aujourd'hui sur le marché différentes implémentations d'annuaire UDDI, telles que celle d'IBM (UDDI Business Registry). Enfin, pour effectuer l'interrogation de l'annuaire, il existe trois possibilités d'écrire le client :

- Utilisation des API SOAP pour créer le message contenant le document XML UDDI adéquat. Chaque document XML UDDI doit être écrit à la main et enveloppé dans le corps d'un message SOAP.
- Utilisation d'un client UDDI présentant des API Java pour accéder à l'annuaire. On peut citer notamment le client UDDI4J fourni avec le serveur UDDI d'IBM qui utilise le WSTK (*Web Service Tool Kit*) d'IBM.
- Utilisation de la spécification JAXR (*Java API for XML Registries*) définissant le standard d'accès au serveur UDDI pour les programmes Java. Elle permet de définir l'API Java autorisant la classification, la recherche, l'association… entre différents types de registres XML (ebXML, UDDI…).

Ainsi s'achève la description de la norme UDDI, annuaire de stockage de services web. Pour concrétiser cette partie théorique de l'étude des services web, passons à l'installation du serveur AXIS qui hébergera quelques exemples de services web, bases de développement pour le projet Octopuss.

Exemple de service web dans un serveur dédié AXIS

AXIS (*Apache eXtensible Interaction System*) est un framework de gestion de messages SOAP de la communauté Apache. Historiquement créé par IBM sous le nom de SOAP4J, AXIS est principalement un moteur SOAP. Par moteur, AXIS se place autant comme serveur de messages SOAP que client ou encore comme passerelle (rôle de proxy). La version actuelle, la plus développée, est écrite en Java, mais un client C++ est en cours de réalisation.

Le succès de ce serveur, hébergeur de services web, provient de sa flexibilité à s'adapter aux différentes normes qui se sont succédées dans la spécification des services web. Grâce à l'utilisation de l'API SAX, sa rapidité d'exécution n'est plus à démontrer. Son architecture basée sur des interfaces et des implémentations stables (pattern Pont) lui confère une certaine ouverture (le moteur de message est totalement indépendant du mode de transport - HTTP, FTP, SMTP...). Cette flexibilité est reprise aussi par les points d'extension possibles que l'on peut ajouter dans le moteur par des intercepteurs (handler - principe de l'AOP). Enfin, les outils fournis pour la manipulation et la gestion de flux WSDL fournissent aux développeurs des API de haut niveau qui leur permettent de se concentrer uniquement sur l'implémentation métier du service et non sur son accès.

AXIS se présente principalement sous deux types différents de serveurs (StandAlone et en mode « servlet »). Il est accompagné d'outils : génération de flux WSDL à partir de classes métiers Java et génération de classes de communication basées sur SOAP (clients/serveurs) à partir d'un document WSDL. Des outils d'administration permettent de déployer, supprimer, lister (`org.apache.axis.client.AdminClient`) des services web, ainsi que d'auditer les flux d'entrée/sortie (`org.apache.utils.Tcpmon`).

Architecture d'AXIS

Elle est constituée par l'appel d'une série de handlers dans un certain ordre, déterminé par le fichier de configuration de déploiement, ainsi que par le type d'utilisation du moteur AXIS (client/serveur). En effet, AXIS peut se comporter selon deux modes : serveur ou client.

En mode serveur, un listener récupère une requête SOAP, puis un handler crée l'objet `org.apache.axis.MessageContext` (contenant la requête, le message réponse et des propriétés sous forme de clés/valeurs) et l'injecte dans le handler de transport (création de l'objet Transport symbolisant le mode de transport des services web). L'objet `org.apache.axis.MessageContext` transitera tout le long du chaînage des handlers. La troisième étape concerne l'appel à des handlers utilisateur qui ont pour but d'ajouter des fonctionnalités de filtres entre autres. Puis le moteur AXIS est réellement appelé (handler de service). Cet intercepteur en est la pièce maîtresse. Son but est d'assurer le rôle de fournisseur de services, c'est-à-dire l'invocation du service métier spécifié dans la requête. Il peut pour cela être configuré de différentes manières, surtout pour l'encodage des paramètres d'entrée/sortie. Ceci est plus communément appelé dans AXIS « styles » de services. Il en existe de quatre types différents :

- `RPC` : style par défaut du moteur AXIS. Il suit les conventions d'encodage de la norme SOAP RPC. Ainsi chaque objet d'entrée/sortie au format XML sera sérialisé/désérialisé en objet Java.
- `Document/Wrapped` : ces deux styles d'invocation de services sont très proches. Ils utilisent le style d'encodage SOAP, mais avec en plus une notion de mapping (DataBinding pour être exact), basée sur XML Schema. Le style `Document` permet d'englober dans un élément complexe au sens XML Schema, l'ensemble des éléments le composant. Ainsi, la méthode du service invoqué n'aura qu'un seul objet comme paramètre d'entrée/sortie. Le style `Wrapped` éclate tous les éléments d'un élément complexe en de multiples paramètres pour le service invoqué.
- `Message` : toutes les parties du message SOAP restent au format XML. Ainsi aucun paramètre ne subit de transformation. Lors de l'utilisation de ce style de service, l'invocation peut se faire à travers l'une des quatre signatures suivantes :

```
public Element[] maMethode(Element[] bodies);
public SOAPBodyElement[] maMethode(SOAPBodyElement[] bodies);
public Document maMethode(Document body);
public void maMethode(SOAPEnvelope req, SOAPEnvelope resp);
```

Toute cette architecture peut se résumer au format suivant :

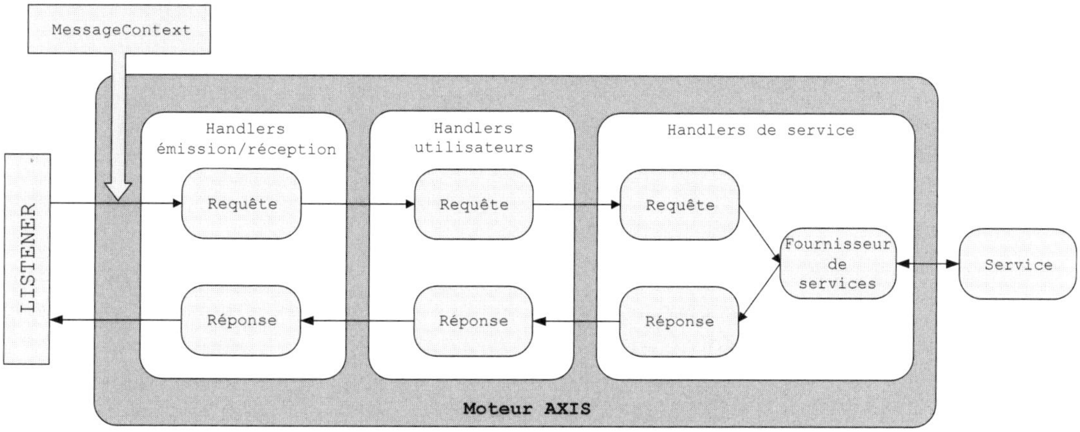

Figure 7–5
Architecture d'AXIS en mode serveur

En mode client, le moteur AXIS joue le rôle d'un proxy de requêtes et de réponses de messages SOAP. En effet, l'architecture d'AXIS en tant que client consiste toujours dans l'enchaînement de handlers, mais cette fois-ci dans l'ordre inverse de ceux appelés lors de l'exécution côté serveur. Ainsi un client s'adresse à AXIS via le handler de services dont l'unique rôle ici sera de créer l'objet `org.apache.axis.MessageContext`. Puis AXIS appliquera l'ensemble des intercepteurs utilisateurs pour enfin laisser le handler Transport envoyer et recevoir les messages SOAP. On peut considérer ce mode d'AXIS comme un Stub générique pour un client de services web. Toutefois, il n'est pas nécessaire pour un service web de renvoyer un message. Tout dépend du service métier et de son implémentation. La figure 7-6 illustre le comportement d'AXIS utilisé comme client de messages SOAP.

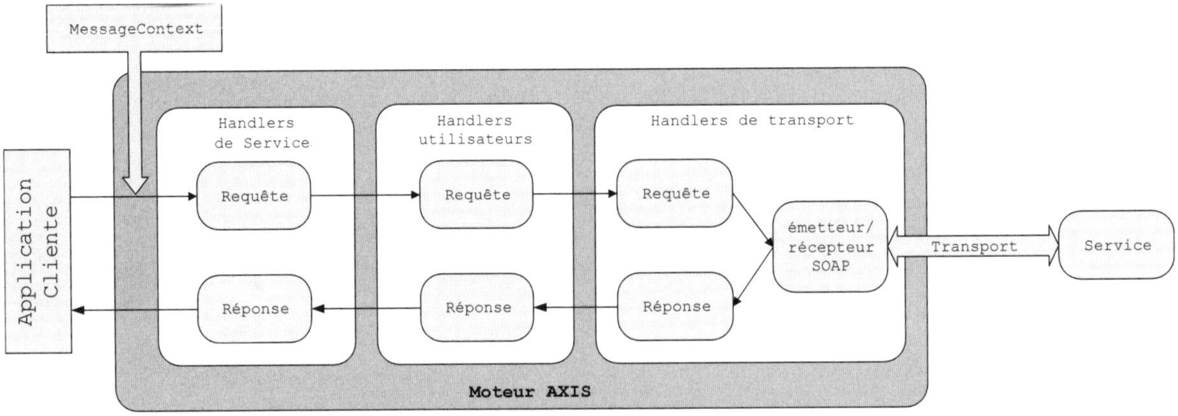

Figure 7–6 Architecture d'AXIS en mode client

Installation d'AXIS et premier exemple de services web

L'installation d'AXIS dans Tomcat est très simple. Après avoir téléchargé les binaires sur le site, il suffit de créer une application web et d'y intégrer les bibliothèques se trouvant dans le répertoire `lib` d'AXIS, dans le répertoire `WEB-INF/lib` :

- `axis.jar`
- `axis-ant.jar`
- `commons-discovery.jar`
- `commons-logging.jar`
- `jaxrpc.jar`
- `log4j.jar`
- `saaj.jar`
- `wsdl4j.jar`

Site d'AXIS
▸ http://xml.apache.org/axis/

Ensuite, vous devez créer le fichier de configuration suivant pour l'application web (`web.xml` se trouvant dans le répertoire `WEB-INF`) :

```
<?xml version="1.0" encoding="ISO-8859-1"?>
<!DOCTYPE web-app
 PUBLIC "-//Sun Microsystems, Inc.//DTD Web Application 2.2//EN"
 "http://java.sun.com/j2ee/dtds/web-app_2.2.dtd">
```

```
<web-app>
 <display-name>Apache-Axis</display-name>
 <servlet>
  <servlet-name>AxisServlet</servlet-name>
  <display-name>Apache-Axis Servlet</display-name>
  <servlet-class>
   org.apache.axis.transport.http.AxisServlet
  </servlet-class>
 </servlet>
 <servlet>
  <servlet-name>AdminServlet</servlet-name>
  <display-name>Axis Admin Servlet</display-name>
  <servlet-class>
   org.apache.axis.transport.http.AdminServlet
  </servlet-class>
  <load-on-startup>100</load-on-startup>
 </servlet>
 <servlet>
  <servlet-name>SOAPMonitorService</servlet-name>
  <display-name>SOAPMonitorService</display-name>
  <servlet-class>
   org.apache.axis.monitor.SOAPMonitorService
  </servlet-class>
  <init-param>
   <param-name>SOAPMonitorPort</param-name>
   <param-value>5001</param-value>
  </init-param>
  <load-on-startup>100</load-on-startup>
 </servlet>
 <servlet-mapping>
  <servlet-name>AxisServlet</servlet-name>
  <url-pattern>/servlet/AxisServlet</url-pattern>
 </servlet-mapping>
 <servlet-mapping>
  <servlet-name>AxisServlet</servlet-name>
  <url-pattern>*.jws</url-pattern>
 </servlet-mapping>
 <servlet-mapping>
  <servlet-name>AxisServlet</servlet-name>
  <url-pattern>/services/*</url-pattern>
 </servlet-mapping>
 <servlet-mapping>
  <servlet-name>SOAPMonitorService</servlet-name>
  <url-pattern>/SOAPMonitor</url-pattern>
 </servlet-mapping>
 <!-- uncomment this if you want the admin servlet -->
 <!--
  <servlet-mapping>
   <servlet-name>AdminServlet</servlet-name>
   <url-pattern>/servlet/AdminServlet</url-pattern>
  </servlet-mapping>
 -->
 <!-- currently the W3C havent settled on a media type for WSDL;
  http://www.w3.org/TR/2003/WD-wsdl12-20030303/#ietf-draft
  for now we go with the basic 'it's XML' response -->
```

```
 <mime-mapping>
  <extension>wsdl</extension>
  <mime-type>text/xml</mime-type>
 </mime-mapping>
 <mime-mapping>
  <extension>xsd</extension>
  <mime-type>text/xml</mime-type>
 </mime-mapping>
 <welcome-file-list id="WelcomeFileList">
  <welcome-file>index.html</welcome-file>
  <welcome-file>index.jsp</welcome-file>
  <welcome-file>index.jws</welcome-file>
 </welcome-file-list>
</web-app>
```

À travers la lecture de ce fichier de configuration, on peut remarquer le chargement de trois servlets pour l'application. Le premier et principal se nomme `AxisServlet` : il joue le rôle du serveur du moteur d'AXIS. Le second est `SOAPMonitorService` : celui-ci permet d'auditer le moteur par l'historique des messages SOAP transportés. Attention ! Ceci est un handler supplémentaire à compiler et à ajouter lors du déploiement des services web. Pour faire simple, nous utiliserons dans ce chapitre l'outil `tcpmon` livré avec AXIS qui remplit la même fonction. Enfin, le troisième servlet, `AdminServlet` permet l'administration du moteur AXIS via le navigateur. Par défaut, ce dernier servlet est désactivé pour des raisons de sécurité.

Pour tester si AXIS est correctement installé, copiez la JSP `happyaxis.jsp` dans votre répertoire principal de l'application web et ouvrez votre navigateur sur l'URL suivante :

▸ http://localhost:8080/axis/happyaxis.jsp

Le résultat devrait être celui qui est représenté à la figure 7-7.

Le moteur AXIS se déclenche de deux façons :

- soit par toute URL se terminant par `*.jws` ;
- soit à travers l'URI `/services/*`.

Ceci correspond aux deux modes de déploiement d'un service web au sein d'AXIS.

Imaginons la simple classe Java suivante avec la méthode `echoString` :

```
package com.automne.octopuss.webservices;
/**
 * Projet  : Octopuss
 * Classe  : EchoWebServices
 * Version : 1.0
 * But     : Fournir un exemple simple d'une méthode métier appelée par
 *           service web.
 */
```

```
public class EchoWebServices{
 /**
  * Constructeur par défaut
  */
 public EchoWebServices(){
  super();
 }
 /**
  * Méthode métier ayant pour but de faire un écho de la chaine d'entrée
  * @param str
  * @return String
  */
 public String echo(String str){
  return "echo: "+str;
 }
}
```

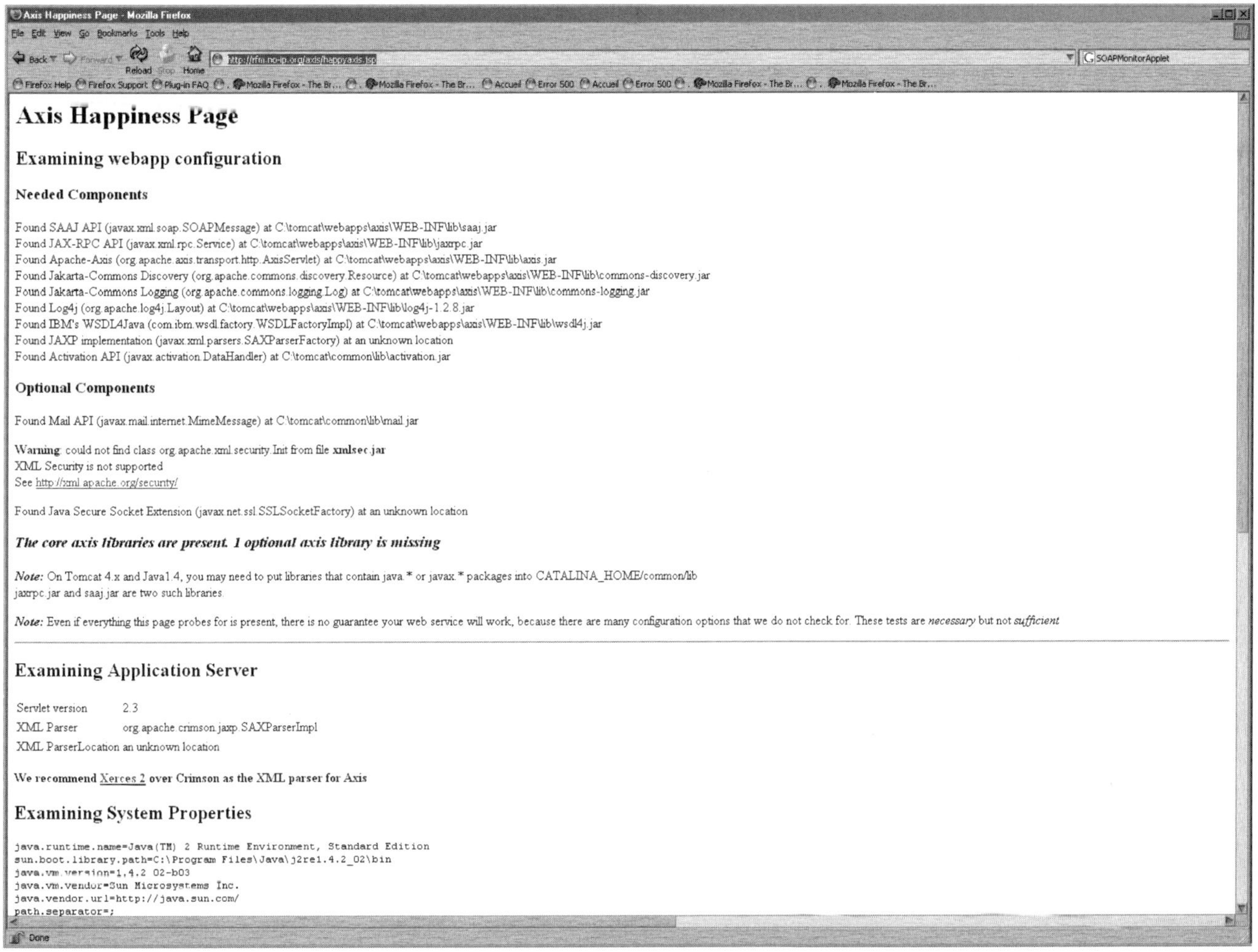

Figure 7–7 Page de test de bon fonctionnement d'AXIS

Pour déployer cette classe en tant que service web et rendre la méthode métier `echoString` utilisable dans AXIS, on peut directement copier le fichier `*.java` de cette classe dans le répertoire principal de l'application web avec l'extension `*.jws`. Ceci constitue la façon la plus rapide de rendre une fabrique de services accessibles via service web dans AXIS.

POUR ALLER PLUS LOIN **L'extension WSDD**

Elle correspond au descripteur de déploiement des services web (*Web Service Deployment Descriptor*).

La seconde possibilité offerte par AXIS consiste à déployer les services web à partir de flux les décrivant. Ceci s'effectue à travers les fichiers `deploy.wsdd` et `undeploy.wsdd`, dont voici l'exemple pour notre service web précédent :

Le fichier deploy.wsdd

- Balise racine du flux de déploiement avec déclaration des espaces de noms
- Déclaration du service à déployer `echoService` avec comme style de message le mode RPC
- Paramètre supplémentaire `className` spécifiant le nom de la classe du service
- Paramètre supplémentaire `allowedMethods` correspondant aux méthodes publiées
- Fin de la déclaration du service à déployer et du flux contenant l'ensemble des services à déployer

```
<deployment xmlns="http://xml.apache.org/axis/wsdd/"
xmlns:java="http://xml.apache.org/axis/wsdd/providers/java">

 <service name="echoService" provider="java:RPC">

  <parameter name="className"
value="com.automne.octopuss.webservices.EchoWebServices"/>

  <parameter name="allowedMethods" value="echo"/>

 </service>
</deployment>
```

Le fichier undeploy.wsdd

- Flux d'arrêt de déploiement. Un service peut être présent sans être déployé et donc rester inaccessible !
- Déclaration du service à enlever de la liste des services déployés

```
<undeployment xmlns="http://xml.apache.org/axis/wsdd/">

 <service name="echoService"/>

</undeployment>
```

Pour pouvoir déployer et supprimer de la liste des services déployés d'autres services, AXIS offre l'outil `org.apache.axis.client.AdminClient` permettant d'ajouter, supprimer des services et de lister l'ensemble des services web déployés. La ligne de commande, décrite ci-dessous, ajoute le service `echoService` à travers cet outil en prenant comme argument le flux `deploy.wsdd` précédemment décrit :

```
java org.apache.axis.client.AdminClient c:/eclipse/octopuss/octopuss/
src/com/automne/octopuss/webservices/deploy.wsdd
```

Par la commande suivante :

```
java org.apache.axis.client.AdminClient list
```

nous obtenons à partir du serveur la liste des services web déployés :

```
<deployment xmlns="http://xml.apache.org/axis/wsdd/"
          xmlns:java="http://xml.apache.org/axis/wsdd/providers/java">
 <globalConfiguration>
  <parameter name="adminPassword" value="admin"/>
  <parameter name="attachments.Directory"
           value="C:\tomcat\webapps\axis\WEB-INF\attachments"/>
  <parameter name="sendMultiRefs" value="true"/>
  <parameter name="sendXsiTypes" value="true"/>
  <parameter name="attachments.implementation"
           value="org.apache.axis.attachments.AttachmentsImpl"/>
  <parameter name="sendXMLDeclaration" value="true"/>
  <parameter name="axis.sendMinimizedElements" value="true"/>
  <requestFlow>
   <handler type="java:org.apache.axis.handlers.JWSHandler">
    <parameter name="scope" value="session"/>
   </handler>
   <handler type="java:org.apache.axis.handlers.JWSHandler">
    <parameter name="scope" value="request"/>
    <parameter name="extension" value=".jwr"/>
   </handler>
  </requestFlow>
 </globalConfiguration>
 <handler name="LocalResponder"
          type="java:org.apache.axis.transport.local.LocalResponder"/>
 <handler name="URLMapper"
          type="java:org.apache.axis.handlers.http.URLMapper"/>
 <handler name="Authenticate"
        type="java:org.apache.axis.handlers.SimpleAuthenticationHandler"/>
 <service name="XmlDbRpcCommands" provider="java:RPC">
  <parameter name="allowedMethods" value="*"/>
  <parameter name="wsdlPortType" value="IXmlRpcCommands"/>
  <parameter name="scope" value="Session"/>
  <parameter name="className" value="com.automne.octopuss.xmldb.soap.
                 XmlDbRpcCommandsSoapBindingSkeleton"/>
  <parameter name="wsdlServicePort" value="XmlDbRpcCommands"/>
  <parameter name="wsdlTargetNamespace" value="urn:XmlDbRpcCommands"/>
  <parameter name="wsdlServiceElement"
           value="IXmlRpcCommandsService"/>
  <typeMapping
    encodingStyle="http://schemas.xmlsoap.org/soap/encoding/"
    serializer="org.apache.axis.encoding.ser.BeanSerializerFactory"
    deserializer="org.apache.axis.encoding.ser.BeanDeserializerFactory"
    type="java:org.xml.sax.SAXException" qname="ns1:SAXException"
    xmlns:ns1="http://sax.xml.org"/>
  <typeMapping
   encodingStyle="http://schemas.xmlsoap.org/soap/encoding/"
   serializer="org.apache.axis.encoding.ser.BeanSerializerFactory"
   deserializer="org.apache.axis.encoding.ser.BeanDeserializerFactory"
   type="java:com.automne.octopuss.xmldb.commandes.XmlDbCommandException"
```

```
   qname="ns2:XmlDbCommandException"
   xmlns:ns2="http://commandes.xmldb.octopuss.automne.com"/>
 </service>
 <service name="AdminService" provider="java:MSG">
  <parameter name="allowedMethods" value="AdminService"/>
  <parameter name="enableRemoteAdmin" value="false"/>
  <parameter name="className" value="org.apache.axis.utils.Admin"/>
  <namespace>http://xml.apache.org/axis/wsdd/</namespace>
 </service>
 <service name="Version" provider="java:RPC">
  <parameter name="allowedMethods" value="getVersion"/>
  <parameter name="className" value="org.apache.axis.Version"/>
 </service>
 <service name="MessageXmlRpc" provider="java:MSG" style="message"
use="literal">
  <parameter name="allowedMethods" value="runCommand"/>
  <parameter name="className"
value="com.automne.octopuss.webservices.MessageXmlRpcCommandService"/>
  <parameter name="scope" value="session"/>
 </service>
 <service name="echoService" provider="java:RPC">
  <parameter name="allowedMethods" value="echo"/>
  <parameter name="className"
value="com.automne.octopuss.webservices.EchoWebServices"/>
 </service>
 <transport name="http">
  <requestFlow>
   <handler type="URLMapper"/>
   <handler type="java:org.apache.axis.handlers.http.HTTPAuthHandler"/>
  </requestFlow>
 </transport>
 <transport name="local">
  <responseFlow>
   <handler type="LocalResponder"/>
  </responseFlow>
 </transport>
</deployment>
```

Il est temps maintenant de voir comment appeler le service web que nous venons de déployer selon deux méthodes possibles offertes par AXIS.

Le test JUnit du service web EchoWebService

Déclaration classique du *package*

```
package com.automne.octopuss.junit.webservices;
```

Importation des classes nécessaires

```
import java.net.MalformedURLException;
import java.rmi.RemoteException;
import javax.xml.namespace.QName;
import javax.xml.rpc.ParameterMode;
import javax.xml.rpc.ServiceException;
import junit.framework.TestCase;
import org.apache.axis.client.Call;
import org.apache.axis.client.Service;
import org.apache.axis.encoding.XMLType;
```

```
/**
 * Projet  : Octopuss
 * Classe  : TestEchoWebService
 * Version : 1.0
 * But     : Tester le service web EchoWebService.
 */
public class TestEchoWebService extends TestCase{

 /**
  * Constructeur par défaut
  */
 public TestEchoWebService(){
  super();
 }
 /**
  * Constructeur spécifiant le nom du test
  */
 public TestEchoWebService(String arg0){
  super(arg0);
 }
 /**
  * Méthode de test du service EchoWebService déployé en tant que
  * service .jws
 */
 public void testEchoWebServiceJws(){

  String endpoint="http://localhost:8080/axis/EchoWebServices.jws";

  String method="echo";

  Service service=new Service();

  Call call;

  try{

   call=(Call) service.createCall();

   call.setTargetEndpointAddress(new java.net.URL(endpoint));

   call.setOperationName(method);

   call.addParameter("firstParameter",XMLType.XSD_STRING,
                     ParameterMode.IN);

   call.setReturnType( XMLType.XSD_STRING);

   String ret=(String)
    call.invoke(new Object[]{"From testEchoWebServiceJws"});

   System.out.println("Got result : " + ret);

   assertTrue(true);
```

- Déclaration de la classe de tests
- Test du service d'AXIS déployé en flux JWS
- Définition du point d'accès du service
- Déclaration de la méthode à appeler sur le service
- Instance de la couche service
- Instance d'un appel générique pour la couche de service instancié
- Localisation de l'appel
- Quelle méthode appeler ?
- Paramétrage du paramètre d'entrée de type chaîne de caractères
- Paramétrage du type de retour du service
- Invocation du service avec déclaration à la volée du paramètre d'entrée
- Affichage de la réponse récupérée par le service web
- À partir d'ici, le test est correct. Astuce : faire un `assertTrue(true)` pour terminer correctement le test !

Si une exception est levée, on affiche les traces puis on termine ce test sur un échec !

```
  }catch(ServiceException e){
   e.printStackTrace();
   assertTrue(false);
  }catch(MalformedURLException e){
   e.printStackTrace();assertTrue(false);
  }catch(RemoteException e){
  e.printStackTrace();
  assertTrue(false);
  }
 }
 /**
  * Méthode de test du service EchoWebService déployé à travers
  * l'outil d'administration d'AXIS
  */
```

Test du service déployé par l'outil AdminClient

```
 public void testEchoWebServiceDeployed(){
```

Point d'accès différent du service précédemment déployé par l'extension `*.jws`

```
  String endpoint="http://localhost:8080/axis/services/echoService";
```

Nouvelle instanciation de la couche du service

```
  Service service=new Service();
  Call call;
  try{
```

Nouvel appel générique au service

```
   call=(Call)service.createCall();
```

Localisation de l'appel

```
   call.setTargetEndpointAddress(new java.net.URL(endpoint));
```

Affectation à travers l'objet QName du nom du service avec la méthode désirée. Ceci constitue une seconde possibilité pour l'affectation à l'appel du nom de la méthode à invoquer.

```
   call.setOperationName(new QName("EchoWebServices","echo"));
```

Paramétrage du paramètre d'entrée de type chaîne de caractères

```
   call.addParameter("str",XMLType.XSD_STRING,ParameterMode.IN);
```

Paramétrage du type de retour du service

```
   call.setReturnType( XMLType.XSD_STRING);
```

Invocation du service avec déclaration à la volée du paramètre d'entrée

```
   String ret=(String)
      call.invoke(new Object[]{"From testEchoWebServiceDeployed"});
```

Affichage de la réponse récupérée par le service web

```
   System.out.println("Got result : " + ret);
```

À partir d'ici, le test est correct.
Astuce : faire un `assertTrue(true)` pour terminer correctement le test !

```
   assertTrue(true);
```

Si une exception est levée, on affiche les traces, puis on termine ce test sur un échec !

```
  }catch(ServiceException e){
   e.printStackTrace();
   assertTrue(false);
  }catch(MalformedURLException e){
  e.printStackTrace();
  assertTrue(false);
  }catch(RemoteException e){
  e.printStackTrace();
  assertTrue(false);
  }
 }
}
```

L'exécution de ce test dans Eclipse donne le résultat suivant :

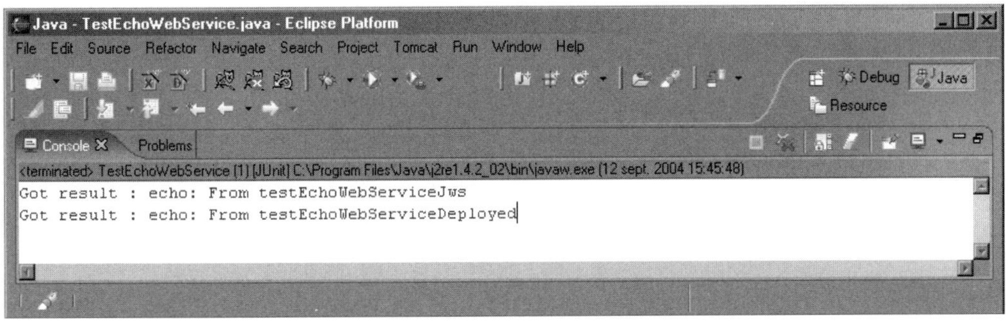

Figure 7–8
Exécution dans Eclipse

AXIS permet d'avoir, sans besoin de l'écrire, une version de l'interface WSDL pour un service. Ceci s'effectue en ajoutant `?wsdl` à la fin de l'URL d'accès à un service web.

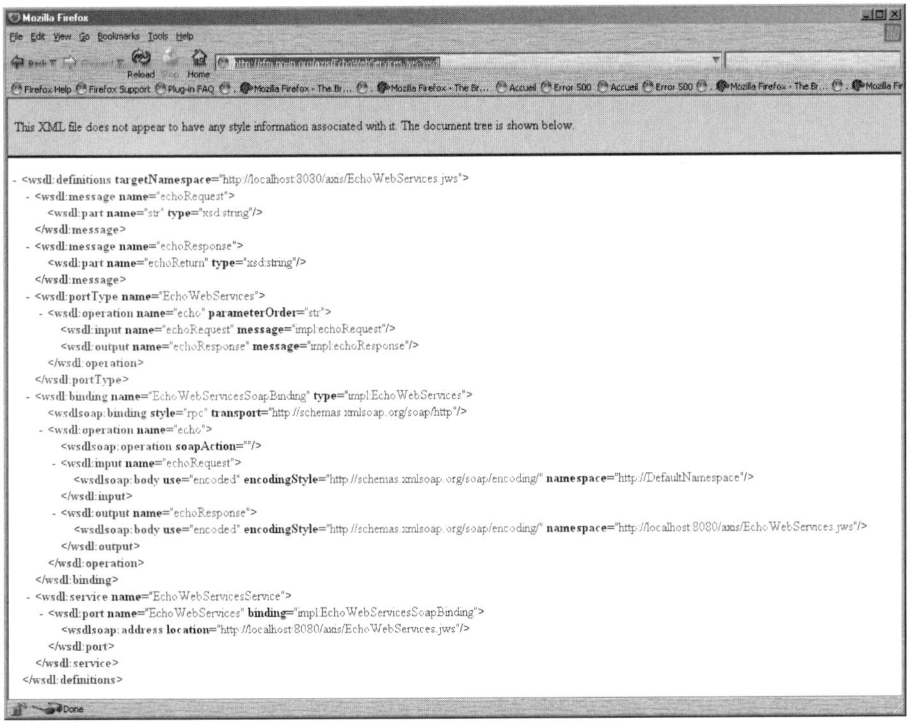

Figure 7–9
Voici un exemple pour `EchoWebService`

Enfin, pour terminer sur cet exemple, terminons par la mise en place d'un proxy que joue l'outil `tcpmon` d'AXIS pour auditer les flux SOAP échangés. Cet outil se lance par la commande :

```
java -classpath axis.jar org.apache.axis.utils.tcpmon
```

L'écran suivant s'ouvre alors :

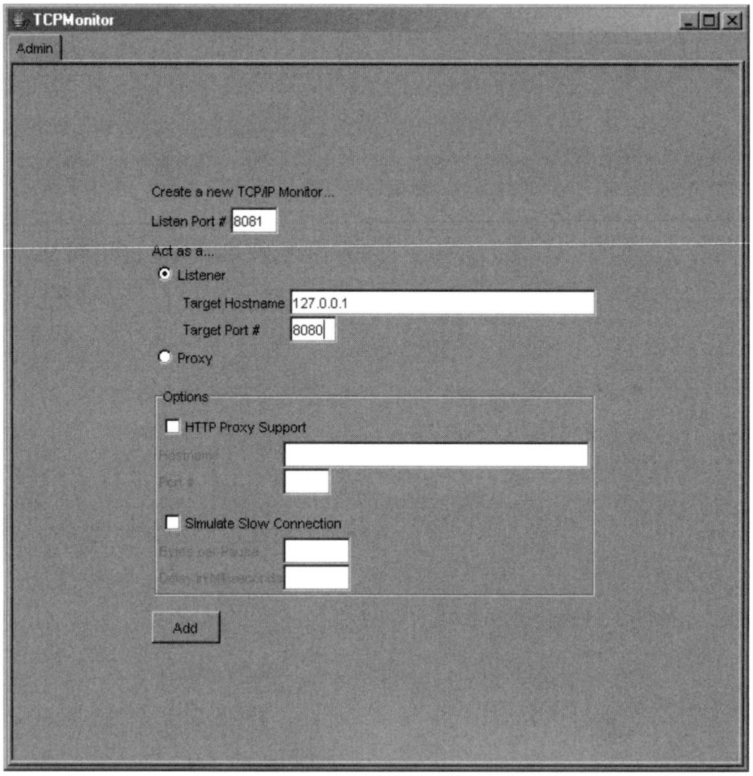

Figure 7–10
Configuration de l'outil tpcmon

Il suffit de le configurer en tant que simple listener, puisque notre but, ici, n'est que d'auditer les flux échangés. Ceci s'effectue en écoutant, par exemple, sur le port 8081 et en redirigeant, sans aucune modification, vers le réel port d'écoute du serveur AXIS qui est celui par défaut de Tomcat : 8080.

Nous obtenons ce qui est représenté à la figure 7-11.

Ainsi s'achève notre premier exemple de manipulation de services web au sein d'AXIS. Pour continuer et créer une structure adéquate pour les futurs services web d'Octopuss, nous allons utiliser les outils d'AXIS (`org.apache.axis.wsdl.Java2WSDL` et `org.apache.axis.wsdl.WSDL2Java`) pour générer le flux WSDL adéquat.

Figure 7–11 Exécution de l'outil tcpmon

Canevas d'appel à une fabrique de services via un service web

L'outil `org.apache.axis.wsdl.Java2WSDL` d'AXIS permet de récupérer un flux WSDL à partir d'une interface Java. Cet outil se trouve dans le package `org.apache.axis.wsdl`. La commande est la suivante :

```
java org.apache.axis.wsdl.Java2WSDL -o <fichier WSDL destination> -l
<URL du service> <fichier Java> -w [All | Interface | Implementation]
```

L'option `-w` permet de spécifier les différentes parties que l'on désire pour le flux WSDL. Ainsi l'option `Interface` génère un WSDL avec uniquement la partie interface balise `<message>,<porttype>`, l'option `Implementation` seulement la partie spécifiée sous la balise `<binding>`,`<service>` et l'option `All` générant l'ensemble du document.

```
package com.automne.octopuss.xmldb;

import java.io.IOException;
import org.xml.sax.SAXException;
import com.automne.octopuss.xmldb.commandes.XmlDbCommandException;

/**
 * Projet  : Octopuss
 * Classe  : IXmlRpcCommands
 * Version : 1.0
 * But     : Symbolise l'ensemble des commandes possibles XML-RPC pour
Octopuss
*/
public interface IXmlRpcCommands{
 /**
  * Execution d'une commande XML-RPC.
  * @param cmds la commande XML-RPC
  * @return String : données de sortie au format chaine
  * @throws IOException
  * @throws SAXException
  * @throws XmlDbCommandException
  */
 public String run(String cmds) throws
IOException,SAXException,XmlDbCommandException;
}
```

À partir de l'interface Java décrite ci-dessus, pour un point d'accès sur l'URL :

- http://127.0.0.1:8080/axis/services/XmlDbRpcCommands

nous obtenons le flux WSDL suivant :

```
<?xml version="1.0" encoding="UTF-8"?>
<wsdl:definitions targetNamespace="urn:XmlDbRpcCommands"
  xmlns:tns3="http://commandes.xmldb.octopuss.automne.com"
  xmlns:impl="urn:XmlDbRpcCommands" xmlns:intf="urn:XmlDbRpcCommands"
  xmlns:apachesoap="http://xml.apache.org/xml-soap"
  xmlns:wsdlsoap="http://schemas.xmlsoap.org/wsdl/soap/"
  xmlns:soapenc="http://schemas.xmlsoap.org/soap/encoding/"
  xmlns:xsd="http://www.w3.org/2001/XMLSchema"
  xmlns:tns1="http://sax.xml.org"
  xmlns:wsdl="http://schemas.xmlsoap.org/wsdl/"
  xmlns="http://schemas.xmlsoap.org/wsdl/">
 <wsdl:types>
  <schema xmlns="http://www.w3.org/2001/XMLSchema"
     targetNamespace="http://sax.xml.org">
   <import namespace="http://schemas.xmlsoap.org/soap/encoding/"/>
   <complexType name="SAXException">
    <sequence>
     <element name="exception" nillable="true" type="xsd:anyType"/>
     <element name="message" nillable="true" type="xsd:string"/>
```

```
    </sequence>
   </complexType>
  </schema>
  <schema xmlns="http://www.w3.org/2001/XMLSchema"
     targetNamespace="http://commandes.xmldb.octopuss.automne.com">
   <import namespace="http://schemas.xmlsoap.org/soap/encoding/"/>
   <complexType name="XmlDbCommandException">
    <sequence/>
   </complexType>
  </schema>
 </wsdl:types>
  <wsdl:message name="XmlDbCommandException">
   <wsdl:part name="fault" type="tns3:XmlDbCommandException"/>
  </wsdl:message>
  <wsdl:message name="runResponse">
   <wsdl:part name="runReturn" type="xsd:string"/>
  </wsdl:message>
  <wsdl:message name="runRequest">
   <wsdl:part name="in0" type="xsd:string"/>
  </wsdl:message>
  <wsdl:message name="SAXException">
   <wsdl:part name="fault" type="tns1:SAXException"/>
  </wsdl:message>
  <wsdl:portType name="IXmlRpcCommands">
   <wsdl:operation name="run" parameterOrder="in0">
    <wsdl:input name="runRequest" message="impl:runRequest"/>
    <wsdl:output name="runResponse" message="impl:runResponse"/>
    <wsdl:fault name="SAXException" message="impl:SAXException"/>
    <wsdl:fault name="XmlDbCommandException"
             message="impl:XmlDbCommandException"/>
   </wsdl:operation>
  </wsdl:portType>
  <wsdl:binding name="XmlDbRpcCommandsSoapBinding"
    type="impl:IXmlRpcCommands">
   <wsdlsoap:binding style="rpc"
      transport="http://schemas.xmlsoap.org/soap/http"/>
   <wsdl:operation name="run">
   <wsdlsoap:operation soapAction=""/>
   <wsdl:input name="runRequest">
    <wsdlsoap:body use="encoded"
      encodingStyle="http://schemas.xmlsoap.org/soap/encoding/"
      namespace="urn:XmlDbRpcCommands"/>
   </wsdl:input>
   <wsdl:output name="runResponse">
    <wsdlsoap:body use="encoded"
      encodingStyle="http://schemas.xmlsoap.org/soap/encoding/"
      namespace="urn:XmlDbRpcCommands"/>
   </wsdl:output>
   <wsdl:fault name="SAXException">
     <wsdlsoap:fault use="encoded"
       encodingStyle="http://schemas.xmlsoap.org/soap/encoding/"
       namespace="urn:XmlDbRpcCommands"/>
   </wsdl:fault>
   <wsdl:fault name="XmlDbCommandException">
    <wsdlsoap:fault use="encoded"
```

```
      encodingStyle="http://schemas.xmlsoap.org/soap/encoding/"
      namespace="urn:XmlDbRpcCommands"/>
   </wsdl:fault>
  </wsdl:operation>
 </wsdl:binding>
 <wsdl:service name="IXmlRpcCommandsService">
  <wsdl:port name="XmlDbRpcCommands"
    binding="impl:XmlDbRpcCommandsSoapBinding">
   <wsdlsoap:address
     location="http://127.0.0.1:8080/axis/services/XmlDbRpcCommands"/>
  </wsdl:port>
 </wsdl:service>
</wsdl:definitions>
```

À partir de ce flux, grâce à l'outil `org.apache.axis.wsdl.WSDL2Java`, nous allons pouvoir générer un ensemble de classes jouant le rôle de client/serveur pour tout ce qui est communication et invocation du service web. Il sera donc plus aisé pour un client générique d'appeler le service web en question à travers ce proxy.

Examinons en détail le travail réalisé par cet outil, la commande de lancement étant :

```
java org.apache.axis.wsdl.WSDL2Java <document WSDL>
```

Il est possible, via les options `--server-side true` et `--skeletonDeploy true`, de ne générer que les classes de communication côté serveur. Par défaut, ces options ne sont pas activées. On dispose ainsi, lors de l'activation, d'un véritable framework de développement d'accès à un service web.

À partir du document WSDL sont générés :

- une classe Java pour chaque entrée dans la section `<type>` ;
- une interface Java pour chaque `<portType>` ;
- une classe `stub` pour chaque `<binding>` ;
- une interface du service et une implémentation du service pour chaque `<service>` ;
- un test unitaire JUnit lorsque l'option est activée ;
- les fichiers `deploy.wsdd` et `undeploy.wsdd` pour les méthodes de chaque service décrit.

Pour plus de précisions sur le code, référez-vous au code source disponible :
- www.editions-eyrolles.com
- http://rfm.no-ip.org/octopuss/

Les types des données créées pour chaque paramètre d'entrée/sortie du service web peuvent être en conflit avec les noms réservés du langage Java. Pour cela, AXIS offre un mécanisme de mapping de types sous forme de métadonnées. S'il rencontre un nom incompatible, il utilise un objet `TypeDescriptor` contenant un ensemble de `FieldDescriptor` permettant d'effectuer le mapping. Il peut s'avérer utile, lors du passage de paramètre d'entrée/sortie pour une méthode, d'utiliser le principe de conteneur d'objets. C'est ce concept qui est illustré par l'interface `javax.xml.rpc.holders.Holder` qu'utilise AXIS dans le cas du passage d'un paramètre par référence d'entrée ou entrée/sortie.

Enfin, dans la philosophie de logique métier répartie, normalement un client n'instancie pas un `Stub` directement, il passe par une classe intermédiaire (`Locator`) et récupère le `Stub` via un accesseur de cette classe. C'est ainsi que le client de notre service web se résume à quelques opérations, beaucoup plus simples à écrire que les exemples précédemment vus :

```
/**
 * IXmlRpcCommandsServiceTestCase.java
 *
 * This file was auto-generated from WSDL
 * by the Apache Axis WSDL2Java emitter.
 */
package com.automne.octopuss.xmldb.soap;

public class IXmlRpcCommandsServiceTestCase extends
junit.framework.TestCase{

 public IXmlRpcCommandsServiceTestCase(java.lang.String name){
  super(name);
 }
public void test1XmlDbRpcCommandsRun() throws Exception{

 com.automne.octopuss.xmldb.soap.
                            XmlDbRpcCommandsSoapBindingStub binding;

 try{ binding=(com.automne.octopuss.xmldb.soap.
                                    XmlDbRpcCommandsSoapBindingStub)
 new com.automne.octopuss.xmldb.soap.IXmlRpcCommandsServiceLocator()
                                             .getXmlDbRpcCommands();
 }

 catch (javax.xml.rpc.ServiceException jre){
  if(jre.getLinkedCause()!=null)
  jre.getLinkedCause().printStackTrace();
  throw new junit.framework.AssertionFailedError(
                         "JAX-RPC ServiceException caught: " + jre);
 }
 assertNotNull("binding is null", binding);

// Time out after a minute
 binding.setTimeout(60000);

// Test operation
 try{
  java.lang.String value=null;
```

- Déclaration du *package*
- Définition du test unitaire JUnit
- Constructeur à un argument : le nom du test unitaire
- Méthode de tests de l'appel du service
- Définition de la partie cliente du service web
- Utilisation de l'objet `Locator` pour initialiser la partie cliente du service web. On pourrait comparer cela à l'appel JNDI pour récupérer l'interface Home d'un EJB. À partir de là, nous pouvons appeler toute méthode métier sur la variable appelée.
- Exception levée lors de l'appel du service web : ceci peut aller d'une connexion refusée ou impossible à un service inconnu...
- Ici, on s'assure que l'accès au service existe et correctement instancié (différent de `null` !).
- Définition d'un `timeout` sur l'appel d'une méthode métier à partir de l'interrogation réalisée par le Stub
- Initialisation de la valeur de retour pour l'exécution de la méthode `run`

Ici, on initialise la commande à exécuter à un flux XML symbolisant une commande XML-RPC s'interfaçant avec une fabrique de services dont le but est de gérer la base de données native XML d'Octopuss.

Exécution de l'invocation de la méthode distante

Affichage du message de retour

```
String test="<octopuss><xmldb><commande
  uriDb=\"http://localhost:8081/exist/xmlrpc/\"
  name=\"createCollection\"><parametre name=\"collectionName\"
  value=\"test\"/></commande></xmldb></octopuss>";

value = binding.run(test);

System.out.println("GOT: "+value);

}
catch(org.xml.sax.SAXException e1){
 throw new junit.framework.AssertionFailedError(
   "SAXException Exception caught: " + e1);
}
catch (
  com.automne.octopuss.xmldb.commandes.XmlDbCommandException e2){
 throw new junit.framework.AssertionFailedError(
   "XmlDbCommandException Exception caught: " + e2);
}
// TBD - validate results
}
}
```

En résumé...

Nous venons d'aborder les services web qui mêlent XML au monde de la logique métier répartie. À travers les trois piliers (SOAP, WSDL, UDDI) qui forment la base des services web, nous avons plongé profondément dans l'architecture orientée services, base de la logique métier répartie, avec la technologie XML. Vous avez pu vous rendre compte, à travers les différents exemples étudiés, combien le langage XML utilisé dans ce cas peut se révéler verbeux et complexe à écrire manuellement. Aussi, de nombreux frameworks de développement et d'hébergeurs de services web existent pour faciliter la vie du développeur et lui permettre ainsi de se concentrer uniquement sur la logique métier. Les services web jouent la carte de l'ouverture interne à une entreprise, mais aussi entre sociétés à travers les normes B2B et EAI. Enfin, pour assurer un avenir pérenne et sécuritaire en entreprise, des frameworks comme WS-Security d'IBM, ou encore des serveurs comme Biztalk de Microsoft, permettent de sécuriser, orchestrer des transactions au sein de la technologie des services web.

C'est ainsi que s'achève notre cahier sur Java et XML. Après sept longs chapitres décrivant les principaux concepts de ces deux technologies complémentaires et autonomes, qu'en est-il de notre étude de cas ?

Le canevas d'Octopuss est posé, nous disposons d'une base de données native XML, eXist, nous permettant de sérialiser nos flux XML. Le partage de la logique métier est rendu possible grâce au service web générique étudié dans ce dernier chapitre. Pour la partie navigation et présentation des données, l'utilisation de Cocoon est préconisée. Pour chaque site web basé sur Octopuss, créez l'interface graphique de votre site à partir d'un *sitemap* adéquat pour la navigation et utilisez des objets métiers basés sur des flux XML natifs pour représenter vos données !

Bref, tous les composants sont là. Il suffit juste de les assembler pour construire votre première application web. À partir de votre savoir-faire graphique et des notions et éléments génériques étudiés lors de notre voyage autour de la planète XML, donnez vie à votre premier site e-commerce : avec Octopuss, impossible de se noyer, laissez la pieuvre surfer à vos cotés dans l'océan des nouvelles technologies !

Index

Dépôt légal : novembre 2004
N° d'éditeur : 7145
IMPRIMÉ EN FRANCE

Achevé d'imprimer le 17 novembre 2004
sur les presses de l'imprimerie «La Source d'Or»
63200 Marsat
Imprimeur n° 11345